Georg Juckel und Paraskevi Mavrogiorgou

Wie die Seele wieder Frieden findet

GEORG JUCKEL
PARASKEVI MAVROGIORGOU

Wie die Seele wieder Frieden findet

Warum die alten Geschichten der Bibel uns heute Halt geben

BONIFATIUS

Bibliografische Information der Deutschen Nationalbibliothek:
Die Deutsche Nationalbibliothek verzeichnet diese Publikation in der Deutschen Nationalbibliografie; detaillierte bibliografische Daten sind im Internet über http://dnb.d-nb.de abrufbar.

Klimaneutrale Produktion.
Gedruckt auf umweltfreundlichem, chlorfrei gebleichtem Papier.

MIX Papier aus verantwortungsvollen Quellen FSC www.fsc.org FSC® C083411

CO_2-Compensation Print Product 2023 with FirstClimate.com

Umschlaggestaltung: Kathrin Steigerwald, *www.kathrinsteigerwald.de*
Druck und Bindung: CPI books GmbH, Leck
Printed in Germany

ISBN 978-3-98790-024-2

Weitere Informationen zum Verlag:
www.bonifatius-verlag.de

Inhaltsverzeichnis

Wir sind nicht allein, Liebe und Mitmenschlichkeit
könnten eigentlich unsere Welt und unser Leben besser machen,
jeder kann das gegenwärtig jedoch am besten
nur in seinem unmittelbaren Umfeld tun.

Daher ist dieses Buch all denjenigen gewidmet,
die Menschen in persönlichen und/oder allgemein-gesellschaftlichen
Krisen beistehen.
Denn jeder ist – so unsere Haltung –
für sich und andere wertvoll.

„... denn Gott ist Liebe“ (1. Joh. 4,8)

Vorwort

„Den Glauben an den Schöpfer bekennt der Mensch nicht durch das, was er über die Entstehung der Welt denkt, sondern dadurch, wie er sich zur Natur verhält; den Glauben an den gemeinsamen Vater bekennt er dadurch, dass er andere Menschen als seine Schwestern und Brüder annimmt, und den Glauben an das Ewige bekennt er durch die Weise, wie er seine eigene Endlichkeit annimmt."[1]

Tomáš Halík

Gegenwärtig vermögen es der Glaube und die Kirchen kaum mehr, Orientierung und Halt zu vermitteln und dies, obwohl ein Bedürfnis nach „Übergeordnetem", nach Sinn und erklärender oder verstehender Einordnung besteht. Mehr noch: Angesichts der aktuellen gesellschaftlichen Krisen scheinen Menschen geradezu bedürftig nach Regulierung, Entlastung und Seelenfrieden zu sein. Mit diesem Buch, das sicher als religiöses zu bezeichnen ist, möchten wir daher versuchen, eine Brücke zwischen psychiatrisch-psychotherapeutischem Handeln und dem Alltag zu schlagen. Unser Anliegen ist es, die „Psychotherapie" und „Religion" sinnvoll zusammenzubringen, auch angesichts der Tatsache, dass mittlerweile in unserem Fach Menschen mit nahezu jedem seelischen Krisenzustand von „Verliebtsein" bis „Psychose" versorgt werden. Nicht selten begegnen uns dabei Menschen, die Seelsorge als erste Form einer Begleitung in Kirchen nicht mehr erlebt haben, auch aufgrund eines dortigen Mangels an Zeit oder Personal und zunehmender Entfremdung beiderseits.

Von fachlicher Seite der Psychiatrie und Psychotherapie versuchen wir seit einiger Zeit, diese Liaison mit der Religion in verschiedenen Fachartikeln u. a. im Austausch mit unserem Freund und Kollegen Frank Pajonk, der diese Verbindung wie kein anderer verkörpert und dem wir persönlich viel verdanken, zu vertiefen. Die Reaktion auf unsere Artikel schwankte zwischen heimlichem Interessiertsein, erstaunter Abgrenzung und Ablehnung – selbst in den religiösen Zeitschriften –, je stärker unsere Empfehlung für den Einschluss religiöser Ansätze und Praktiken im psychiatrisch-psychotherapeutischen Arbeiten war. Aber vielleicht muss man sich klar und deutlich auf das überdauernde Wesentliche konzentrieren, das Beliebige, Relative und Stromlinienförmige abstreifen, um in heutigen halt- und maßlosen Zeiten nachhaltig etwas bewirken zu können.

Deswegen ist dieses Buch, obwohl von zwei naturwissenschaftlichen, dem Glauben nur teilweise nahen Ärzten und Therapeuten geschrieben, in seiner Ausrichtung explizit christlich. Es ist vor allem reflektierend und es finden sich keine „einfachen Rezepte" darin. Der Ausgangspunkt liegt dabei für uns bei der Bibel (Altes (AT) und Neues Testament (NT))[2], um ihr Potenzial für heute und Menschen in psychischen Krisen herauszuarbeiten und anzuwenden. Jedes Kapitel beschreibt auch exemplarisch die Erfahrungen eines/einer Betroffenen, welche aber aufgrund der Wahrung der Persönlichkeitsrechte verändert worden sind. Anschließend folgen jeweils korrespondierende biblische Geschichten, aus denen wir nach entsprechenden Erläuterungen Rückschlüsse zum Verständnis heutiger Krisen und ihrer möglichen Bewältigung ziehen.

Man könnte nun sagen, da haben zwei Psychiater und Psychotherapeuten das Christentum für sich entdeckt und schreiben Erbauungsliteratur, ohne dass es den Betroffenen in den meist völlig verkorksten Lebenssituationen wirklich hilft. Natürlich könnte man vieles auch fachlich in der Sprache gängiger Psychotherapieverfahren oder indisch-chinesischer Heilmethoden beschreiben. Hierzu gibt es schon einiges Gedankengut, aber das bleibt ein Stück weit theoretisch, naturphilosophisch und unpersönlich. Die Betonung des Dialoges, das persönliche innige Verhältnis zu Gott und zu Jesus Christus, die Begegnung mit ihnen im Gebet und Abendmahl/Eucharistie sowie der starke Akzent auf die Nächstenliebe machen dagegen die christliche Religion einzigartig, sowohl für diejenigen, die schon lange täglich mit ihr leben oder sie mal verloren haben, wie auch diejenigen, die die Suche nach allgemeingültigen Antworten auf Lebensfragen nicht aufgegeben haben. Der christliche Glaube ist nicht nur spirituelle Versenkung und Mystik, sondern für uns beide immer stärker konkrete Handlungsperspektive für das persönliche und berufliche Leben in der therapeutischen Auseinandersetzung und Unterstützung seelisch Betroffener.

So konnte biografisch gesehen angesichts schwieriger familiärer Ursprungsbedingungen als „Gastarbeiterkind", was zudem bedeutete, sich nicht unbedingt willkommen zu fühlen in einem fremden, oft feindlichen Land, das Leben in einer griechisch-orthodoxen Gemeinde mit einem charismatischen Theologen durchaus rettend sein. Denn daraus ergab sich ein Bewusstsein für das selbstverständliche Dazugehören des Christentums als Teil des eigenen Lebens und für soziale Gerechtigkeit, korrektes, faires und empathisches Miteinander, egal wo man sich befindet und wer man ist. Die naive, aber innige protestantische Gläubigkeit der Mutter war für den anderen von uns berührend, aber in ihrer Übergriffigkeit oftmals auch verstörend. Der Hang zu den existenziellen großen Fragen, aber auch das Bedürfnis und die Suche nach transzendentaler Geborgenheit blieben. Der ihm unbekannt gebliebene Großvater mütterlicherseits überlebte die achtjährige Kriegsgefangenschaft als einer der wenigen von zweihundert in seiner Baracke nur durch den gelebten Glauben; unzählige Zettel und Briefe zeugen davon. Wir beide haben also nicht ohne Grund den „Psycho-Beruf" ergriffen und suchen die Verbindung zu Glauben, religiöser Gemeinschaft und Seelsorge.

Angesichts der vielen Fachbücher und Ratgeber, die psychologisch-soziologisch oder auch theologisch meist eher abstrakt bleiben und die konkreten Menschen in ihrem jeweiligen Elend oftmals verfehlen, wollen wir einen anderen Weg gehen. Auch wir haben nicht *die* Erklärung, aus der man überschaubare Ratschläge für den täglichen Gebrauch einfach ableiten kann. Sondern wir wollen hier aus gelebter Behandlungserfahrung Hinweise für eine Einstellungsänderung des einzelnen konkret betroffenen Menschen geben. Es wäre unsere Hoffnung, dass damit heutige psychische Drangsale besser bewältigt werden können und auch ein Beitrag für die weitere gesellschaftliche Debatte über die gegenwärtigen Belastungen und ihre Lösungsperspektiven geleistet wird. Unsere Überlegungen zielen daher auf die christlichen Ursprünge in der Bibel ab und inwiefern ihre Inhalte hilfreiche Ansätze zur Auseinandersetzung mit seelischen Problemen unserer Zeit bieten können. Wir werden dabei sehen, wie nahe sich psychiatrisch-psychotherapeutisches und religiös-theologisches, das heißt seelsorgerisches Wissen sind, woraus sich viele praktische Ansätze für Selbstmanagement, Beratung, Therapie und Vorsorge ableiten lassen. Ob im Glauben oder in der Therapie, es geht für jeden Einzelnen um Begleitung, das Gefühl, nicht allein zu sein, und dass sich jemand um einen kümmert. Im Austausch mit jemanden im inneren oder äußeren Dialog lassen sich Zusammenhänge besser verstehen und einordnen, aber auch Strategien entwickeln, wie man mit alten oder neuen schwierigen Lebenskonstellationen, seien sie persönlich oder gesellschaftlich, umgehen kann. So findet man dann wieder seinen Seelenfrieden und dabei können die biblischen Geschichten, die zunehmend in Vergessenheit geraten sind, helfen.

G. Juckel und P. Mavrogiorgou

Einleitung

„Ja, die Welt ist dunkel … Nur ja die Ohren nicht hängen lassen! Nie! Denn es wird regiert, nicht nur in Moskau oder in Washington oder in Peking, sondern es wird regiert, und zwar hier auf Erden, aber ganz von oben, vom Himmel her! Gott sitzt im Regimente! Darum fürchte ich mich nicht … Gott lässt uns nicht fallen, keinen einzigen von uns ..! – Es wird regiert!"

Karl Barth, kurz vor seinem Tod 1968

Heutige Krisen und die alten Bibel-Geschichten

Eigentlich hat man bereits mit sich selbst genug zu tun, das eigene Leben und seine Krisen zu meistern. Mit den tagtäglichen Schwierigkeiten in Beruf und Familie zurechtzukommen, ist nicht einfach und oftmals erschöpfend. Überall ist Hektik und Stress, allzu schnell ist man genervt, getrieben und unter Druck. Den anderen mitmenschlich in sein eigenes Denken und Handeln einzubeziehen, ist nahezu verloren gegangen, „frech kommt weiter" lautet oft mancherorts die Devise. Und es kommen in den letzten Jahren immer mehr Katastrophen in Gesellschaft und Politik dazu: Erderwärmung, Corona-Pandemie, Flüchtlingsströme, ein Krieg in Europa und die Energiekrise. Nicht dass es früher besser war. Klimaschäden, Überbevölkerung, Globalisierung, Terrorismus, Migration sowie Finanzkrise und galoppierende Preise gab es immer und immer wieder. Aber jetzt hat man das Gefühl, man schafft es kaum noch, das alles zu bewältigen – alles ist am Zerbrechen, das eigene Leben, was man notdürftig am Laufen hält, die offenkundig zerrissene Gesellschaft wie auch der Wahnsinn in aller Welt. Abendliche Unterhaltung, gar im Fernsehen, Wochenenden oder die Urlaube sind nicht mehr so erholsam wie früher, und das ruhige vernünftige Überlegen scheint den inneren seelischen Aufruhr kaum noch stoppen zu können.

Alle sind besorgt! Mit bangen Gefühlen lebt man von Tag zu Tag, von Monat zu Monat und hofft, dass man selbst, aber auch die Mitmenschen in Familie und Partnerschaft, im Freundeskreis und auf der Arbeit irgendwie durchkommen, und dass hin und wieder ein psychisch zufriedenstellender Moment dabei ist. Die Hoffnung nach besseren, gar ruhigen Zeiten wird umso größer, je unmittelbarer und direkt betreffend uns die weltpolitische Lage und gesellschaftliche Veränderungen erscheinen. Verstärkt wird dieser Eindruck des Direkten und Unmittelbaren auch durch die verschiedenen Kommunikations- und Medienkanäle, die uns die globalen Katastrophen und Tragödien rund um die Uhr ins eigene Wohnzimmer bringen. Und so können die weltweiten Menschheitskrisen jeweils persönliche Krisen verursachen und verschärfen. Sie können zu Panik, Leiden, Einsamkeit, Überheblichkeit und Aggressionen bis hin zu psychiatrischen Erkrankungen wie Depression, Sucht und Angststörungen führen.

Die gegenwärtige Flut schrecklicher Ereignisse bringt also psychische Belastungen für uns alle mit, aufgrund derer wir für Beratung, Begleitung und Behandlung bedürftig werden können. Seit jeher haben Menschen in Krisen Hilfe durch andere und Erklärungen für ihren Zustand gesucht, um ihr individuelles Wohlbefinden wiederherzustellen oder zu stabilisieren. Hierfür können Techniken wie z. B. Entspannung, „In sich gehen", Selbstregulation und „Ruhe bewahren" angewandt werden. Aber es ist auch sinnvoll, in ein Gespräch und Austausch mit anderen Menschen, z. B. auch mit Psychotherapeuten zu kommen, damit Hoffnung und Zuversicht das Bewältigen und Überstehen von Krisen erleichtern können.

In der Bibel stellen viele Geschichten symbolische „Chiffren" für allgemeine Probleme des Menschen dar, wie sie damals, aber auch heute noch als Krankheit, Verlassenheit, Feindschaft, Sorge und vieles mehr auftreten. Man findet dort oftmals lebenskluge und überraschende Lösungen, die uns heute in unserem Alltag, aber auch in der Psychotherapie Richtschnur und Perspektive sein könnten. Wenn wir uns unsere gegenwärtigen Lebensprobleme und die der von psychischen Krisen Betroffenen näher anschauen, dann stoßen wir auf paradigmatische Fragestellungen, die wir mithilfe übergeordneter Grundmuster – so wie sie beispielsweise in der Bibel niedergelegt sind – angehen, erörtern und für die therapeutische Begleitung nutzen können. Und wenn es um die Seele geht, dann ist Seelsorge wie auch die religiöse Suche nach Seelenruhe und innerem Frieden nicht fern.

Die Existenz Gottes ist denkbar

Hierfür kann man Gott mit dabeihaben oder auf der Suche nach ihm sein, wie es auch bei uns als Autorenpaar der Fall ist. Aber so oder so sind wir im Gespräch und in der Auseinandersetzung mit ihm oder der Frage: Was machen wir hier eigentlich, warum sausen wir auf einem erkalteten Stern irgendwo im unermesslichen Universum rum?

Apropos Gott, lassen Sie uns ihm und religiösen Überzeugungen durchaus mal mit unserem heutigen, meist rationalen Bewusstsein nähern. Wozu brauchen wir ihn, wenn er im Alltag bis auf einige Konventionen und Traditionen im Grunde keine Rolle mehr spielt? „Gott ist tot" – so formulierte es bekanntermaßen der Philosoph Friedrich Nietzsche. Und keiner wird den Satz im 1. Johannesbrief (4,12) widerlegen können: *„Niemand hat Gott je geschaut."*

Jegliche Form eines sogenannten ontologischen (realen) Gottesbeweises – das heißt aus der puren Idee folgt seine faktische Existenz – konnte bislang nicht erhärtet werden. Und dies trotz verschiedenartiger philosophischer Versuche wie dem mathematischen Ansatz von Kurt Gödel oder dem grammatikalischen Ansatz von Robert Spaemann im Sinne von „Alles, was war, wird niemals mehr nur nichts und bei Gott aufgehoben sein". Gott aber andererseits nur als eine Erfindung des Menschen, als Produkt höherer Kulturen, das heißt als sinnstiftendes Produkt menschlicher Interaktionen zu sehen, wie Volker Gerhardt meinte, erscheint banal. Unbefriedigend ist aber auch, Gott nur in negativer Abgrenzung als etwas rein „Geistiges" zu zeigen, wie Holm Tetens es versteht, da man vieles in dieser Welt doch nicht vollständig materialistisch-darwinistisch erklären könne.

Die Bekräftigung der Existenz Gottes müsste definitiv stärker sein: So ist er uns laut der Bibel in Form seines Sohnes Jesus Christus erschienen, dessen Göttlichkeit durch seine Auferstehung von den Toten beglaubigt wurde. Ohne diesen realen Vorgang, die Bezeugung und die vielfache leibhaftige Begegnung mit dem Sohn Gottes gibt es keinen christlichen Gottesglauben, sondern alles wäre vergeblich und alle Seelen verloren. Diesen Dreh- und Angelpunkt hebt der Apostel Paulus zu Recht hervor (1. Korinther 15,12–20), aber auch z. B. der kürzlich verstorbene Papst Benedikt XVI., der Theologe Joseph Ratzinger.

Was könnte zumindest etwas stärker für die Annahme der Existenz von „Gott“ sprechen? Am ehesten doch auf das gesamte Universum bezogen, dass wir bis heute nicht wissen, wo wir uns genau befinden. Ja, wir sind in dem uns bekannten und in seiner Vollständigkeit nicht erahnbaren Kosmos, aber worin ist dieser möglicherweise wiederum eingebettet? Und woher kommen die in ihm wirkenden Energien, deren Resultat unter anderem auch wir sind? Angesichts des unendlich erscheinenden Universums sind wir allzu oft auf uns selbst mit Staunen und Schaudern zurückgeworfen, ohne Aussicht auf eine stimmige Gesamterklärung. Wir wissen im Grunde nichts über unseren Aufenthaltsort und das, was „die Welt im Innersten zusammenhält“ – auch nicht, woher wir kommen und wohin wir gehen.

Über Teilaspekte unseres Lebens und unsere Umwelt gewinnen wir ständig neue Erkenntnisse, und der Sinn unseres Hierseins mag sich für den einen oder anderen durch den konkreten Alltag bilden, aber wir werden niemals uns und unser Leben in Gänze verstehen. Man könnte meinen, dass die Entstehung der Menschheit und alles „ewige“ Werden und Vergehen durch die im Universum vorhandenen Naturkräfte bedingt sind. Aber dann müsste man annehmen, da ja jede Kraft auch mal schwächer wird, dass auch diese Naturkräfte irgendwann abnehmen und erlöschen. Folgerichtig müsste man aber dann im Umkehrschluss denken, dass die scheinbar dauerhaft vorhandenen Energien in diesem „unendlichen“ Universum von einer Grundkraft stammen, die wir „Gott“ nennen. Und es läge auch nahe zu vermuten, dass „Gott“ alles beinhaltet, das heißt also unseren Aufenthaltsort und alles, was wir im Universum kennen, was unter anderem von dem bedeutenden katholischen Religionsphilosophen Klaus Müller als „Panentheismus“ (alles ist in Gott) bezeichnet wurde. Oder wie es Paulus in Athen ausdrückte: *„Denn in ihm leben wir, bewegen wir uns und sind wir“* (Apostelgeschichte 17,28)[3].

Von einem solchen abstrakten zu einem persönlichen Gott können wir aber gelangen, wenn wir uns klarmachen, dass es keine absoluten Gegengründe gibt, die auch ein naturalistischer Philosoph wie Ansgar Beckermann nicht eindeutig anführen kann, warum Gott sich uns nicht in irgendeiner Weise zeigen sollte. Die Entstehung des Planeten Erde und seiner schützenden Atmosphäre sowie die Entwicklung von Lebewesen bis hin zum Menschen ist vielfach von Wissenschaftlern als ein extremer Zufall angesehen worden. Dies ist für uns meistens genauso rätselhaft wie die religiöse Vorstellung von einer Schöpfung durch Gott, wobei hier die Erklärung der Entstehung von Welt und Mensch uns im Grunde doch ein Stück weit fassbarer erscheinen dürfte.

Natürlich könnte die Annahme zutreffen, dass das Erscheinen von Gott in seinem Sohn Jesus Christus, sein Wirken und seine Auferstehung – was zuletzt der katholische Theologe Karl-Heinz Menke noch mal eingehend als Fleischwerdung („Inkarnation“) Gottes beschrieben hat – nur ein von Menschen herbeigewünschtes Wunder eines „Messias“ (Retters) vor 2000 Jahren in Palästina war. Auch wird diskutiert, dass die sogenannte „Auferweckung“ von Jesus nicht stattgefunden hat, da er am Kreuz nicht gestorben, sondern medizinisch gesehen in eine Kohlendioxidnarkose (Koma durch Blutgase) gefallen sei, wie es der Historiker Johannes Fried dargestellt hat. Jesus habe dadurch überlebt und könnte im Anschluss, nachdem er aus dem Koma erwacht sei, leibhaftig mit realen Wunden seinen Jüngern einschließlich des ungläubigen Thomas erschienen sein. Aber dass sich der allmächtige und persönliche Gott in Jesus Christus leibhaftig manifestiert hat, der sich anschließend den Menschen vielfältig liebevoll zuwendet, wäre mindestens genauso denkbar wie die sonstigen Erklärungsversuche eines naturwissenschaftlichen Zufalls, der menschlichen Wunschbildung oder eines medizinischen Vorgangs. Denn was bliebe übrig, so der französische Religionsphilosoph Jean-Luc Marion, wenn Gott begrifflich außerhalb der Frage nach dem Sein gedacht werden soll: nur die Liebe, in deren Form sich Gott selbst offenbart hat (vgl. 1. Johannes 4,8).

Glaube und Psychotherapie

Sich diesem persönlichen Gott in Zwiesprache, also in der Geborgenheit eines Gebets zu nähern und anzuvertrauen, könnte dann dazu führen, die Gewissheit seiner Existenz zu spüren. Dies bezeichnen wir üblicherweise als Glauben, bei dem wir angesichts der Rätselhaftigkeit unserer Existenz etwas Übergeordnetes als Ursprung von allem annehmen, ohne dass dafür ein „endgültiger“ wissenschaftlicher Beweis entscheidend ist.

Auch in der Psychotherapie arbeiten wir mit Annahmen und keinem immer sicheren Wissen. Wir „glauben“ bei einem Betroffenen dies und jenes verstanden zu haben, auf das wir therapeutisch meist nur mit Worten und Haltung reagieren, auf dass sich der Betroffene in seinem Befinden, Verhalten und in seinen Einstellungen ändert und verbessert. Dabei nehmen wir, ähnlich wie auch oft ein Seelsorger, die Rolle eines erfahrenen Mentors und kundigen „Reisebegleiters“ an. Oftmals bleibt die Art des psychotherapeutischen Prozesses ein nicht vollständig aufzuklärendes „Geheimnis“ des „Es tut sich da etwas“, da es bei diesem Wissen nicht um fertige Wahrheiten geht, sondern um den gemeinsamen Weg und innere Vorgänge, die sich interessanterweise sowohl mental als auch biologisch im Gehirn abspielen. Selbst die sonst so religionskritische und sich der Bibel meist nur interpretatorisch nähernde Psychoanalyse, so der Baseler Therapeut und Theologe Hartmut Raguse, sei mit der vom Glauben getragenen Seelsorge nahezu deckungsgleich, da es bei beiden um die Aufarbeitung elementarer Gefühle wie z. B. Angst und Schuld gehen würde.

Glauben und Psychotherapie weisen ähnliche Merkmale auf: Es geht bei ihnen beiden um das Benennen von etwas seelisch Wichtigem, dies einem anderen zu erzählen und sich angenommen und bereichert zu fühlen. Beide spiegeln nicht einen passiven Zustand wider, sondern die ständige Aktivität und das Geben von Orientierung, Halt, Sinn und Erklärung. Somit stellen sie längere oder kürzere Begleitung des jeweiligen Lebenswegs dar. Beiden ist auch gemein, dass sie an die Grenzen unserer Erkenntnismöglichkeiten stoßen und es eher um emotionale Wahrheiten geht. Glaube, insbesondere im religiösen Sinn, kann dabei niemals, so der katholische Theologe Helmut Hoping, auf bloßen Hypothesen beruhen, er besäße die Gewissheit durch die Offenbarung als „unbedingte Selbstmitteilung Gottes in der Person Jesus Christus“. Das exakte Wissen wird natürlicherweise immer immanent (das heißt bezogen auf diese reale Welt) dahinter bleiben müssen. Beim Glauben übersteigen wir den Bereich der Verfasstheit unserer Erkenntnisorgane, wenn wir uns also mental außerhalb unserer der für uns erkennbaren Welt bewegen. Deshalb sprach der dänische christliche Philosoph Sören Kierkegaard auch vom „Sprung in den Glauben“, was nicht allein rational ausreichend begründet werden kann.

Und das tun wir, wenn wir uns den Fragen nach dem Wo, Wie, Woher und Wohin unserer Existenz widmen, denen wir zum einen religiös allgemein und zum anderen in der Psychotherapie konkret-spezifisch nachgehen. Insofern können Einsichten aus beidem, dem Glauben und der Psychotherapie, helfen, gegenwärtige psychische Problembereiche konstruktiv anzugehen und das Geborgensein im Du des anderen als hilfreich wahrnehmen zu lassen. Hier helfen die Bibel als Leitfaden und Orientierung zum einen und die therapeutische Auseinandersetzung zum anderen, damit die Seele wieder ihren Frieden findet.

Nicht alles zwischen Himmel und Erde muss und kann durch den Verstand erklärt werden. Es sind kleine oder große Ereignisse, die uns Menschen passieren und uns in Erstaunen und Verwunderung bringen, Gefühle, die uns berühren, aufrütteln, Erscheinungen, die uns was bedeuten und deuten sollen, und vieles mehr, was uns unerklärlich erscheint, zuweilen auch ratlos macht. Aber gerade darin liegt der Reiz der menschlichen Existenz, wundersam, irgendwie vorausschauend und trotzdem, da einzigartig, voller Überraschungen. Es erscheint uns ein schöner, Ich-stärkender, vielleicht auch tröstender Gedanke zu sein, sich als ein wunderbares Wesen zu betrachten, das durch Gott (oder eine andere höhere Macht) erschaffen wurde. Mit solch einem Gedanken und seinen kleineren oder auch größeren Bestärkungen ließe sich die eine oder andere schwierige Lebenskrise leichter bestehen und vielleicht auch mit einem Lächeln begegnen.

1. Alles hat seine Zeit
Von der Frage nach dem Sinn

KOHELET

„Ein Mal jedes, nur ein Mal. Ein Mal und nicht mehr. Und wir auch ein Mal. Nie wieder. Aber dieses ein Mal gewesen zu sein, wenn auch nur ein Mal: irdisch gewesen zu sein, scheint nicht widerrufbar.“

Rainer Maria Rilke, 9. Duineser Elegie, 1923

Der moderne Mensch ist richtungs- und orientierungslos. Meist ist er vereinzelt, konzentriert auf sich, ihm fehlen tragende Sinnentwürfe. Wenn ihn nicht Arbeit, Technik und Konsum ablenken, dann prägen ihn Halt- und Rastlosigkeit, Melancholie und nüchterne Rationalität. Neben Rainer Maria Rilke hat der Dichter Gottfried Benn das Lebensgefühl des modernen Menschen Mitte des letzten Jahrhunderts unnachahmlich so ausgedrückt: „Durch so viel Formen geschritten, durch Ich und Wir und Du, doch alles blieb erlitten durch die ewige Frage: wozu? Das ist eine Kinderfrage. Dir wurde erst spät bewusst, es gibt nur eines: Ertrage – ob Sinn, ob Sucht, ob Sage – dein fern bestimmtes: Du musst. Ob Rosen, ob Schnee, ob Meere, was alles erblühte, verblich, es gibt nur zwei Dinge: die Leere und das gezeichnete Ich.“ Umso überraschender, dass sich eine Auseinandersetzung mit Vergeblichkeit und Vergänglichkeit des menschlichen Lebens bereits weit über 2000 Jahre zurück in der Bibel, in dem sehr modern anmutenden Buch Kohelet des Alten Testaments findet. Es ist radikal auch in seiner nüchternen Lebensklugheit und formuliert vorsichtig-skeptische Antworten auf die alten Menschheitsprobleme des Woher, Warum, Wozu und Wohin, mit denen wir auch heute noch gut etwas anfangen können.

Kohelet thematisiert den Umgang des Menschen mit den sogenannten „letzten Fragen“, seinen Ängsten und Zweifeln sowie das bestmögliche Verhalten des Einzelnen. Es geht um alle Themen, die „den Sinn des Lebens“, die Entscheidung dafür und dagegen sowie den uns sicher bevorstehenden Tod, und ob es danach irgendwie weitergeht, berühren. Dabei sind Angst, Sorgen und Verzweiflung psychische Zustände des Menschen, bei denen ihm Vergänglichkeit und Endlichkeit seiner Existenz deutlich werden. Sie können aber auch den Weg zum Glauben als die Möglichkeit von Hoffnung und Erlösung bahnen. Kohelet spricht die tiefsten existenziellen Ängste des Menschen an, ob wirklich alles, auch das eigene Leben, vergeblich und nur vorübergehend ist oder ob noch irgendetwas davon dauerhaft übrigbleibt und für uns dann einen Wert darstellt. Kohelet ist ein Buch über die uns alle herausfordernde Grundfrage, ob nicht „eh alles egal" und gleichgültig ist.

Es stellt die Frage, die nahezu jeden von uns umtreibt – vielleicht gegenwärtig stärker als sonst –, nach einem guten und gelingenden Leben beziehungsweise nach dem Sinn des vergänglichen endlichen Lebens. Insofern wird damit nach dem Glück des Menschen vor allem im Diesseits gefragt. Denn eine jenseitige Perspektive wird nur kurz und zurückhaltend durch die Rückkehr des „Geistes" zu Gott angedeutet.

Kohelet schlägt dabei ein Gleichgewicht zwischen *„Carpe diem"* (Lebensgenuss) und *„Momentum mori"* (Bewusstmachen des eigenen Todes) vor, die sich beide gegenseitig bedingen würden. Denn nur die Kürze des Lebens und seine Begrenztheit durch den Tod würden Intensität und Genuss des Lebens bedingen, wie es zum Beispiel vor ca. 400 Jahren auch Michel de Montaigne schon in seinen „Essais" ausführte. Es geht um den unmittelbaren Lebensgenuss von Augenblick zu Augenblick, da die Zukunft bis auf das „Sterben-Müssen" unklar bleibt und alle sonstigen Werte sich als vage und relativ herausstellen. Daher sollte – nach Kohelet – der Mensch ständig an den Tod denken; dies schärfe das Bewusstsein für die Einmaligkeit und Kostbarkeit des eigenen Lebens. Es verhindere auch einen „zügellosen Hedonismus", also das Erleben üppiger Freude, der nur „Windhauch", gewissermaßen sinnlos ist, weil er das eigene Leben beziehungsweise das der anderen gefährde. Ein solcher Hedonismus sei aber auch deswegen nicht empfehlenswert, weil neben Vergänglichkeit und Endlichkeit, die zum guten Nutzen des kurzen Lebens anhalten sollten, die Dimension der Gerichtsbarkeit durch Gott „am Ende" angesprochen wird. Dies sollte zwangsläufig, so die Aussage von Kohelet, zu einem rechtschaffenen, das heißt gottgefälligen Leben führen, was folglich Sinnlosigkeit und Vergeblichkeit für jeden Menschen aufheben würde. Danach bestehe ein „gutes Leben" in dem Einklang eines persönlichen, gottesfürchtigen Alltags mit der uns umgebenden Welt.

Die Orientierungslosigkeit der Jugend

Der junge Mann, Anfang zwanzig, nennen wir ihn Tim, um den es im Folgenden gehen soll, scheint ein typischer Vertreter seiner Generation zu sein. Dabei könnte man bei der Schilderung seines Lebens – das eines typischen jungen Erwachsenen in der heutigen Zeit – den Eindruck gewinnen, es würde dem vieler anderer gleichen. Denn viele würden bezeugen können, dass sie ähnlich junge Menschen aus der Nachbarschaft, der eigenen Familie, der Arbeit usw. kennen. Und nicht selten ergreift uns dabei das unangenehme Gefühl, man würde, wie einst die eigenen Eltern, über die „jüngere Generation" herziehen.

Das vermeintliche Glück des jungen Mannes liegt in seinen vier Wänden, die einer Art „Höhle" gleichkommen. Hier hat er seinen PC, sein Smartphone und seine Spielkonsole. In dieser Art „fortgesetzter Gebärmutter" macht er im Grunde alles: spielen, spielen, spielen, während er parallel „YouTube"-Clips schaut und online mit seinen „Freunden" irgendwas redet. Seine größte Lust ist, andere medial zu beobachten, während sie spielen und dies zu kommentieren oder sonst irgendetwas zu tun, meist mit Missgeschick.

Tim bewegt sich nicht viel, daher ist er eher stämmig, wenn nicht dick. Eine Partnerschaft hatte er noch nie, meist schaut er Pornos. Freude an Aggressionen in Filmen und Ballerspielen verspürt er oft, manchmal sind seine Gewaltfantasien aber schon nervig. Die Mutter im Nebenzimmer abstechen – sich davon abzulenken, kostet ihn dann doch immer wieder große Mühe. Dann ist selbst das „Zocken" nicht mehr so „geil". Seine Grundnahrungsmittel sind überwiegend Fastfood und Chips, da sie schnell greif- und verfügbar sind. Er wohnt, wie viele seiner Kumpels, noch zu Hause in seinem alten Kinderzimmer.

Die Reaktionen seiner Eltern sind gemischt. Manchmal schauen sie eher weg oder sind nicht da oder verzweifelt, weil sie glauben, gegen das „Elend" nichts ausrichten zu können. Der Kühlschrank wird stets gefüllt, man will ja seinen eigenen Sohn nicht verlieren. Hin und wieder fließt auch noch Taschengeld.

Tim versucht, sein Taschengeld durch Wetten, Online-Pokerspiele oder Ähnliches aufzubessern. Manchmal hat er auch einen kleinen Job, wie im Supermarkt die Waren auszupacken, allerdings ist das meist nicht von langer Dauer, da er durch Ungeschicklichkeit, Abwesenheit und mürrische Reaktionen auffällt.

Folglich hängt Tim viel rum. Er hat nicht wirklich etwas gelernt, will dies auch nicht. Kontakte zu realen Personen wie Eltern sind anstrengend, sogenannte „Freunde" hat er nur im Netz. Es sind, wie er, verlorene junge Männer ohne Träume und arm an allem, was man als Werte und Ziele des menschlichen Lebens bislang angesehen hat.

Unser junger Mann ist freudlos, gehemmt und schüchtern, er kommt aus sich und seiner Höhle nicht raus. Er wirkt meist wie ein unglücklicher großer Trauerkloß. Eigentlich hat er einen weichen Kern, markiert aber nach außen den „starken Mann". Er lässt keinen wirklich an sich ran, lehnt jegliche Gefühlsregung bei sich und anderen ab, ist kurz angebunden. Oft erscheint er dadurch als nicht liebenswert und eher abstoßend, das heißt er steht quer im Leben und sich selbst im Weg. Tim flüchtet vor dem Leben und der Arbeit in die digitale Konsumwelt oder, wenn es hochkommt, doch mal nachts ins Fitnessstudio, „Muckis" trainieren als letzte Quelle von Stolz.

Alles Oberflächliche erscheint wichtig, Hauptsache, bloß nicht mit sich selbst und mit seiner Misere beschäftigen. Es ist die Sucht des Vermeidens, des Abwehrens und der Verdrängung, was aber alles nur noch schlimmer macht. Ob nun die Nächte in irgendeinem Schuppen oder zu Hause in der virtuellen Realität „verballert" werden, ist ihm egal, nichts ist für unseren jungen Mann auf Dauer interessant. Er ist ziellos und orientierungslos. Alles ist vergeblich. Etwas zu machen oder es zu lassen, ist für ihn gleich. Es ist ohnehin alles sinnlos, eine kurze Befriedigung und dann tut sich wieder das große Loch auf. Denn alles geht vorüber …

Doch dieses ständige Gefühl von Vergänglichkeit und der für alle unabwendbare Tod bringen Tim hin und wieder ins Grübeln. Alles entgleitet ihm und nix hat einen Wert … Ehe die Gedanken zu weit gehen, verschwindet er daher wieder rasch rein ins nächste Spiel, zu seinem einzigen wirklichen Freund, dem PC. Denn im Spielrausch können unerträgliche Gedanken und Ängste rasch vergessen werden. Und wenn plötzlich sein Leben aufhören würde, wäre es vielleicht nur schade, dass er das nächste „Level" nicht mehr erreichen würde. Der junge Mann denkt immer wieder: Wenn alles sowieso sinnlos ist, dann kann man ja besser gleich sterben.

Die Schulzeit war für Tim „der Horror", er erlebte viel Ausgrenzung und Mobbing. Aufgrund seiner vielen Pickel oder wegen anderem wurde er oft gehänselt und zurückgesetzt. Das Abitur hat er geschmissen und er glaubte, zum Studium zwar nicht zu dumm zu sein, aber es wäre für ihn wohl zu anstrengend und mit viel zu viel Stress verbunden. Zweimal flog er dann aus den Ausbildungen, die er begonnen hatte. Sein Zimmer sauber zu machen und aufzuräumen, dazu ist er meistens zu faul, das Genie fände schon alles, redet er sich selbst ein.

Tim empfindet seine Mutter als kalt und herzlos und manchmal sei sie auch aufgedreht und übergriffig. Sein Vater ist nach seiner Wahrnehmung immer abwesend, arbeite viel und sonst sei er am Saufen. Die große Schwester, die ihm von den Eltern immer als Vorbild vorgehalten wird, sei zu übermächtig, bei ihr laufe alles super. Offiziell ist er mittlerweile in so einem Bildungswerk eingeschrieben, doch das ist weder Fisch noch Fleisch, da geht er nicht hin. Ob er was macht oder nicht, macht doch keinen Unterschied. Ziele wie seine Eltern hinsichtlich des Berufs, der sozialen Position oder in Bezug auf Kinder, Freunde oder ein Auto, all das hat er nicht und sieht es auch als sinnlos an.

Seine Stimmung ist immer niedergedrückt, Gefühle sind bei ihm fernab der Elektronik eigentlich nicht vorhanden. Aber so richtig süchtig davon fühle er sich nicht, er würde aber unruhig werden schon nach wenigen Sekunden ohne diese. Nichts packt ihn wirklich emotional an. Motivationsversuche und Ermahnungen verlaufen bei ihm eher kontraproduktiv. Und so verwahrlost der junge Mann äußerlich wie innerlich. Tim schläft daher meistens viel und lange. Er weiß nicht, wie es weitergehen soll, nix macht im Leben wirklich Spaß. Alles ist meistens nur stressig, erreichen will er nichts. Geistig, wenn man überhaupt davon sprechen kann, fühlt er sich eingerostet und ohne weitere Interessen und Neugierde. Jeder Tag ist gleich, hat keine Abwechslung, es ist immer dasselbe. Sicherlich könnte er sich irgendwo auch ehrenamtlich engagieren, aber wozu? Wenn eines Tages keiner mehr einkaufen und saubermachen würde, dann würde er sicherlich verdrecken, verwahrlosen und dann auch vermutlich irgendwie verrecken, ohne dass es jemand merkt. Aber das ist ihm, wie gesagt, auch völlig egal.

I. Das Buch Kohelet

„Denn Gott ist im Himmel, und du bist auf der Erde. Darum mach nicht viele Worte" (Kohelet 5,1). Das biblische Buch Kohelet oder „Prediger Salomo" beginnt mit der Feststellung, dass „alles nur eitel" und „alles nur Windhauch" sei. Damit ist gemeint, dass es einen ewigen Kreislauf in der Natur, ein ewiges Werden und Vergehen gäbe. Alles würde fließen, nichts fest und ewig sein, nichts finde seine wirkliche Vollendung und damit Erlösung von diesem Kreislauf. Man könne dies und jenes machen, es würde sowieso alles gleichbleiben. Man könne viel lernen und studieren, was aber auch nur viel Leiden bedeuten würde. Viele Worte, vieles Schreiben mache wenig Sinn und würde „den Leib müde" machen. Auch das sei vergeblich und vergänglich. Unabhängig von seinen Verdiensten, unabhängig von seinem Reichtum, unabhängig, ob man Weisheit habe oder ein Idiot sei, nichts würde übrig bleiben, alle Menschen, Tiere und Pflanzen müssten sterben. Insofern wäre alles gleich und beliebig. Und da das nun mal so sei, müsste man eigentlich mit Lebensüberdruss sein Leben selbst beenden – aber auch das sei mit dem ganzen Erschrecken und der Traurigkeit darüber auch nur vergeblich und „eitel". Wie es am Ende also ausgehen wird, sei vollkommen offen. Gott würde Gnade erweisen oder auch nicht, das kann den Weisen wie den Sünder betreffen. Er gibt ihm wann und was, wie es ihm gefällt. Mehr könne man als Mensch nicht erwarten.

„Alles hat seine Zeit"

Im dritten Kapitel von Kohelet findet sich die allseits bekannte Passage mit den Worten „Alles hat seine Zeit …". Man kann dies oder jenes tun, man kann die oder die Erfahrung machen – alles sei reine *Vanitas*, also reine Eitelkeit, denn alles sei nichtig und letztlich vergeblich. Es bliebe als einzige Möglichkeit, sich eben seines eigenen faktischen Lebens zu erfreuen, da das Leben eine Gabe Gottes sei. Die Zukunft sei ohnehin dunkel. Gott wird eines Tages den Menschen richten und all das Vergangene „hervorholen“, da alles aufgehoben sei. Aber selbst das alles zu seiner Zeit, man solle sich doch am besten zunächst auf die Höhen und Tiefen des Diesseits konzentrieren. Gott würde den Menschen im Hinblick auf das jeweils gelebte Leben beurteilen. All seine Mühen, auch in der Vergangenheit, würden geprüft. Irgendeine Form des Weiterlebens nach dem Tod in Himmel oder Hölle wird hier nicht angedeutet, sondern vielmehr sei der Mensch „wie das Vieh“ und alles würde „zu einem Ort eines Tages gehen und zu Staub werden“.

Diese Aussagen im Buch Kohelet sind sicherlich mit die erstaunlichsten Textpassagen in der Bibel, denn jegliche Perspektive in Richtung eines „Jenseits“ oder „ewigen Lebens“ wird ausgeklammert. Nur Gott sei die einzige Hoffnung des Menschen über den Tod hinaus. Aber das Einzige, was hier auf Erden zählt und worüber man wirklich verfügen kann, sind Fröhlichkeit und Lebensgenuss im Hier und Jetzt, das Verrichten seiner tagtäglichen Arbeit und alles jeweils Notwendige, das möglichst angenehme Zusammensein mit Familie und Freunden und die Erfüllung der Grundbedürfnisse verknüpft mit kultureller Betätigung sowie – als mit am wichtigsten – eine nicht zu hinterfragende Zuversicht zu Gott.

Von „Windhauch“ und Lebensklugheit

Und in Bezug auf das „menschliche Elend“, so das Buch Kohelet, sei es besser gewesen, gar nicht geboren zu werden, dann hätte man nämlich kein Leiden und kein ständiges Abmühen gehabt. Aussagen, wie sie auch bei dem Essayisten Emile Cioran nachzulesen sind. Aber, obwohl alles Tun im Grunde vergeblich sei und ein „Windhauch“ in der ewigen Geschichte des Universums, sei es besser, etwas „Gutes“ als etwas „Böses“ zu tun und sich nicht nur „blind“ abzumühen. Und es sei besser, zu zweit als nur allein zu sein, denn Einsamkeit sei schrecklich. So erscheint auch das Ausüben von jeglicher Herrschaft sinnlos. Sie würde genauso kommen, wie sie vergeht; „mal sei man arm, mal reich, mal ist man im Gefängnis, mal auf dem Thron". Dabei weist Kohelet darauf hin, „Achtsamkeit" an den Tag zu legen. Nur dadurch könne man gottesfürchtig sein, während die schlechten Menschen auf Gott nicht achten würden. Diese würden viel reden, während der auf Gott bezogene Mensch, dessen „Weisheit" im Sinne von Lebensklugheit Kohelet anspricht, wie gesagt nur wenige Worte machen würde. Nicht Träumerei, Eitelkeit oder „Gequatsche" seien das Entscheidende, sondern dass man sein einmal gegebenes Versprechen an Gott als Dank für sein eigenes Dasein halten würde. So sei jeglicher Reichtum nichtig. Vom Geld würde man niemals satt werden, zudem würden Reiche meistens schlecht schlafen.

Man würde nackt und mittellos geboren werden und so auch gehen. Aber man müsse schauen, dass das Leben nicht nur durch Finsternis, Grämen und Krankheit geprägt sei, sondern dass man eben auch im gegenwärtigen Leben sein gutes Essen und Trinken habe, mit seiner Frau angenehm zweisam sei und mit seinen Freunden und seiner Familie gute und fröhliche Stunden verbringen würde. Dabei solle man bei aller Mühe guten Mutes sein, denn dieses Leben sei das Einzige, was wir haben, und es sei eine Gottesgabe: „Nicht oft denkt er an die Frist seines Lebens, denn Gott erfreut sein Herz" (Kohelet 5,19). Diejenigen, die nur arbeiten würden, die ständig dabei seien, ihren Reichtum zu vermehren, können daher ihr kurzes Leben gar nicht genießen. Da sei jegliche Fehlgeburt im Grunde besser dran, da sie das Leben gar nicht erst habe kennenlernen müssen. Würden wir ewig leben, sei alles gleich langweilig und damit auf Dauer wertlos. Damit würde gar kein Lebensgenuss verbunden sein; Lebensgenuss sei nur hier und jetzt als zeitlich begrenzter gegeben. Der Tod würde die Kürze, aber eben auch die Würze des Lebens ausmachen, sterben müssten so oder so alle. Dann sollten wir doch, so die Schlussfolgerung von Kohelet, die Zeit, die wir haben, nutzen und uns über das freuen, was wir haben, und nicht ständig nach mehr und Weiterem Ausschau halten. Man sollte also das genießen, was man unmittelbar an Gütern und Lebensumständen hat, denn die Zukunft sei prinzipiell unbekannt, obwohl alles durch die Allmächtigkeit Gottes vorherbestimmt sei. Aber der Mensch wüsste grundsätzlich nicht, was auf ihn in den wenigen Tagen seines Lebens zukäme.

Der Mensch – so Kohelet – sei flüchtig wie ein Schatten, also müsse er sich ranhalten, auch ein wenig „Substanz“ zu erlangen. Diese sieht er im Erwerb von Lebensklugheit und von konkretem praktischen Wissen für das Hier und Jetzt. In der Mitte des Buches spricht er von Weisen der Lebensklugheit: So sei der Tag des Todes viel besser als der Tag der Geburt, Trauern sei besser als das Lachen, denn durch das Trauern würde das Herz gebessert werden. Und das wäre der Modus des wirklich „Weisen“, während der „Tor“ nur darüber lachen würde. Hier läge ein Stück weit der „Gewinn“ von Weisheit, denn er bedeute, wirkliche Klugheit und Wissen zu haben. Der Ausgang einer Sache sei besser als ihr Anfang. Vermutlich sei daher die „Sammlung des Lebens“ ganz am Ende des Lebens so guttuend, wie es der Philosoph Dieter Henrich meinte, da man dann alles entsprechend einordnen könne, während alles auf die Zukunft Gerichtete nur vage und abzuwarten wäre. Denn Gott habe nach Kohelet gute und böse Tage gemischt, damit der Mensch nicht wisse, was in der Zukunft auf ihn zukäme. Alles, was einseitig sei, würde aber dazu führen, dass es vor der Zeit sterben würde. Denn alles sei eine Mischung, keiner ist nur gut und keiner ist nur schlecht. Das würde bedeuten, ein Mensch sei allein aus sich heraus nicht zum Absoluten und Vollkommenen geschaffen.

Nur mit echter Gottesfürchtigkeit hätte der Mensch die Chance, dass ihm eher etwas Gutes passieren könne. Weisheit und Einsicht könne man nicht erzwingen, sondern Gott würde sie einem geben. Erkenntnis sei eine ewige Suche und die stärkste Erkenntnis sei, dass Gott dem Menschen Ehrlichkeit und Aufrichtigkeit zu sich und anderen gegeben habe, während dieser aber meist dazu neigen würde, sich in Vermeidung, Ablenkung und Zerstreuungen zu flüchten. Ungerecht sei es, dass die „Weisen“, das heißt die lebensklugen Menschen, nicht obsiegen würden. Zwar weiß der Weise in seinem Herzen um den Lauf des Lebens und das spätere Gericht durch Gott, aber die „bösen“ Menschen würden im hiesigen Leben leider erfolgreicher sein. Der Mensch habe, wie es Kohelet sieht, keine Macht über den „Windhauch“ und den Tod. Auch die Gottlosen werden nicht verschont, keiner werde seinem Schicksal entgehen, so auch nicht der „Weise“ trotz all seines Wissen. Nur scheinbar würden Gottlose besser behandelt werden als die Gerechten.

„Böse“ Taten würden sich dennoch nicht lohnen, denn unter dem Strich würden in der Gesamtschau die Gottesfürchtigen mehr „Glück“ erfahren. Sofern man jedoch ein langes und gutes Leben erfahren möchte, und da die Logik des Lebens im Sinne von Vergeblichkeit und Vergänglichkeit nicht durchschaubar sei, wäre es lebensklug, sich auf das, was man an Nahrung, Wohnung, Arbeit, Familie und Freunden hat, zu konzentrieren (Kohelet 8,14–15).

Nur das Hier und Jetzt zählt

Kohelet geht von diesen Einsichten aus:

- Alles sei in Gottes Hand,
- man solle Achtung und Ehrfurcht vor Gott und seinen Geboten haben,
- alles käme eines Tages vor Gottes Gericht.

Der Mensch kennt nicht die Zukunft und kennt niemals die Dinge vollständig. Sowohl gerechte als auch gottlose Menschen hätten dasselbe Schicksal, ob gut oder schlecht. Grundsätzlich seien das Leben und alles Werden und Vergehen ein Unglück. Viele Menschen hätten ein Herz voller Boshaftigkeit und Dummheit. Aber alle hätten Hoffnung für später nach dem Leben, da alle Lebenden wissen, dass sie sterben werden. Die Toten wissen jedoch nichts mehr. Sie hätten keinen Lohn erhalten, es sei alles „Windhauch“. Das Nicht-mehr-Sein durch den Tod würde das Nie-wieder-mehr-Ich-Sein bedeuten. Also nur im Hier und Jetzt sei alles möglich. Der normale Alltag mit Arbeit, Familie und Genüssen im „rechten Maß“ würde, wenn er stimmig sei, bestmöglicher Einklang mit Gott bedeuten: „Was immer du zu tun vermagst, das tu. Denn weder Tun noch Planen, weder Wissen noch Weisheit gibt es im Totenreich, dahin du gehst“ (Kohelet 9,10). Nur ob dies da gelingt, das läge auch am jeweiligen geglückten Moment des Schicksals. Aber eine innere Vorbereitung und Haltung im Sinne der Herzensbildung und Lebensklugheit sei besser als alles andere, was man tun könne.

Die Grenzen des Wissens würden darin liegen, dass die Menschen das Tun und die Wirkungen von Gott nicht kennen würden. Insofern solle man vorausschauend sein „Brot“ einteilen. Man solle kräftig arbeiten, denn man weiß nicht, was aus dem jeweilig Angefangenen entstehen und wie es zu Ende gehen würde. Der Mensch solle versuchen, möglichst fröhlich zu sein, auch an den finsteren Tagen, die in seinem Leben mit dem Älterwerden zunehmen würden. Man solle die Jugendzeit genießen, auch wenn das Genießen von Lust und die Vermeidung von Übel eben auch reine „Eitelkeit“, das heißt nichtig seien. Denn Gott wird auch dieses Verhalten später vor sein Gericht bringen. Das Buch Kohelet geht nämlich davon aus, dass der Tod das endgültige Ende des Lebens ist. Daher sollen eben die wenigen und flüchtigen Tage des Daseins auf der Erde genossen werden.

Eine Auferstehungshoffnung gibt es im Buch Kohelet nicht, was uns moderne Menschen durchaus ansprechen dürfte. Hier wird noch an der strikten Immanenz des menschlichen Lebens, das allenfalls indirekt richtungsweisende Signale von einem namenlosen und unvorstellbaren Gott („Ich werde sein, der ich sein werde“ (Exodus 3,14)) empfängt, im Rahmen damaliger jüdischer und hellenistischer Vorstellungen festgehalten.

„Freue dich, junger Mann, in deiner Jugend, und dein Herz erfreue dich in deinen Jugendtagen. Geh deinen Weg mit Verstand und mit offenen Augen. Und wisse, dass über all dies Gott mit dir ins Gericht gehen wird. Lass dein Herz frei sein von Verdruss, und halte deinem Leib das Übel fern. Denn Jugend und schwarzes Haar sind flüchtig“ (Kohelet 11,9–10). Denn wenn die große Finsternis des „ewigen Todes“ einsetzen würde, würde alles – auch die „bösen“ Taten – ans Licht kommen und der Gerechtigkeit durch Gott zugeführt werden. Denn alles, was auf Erden sei, werde wieder zu Staub, aber all das, was der jeweilige Mensch gewesen sei oder getan hätte, würde nach Kohelet von Gott gesehen und bewertet werden, da dessen „Geist“ zu Gott zurückkehren würde. Dies bleibt nahezu die einzige Bemerkung, wie mit dem Tod als endgültiges Ende Gottes Gerichtsbarkeit umgesetzt werden würde. Die Rückkehr des „Geistes“ zu Gott sei aber das Entscheidende, alles andere sei ganz eitel: „Und denke an deinen Schöpfer in deinen Jugendtagen, bevor die schlechten Tage sich nahen und Jahre kommen, von denen du sagen wirst: Sie gefallen mir nicht“ (Kohelet 12,1). „Und der Staub zurückkehrt zur Erde, wie es gewesen ist, und der Lebensgeist zurückkehrt zu Gott, der ihn gegeben hat. Flüchtig und nichtig, sprach Kohelet, alles ist flüchtig“ (Kohelet 12,7–8).

2. Von Kohelet zum „guten Leben"

Über das Buch Kohelet ist man aus heutiger Sicht eher verwundert. Recht modern und abgeklärt wirken seine Aussagen, sehr diesseitig und wenig jenseitig. Fast zeitgenössisch verweben sich alle Maxime der Lebensklugheit von der griechischen Philosophie der Stoa bis zur Ratgeberliteratur der letzten Jahrzehnte. Das Buch Kohelet ist schonungslos und nüchtern, es findet sich wenig spiritueller Trost. Alles ist vergeblich, alles ist vergänglich, Werden und Vergehen ist alles und danach ist eigentlich Schluss. Es besteht keine Aussicht auf ein Leben nach dem Tod oder gar Paradies, bis auf, dass der „Geist zu Gott zurückkehren würde". Natürlich spielen hier aber auch Gefühle wie Traurigkeit, Einsamkeit oder Angst eine Rolle. Die basale Emotion „Angst" hat auch eine existenzielle, philosophische Bedeutung, die sich zum Beispiel in den Fragen von Martin Heidegger und seinen Schriften zur „Metaphysik" ausdrückt: „Woher kommen wir, wohin gehen wir, was ist der Sinn des Lebens, warum ist überhaupt etwas und nicht vielmehr nichts?"

Auch der amerikanische Psychotherapeut Irving Yalom verleiht bei der Klärung des Lebenssinns der Angst und den Sorgen im Hinblick auf die eigene menschliche Existenz und ihre Endlichkeit einen besonderen Stellenwert. Existenzielle Angst lässt sich aber auch in Zusammenhang mit Vergeblichkeit und Vergänglichkeit allen Tuns des Menschen vermuten. Und man kann Angst auch theologisch im Kontext des Sündenfalls, sprich der Verführung von Adam und Eva durch „die Schlange" im Paradies sehen. Danach sind biblisch mit der Vertreibung der Menschen aus dem Garten Eden Angst, Leiden, Krankheiten und Tod über sie gekommen – etwas, das sie deswegen schlichtweg zu akzeptieren haben.

Die Wichtigkeit des „Augenblicks"

Mit der Betonung von Vergeblichkeit, Vergänglichkeit und Endlichkeit stellt das Buch Kohelet auch die grundsätzliche Frage nach dem Wesen unserer Lebenszeit. Es steht der vollkommen erfüllte Augenblick des „Jetzt" im Mittelpunkt. Es ist die „Minute" der vollen und intensiv gespürten Gegenwärtigkeit von allen inneren und äußeren Gegebenheiten, wie sie auch in der tiefen Versenkung von Gebet oder Meditation im Kontext von Glauben oder Mystik als höchstes Ausmaß von „Zeitlosigkeit“ zum Tragen kommt. In der Regel wird in diesem Moment ein tiefes inneres Gefühl von Harmonie und Glück erlebt. Kohelet spricht die ganze Zeit von einer konkreten, den Einzelnen erfüllenden Tätigkeit sowie von Genuss im Hier und Jetzt – und sei beides noch so banal und gering. Hierzu ließe sich bestenfalls die „Sisyphos“-Interpretation des französischen Existenzphilosophen Albert Camus anführen, den er eingedenk aller Absurdität des Daseins trotzdem als einen „glücklichen Menschen“ bezeichnete, da Sisyphos sich in seinem konkreten Tun frei fühlen, dieses und sein Leben als sinnvoll betrachten würde.

Was bedeutet das nun existenziell für den Menschen und seine Ängste? Es bedeutet das Glück des Faktischen, beispielsweise von Essen, Trinken und Lieben, wie es der evangelische Pfarrer Georg Schwickart zwischen „Windhauch und Wein“ bei Kohelet herausarbeitet. Es würde die Aufforderung bedeuten, sein konkretes Glück selbst in die Hand zu nehmen. Aber eben nicht als eine überschießende hedonistische Lebensorientierung, sondern – egal, was man habe, ob wenig oder viel – das Leben sei als solches wertvoll, da es ein Geschenk Gottes sei. Sich darauf zu fokussieren, das wäre die Sache des Glaubens. Der „wahre Genuss“ würde sich dann auf das beziehen, was uns Gott in seiner Gnade aus der Natur schenken würde, um unsere Existenz zu sichern, und dass wir gut leben und das Geschenk des Lebens gut behandeln können. Der Mensch soll also nicht mehr erstreben als das, was ihm gegeben ist und zusteht. Das bedeutet Stimmigkeit und Augenmaß. Nur daraus kann innere und äußere Zufriedenheit entstehen, die getragen ist – und dies erinnert an Hiob – von bedingungsloser Glaubensgewissheit. Das heißt, dass man sich Gott in jeder Lebenslage anvertrauen kann und darauf vertraut, dass er, egal was passiert, es schon richten und alles gut werden wird. Nur damit würde das menschliche Leben gelingen.

Der Benediktinermönch und Zen-Meister Willigis Jäger hat das einmal sinngemäß so ausgedrückt: Menschliche Existenz existiere vom erfüllten Augenblick zum erfüllten Augenblick in der linearen Zeit als Teil einer Welle im gesamten Ozean. Dabei liege der Sinn des Tanzes des Lebens im Tanzen selbst, und zwar von Moment zu Moment innerhalb der göttlichen Weltordnung.

Auch Kohelet, der „Prediger Salomo“, fühlt sich aufgehoben im Großen und Ganzen, das heißt im ewigen Zyklus von Werden und Vergehen mit Vergeblichkeit und Vergänglichkeit, aus dem für den Menschen der Genuss jedes einzelnen diesseitigen Momentes folgt: „Alles hat seine Zeit.“ Das bedeutet, dass alles in Maßen mit Achtung vor Gott und seiner Schöpfung umzusetzen ist, in der wir nur ein kleiner Teil sind. Nur in einer für den Einzelnen und seine Umwelt passenden Alltäglichkeit und dem entsprechenden Verhalten im Hier und Jetzt drückt sich letztlich wahrer Glaube an Gott aus. Natürlich ist alles „nichtig“ und „Windhauch“, einen absoluten Sinn von allem Menschlichen würde es nicht geben. Nur Gott und das Universum als seine Schöpfung bestehen, in dem wir uns im Tod hin wieder auflösen. Alles ist Materie, zerfällt immer wieder in „Staub“ und wird dann wieder eins mit der Ausgangssubstanz.

Vermutlich dürfte das von dem Begründer der Psychoanalyse Sigmund Freud als „Todestrieb“ gemeint worden sein, was er als dasjenige Prinzip ansah, das tief in allem Organischen angelegt sei und den „Drang“ zur Auflösung von allem Individuellen ausmache, also was uns zum Tod entgegengehen lassen würde. Diese Zerstörung unserer Leben, dieser „Absturz ins Nichts“ ängstigt uns im Sinne der Angst vor der Endlichkeit, wobei es im Grunde nichts zu fürchten gäbe, da wir ja in unsere „Heimat“, aus der wir ja stammen, zurückkehren würden. So gehe es in jegliche mystische Erfahrung um die „Verabschiedung seines eignen Ich-Bewusstseins“, wie es treffend der bedeutende Philosoph Ernst Tugendhat einmal ausgedrückt hat. Und das fällt uns so schwer, weil es die stärkste Kränkung für uns bedeutet, vergänglich und endlich zu sein. Dies kulminiert dann in einer schwer zu bändigenden nachhaltigen Angst vor dem Tod.

Vergänglichkeit muss aber nicht unbedingt als etwas Trauriges betrachtet werden. Sie ist der Kern unseres Lebens und verleiht diesem Wert, Würde und Spannung, denn sie macht die Zeit, und was wir in ihr machen, kostbar, besonders und „ewig“. So sah es der Schriftsteller Thomas Mann beispielsweise für die Kunst. Aber diese Sehnsucht nach Ewigkeit stellt möglicherweise nur ein bloßes Wunschdenken des Einzelnen angesichts der Kränkung durch seine Endlichkeit dar, wie Freud zur „Vergänglichkeit“ schrieb. Demgegenüber würde Kohelet, was Ewigkeit betrifft, auf Gott und seine Unermesslichkeit, Allmacht und Weisheit verweisen.

3. Sinn und Sinnlosigkeit im Leben

Kohelet als eines der „Weisheitsbücher" der Bibel stellt alles infrage. Skepsis und Zweifel betreffen alle Bereiche des menschlichen Lebens. Wie viele Menschen, insbesondere in psychischen Krisen oder bei tiefen Lebenseinschnitten, sieht auch unser junger Mann Tim vieles in seinem Leben äußerst kritisch. Alles ist sinnlos, zwecklos, und dann kommt nur noch der Tod als absolutes Ende und eventuell nach Kohelet allenfalls, was den „Geist", die Seele, angeht, die „Abrechnung" mit der strengen Gerichtsbarkeit Gottes. Gott existiert, entzieht sich aber unseren Erkenntnismöglichkeiten, also bleibt diesseitig erstmal nur der maßvolle Lebensgenuss übrig. Kohelet bietet schonungslose An- und Einsichten.

Was bleibt bei dieser radikalen Einschätzung bezüglich Lebenssinn, Krisenbewältigung und therapeutischen Handlungsperspektiven übrig? Nun, nur das, was die „Weisheitslehrer" von der Antike bis heute seit jeher auch immer schon anboten: ein konkretes Leben im Heute, im „Trotzdem" zu aller Absurdität sowie mit Lebensklugheit und einem realistischen Blick „auf die Dinge". Auch wenn alles vergeblich und sinnlos ist, kann sich der Mensch seinen Sinn temporär und relativ zu jeglichem Zeitverlauf und Lebensumständen schaffen. Selbst wenn er noch so rudimentär sei, trägt er dennoch, wie es eindrucksvoll beispielsweise der KZ-Überlebende und Therapeut Viktor Frankl beschrieben hat. Auch Kohelet betont dieses unmittelbare, „stinknormale" Leben im Hier und Jetzt, dessen Rhythmus und Struktur uns Halt und Sinn geben.

Deutlich wird bei Kohelet, dass „Vergeblichkeit" nicht nachteilig sein muss. Alles ist relativ, aber dadurch nicht wertlos, sondern relativ zu mir, meiner Zeit und meinen Möglichkeiten. Es bleibt, dass wir Teil eines Größeren und seiner „ewigen" Bewegtheit sind – seien es die Natur oder göttliche Sphären, die uns durch das Dort-Einfinden und Mitschwingen Sinn stiften. Auch die Vergänglichkeit und die Angst vor dem Tod sind vor dieser Perspektive relativ, also „Windhauch". Wir können unseren Frieden mit unserer Endlichkeit durch die Erfahrung der Liebe machen, die uns aber auch zugleich alles Erfahrbare und alle Momente des Genießens gibt. Aus jedem, was geht, kommt etwas Neues; jedes Ende hat oder bedingt einen Anfang; dies ist der große Kreislauf. Vergehen bedingt

Werden, der Tod bedingt unsere Existenz, nicht umgekehrt, denn die räumliche und zeitliche Begrenztheit ist Voraussetzung für unser Leben und für alles, mit dem wir zu tun haben. Also sind Sterben-Müssen und Endlichkeit genauso wie unsere Größe, Aussehen usw. Eigenschaften von uns als Personen und damit die von uns anzunehmenden faktischen Gegebenheiten. Tod, Vergänglichkeit und Vergeblichkeit sind also notwendige Bedingungen für uns und unser hoffentlich gutes Leben, ob wir wollen oder nicht. Aber das ist ja schon etwas, sonst wäre eben vielmehr nichts!

Alltag und Einklang sind das Wahre

Kohelet ist eine scharfe Kritik an der Perspektive eines alles erlösenden Jenseits. Alle Erfahrungen des lebenden und tätigen Menschen werden radikal reduziert auf die alltäglichen Sorgen und die existenzielle Angst in der Gegenwart, wonach es dann schwierig wird, an eine große Sinnperspektive zu glauben. Wenn alles nämlich im endlichen Leben vergeblich und vergänglich ist, dann müssten wir eigentlich alle in Verzweiflung enden, in der Krankheit zum Tode, wie es Sören Kierkegaard einmal nannte. Denn so werden wir nie zu etwas Wahrem und nie zu unserer wirklichen Identität kommen, da alles nur „eitel“ und „Windhauch“ ist. Und damit stellt sich die Frage, was im menschlichen Leben überhaupt einen Wert haben kann. Könnte so etwas wie gute Lebensführung, rechtschaffendes Handeln, Gottesfürchtigkeit, das Achten auf Gottes Gebote sowie die Natur als Gottes Schöpfung tatsächlich ein sinnvolles Leben bedeuten – „trotz“ all der Vergänglichkeit und Endlichkeit?

Vielleicht, aber nicht sicher, sagt das Buch Kohelet. Denn es bleibt wohl ein Geheimnis Gottes, der Mensch kann sich hier nicht sicher sein. Das absolute Glück und eine Perspektive der Ewigkeit kann es nicht geben. Das bleibt relativ. Wenn man aber das tut, was das Naheliegende ist, und wenn man intensiv von Augenblick zu Augenblick lebt, dann lebt man ein gutes und vermutlich auch gottgefälliges Leben. Nahezu alles mag beliebig sein, nicht aber die Eckpunkte aller Existenz – nämlich das unmittelbare Leben selbst und die dieses Leben hervorbringende und beurteilende Instanz, nämlich Gott.

Diese Unbegreiflichkeit und Unverfügbarkeit Gottes, wie sie der bedeutende katholische Theologe Karl Rahner immer wieder betont hat, sowie die Vergeblichkeit von allem führt bei Kohelet am ehesten zur Lebenseinstellung einer sanften, akzeptierenden Melancholie. Der Mensch kann Gottes Handeln nicht durchschauen, er kann sich ihm nur fügen und versuchen, aus dem, was Gott ihm gegeben hat, das Beste in jeder Minute für sich selbst zu machen: „Ich erkannte, dass sie nichts Besseres zustande bringen, als sich zu freuen und Gutes zu tun im Leben" (Kohelet 3,12).

Somit kann Kohelet auch als Hinweis auf einen gerechten, dem Menschen wohlgesinnten Gott verstanden werden. Jeder Mensch darf und soll im Sinne von Hannah Arendt sein Leben aktiv gestalten, er hat die Freiheit sich zu entscheiden, in welcher Form er seine irdische Existenz gestalten will, ob asketisch oder hedonistisch. Aber er muss auch mit den entsprechenden Folgen und Konsequenzen seiner jeweiligen Entscheidung „reif und erwachsen" umgehen können. Dazu gehört auch eine gewisse Lebenserfahrung mit Ausprobieren und Fehlermachen. Wichtig ist, aus seinen Fehlern zu lernen, um mit seinem Leben als ein Geschenk respektvoll und achtsam umgehen zu können.

Gott vergleicht und wertet letztlich auch nicht – weder ob der eine noch der andere Weg richtig oder falsch ist. Nur wir als Menschen können dies als solches in Relation zu dem, was uns möglich ist, und in Relation zu unserer Umgebung beurteilen. Ein nach den individuellen Entscheidungen gelebter Alltag im Einklang mit den ureigenen Wünschen, aber auch im Einklang mit dem Umfeld, kann die Perspektive gottgefälliger Stimmigkeit bedeuten, birgt aber auch die Gefahr von Fehlern und Unzulänglichkeiten, was daher auch mühevoll sein kann. Diese Mühen aber anzunehmen und sich immer wieder jeden Tag darauf neu einzulassen, drückt die Wichtigkeit und Wertigkeit des eigenen Lebens aus, wie es eines Tages auch Gott beurteilen wird. Mehr noch zeigt sich darin auch die Liebe zu sich selbst und die Annahme des Lebens als Geschenk Gottes. Dies alles kann letztlich auch heilend in Bezug auf Ängste und Sorgen sowie seelische Krisen wirken. Und auch darin findet sich eine Ähnlichkeit religiöser Glaubensvorstellungen mit den Ansätzen der Psychotherapie.

Was bleibt zu tun?

Als Therapeuten fokussieren wir uns auf das Individuum, das unserer Unterstützung bedarf. Wir werten einen Patienten nicht in seiner Person und seinem Leben auf oder ab, indem wir ihn mit anderen vergleichen. Wir versuchen, dieser Person in ihrer konkreten Verfassung zu helfen und zu erkennen, welche individuelle Stärken und Schwächen sie mitbringt und wie sie diese einsetzen kann, um ein für sich persönlich zufriedenstellendes, ja gutes Leben zu erlangen. Die jeweiligen Entscheidungen dafür muss die betroffene Person selbst treffen, nicht wir als Therapeuten.

Die Geschichte von Tim, unserem jungen Mann, der offenbar schief im Leben steht, lässt sich gut im engen Zusammenhang mit der biblischen Geschichte von Kohelet betrachten. Tim müsste durch Kohelet deutlich werden, dass auch er nur dieses eine Leben hat, welches er besser nutzen könnte. Er müsste dabei lernen, dass auch ganz einfache Genüsse, wie etwas Gutes essen und trinken, sich mit Freunden in realer Geselligkeit befinden, reale Zärtlichkeit und Sexualität erleben, durch seine Hände Arbeit etwas Sinnvolles tun und seinen Lebensunterhalt verdienen und vieles mehr, sein Leben reich, tief und besonders machen würden. Natürlich wird er, so wie wir alle, eines Tages sterben, aber warum sollte er, sollten wir bis dahin nicht beschwingt und lustig sein, fragt sich der Prediger Salomo. Trübsal blasen und chronisch suizidal in Abhängigkeit von Technik und Junkfood einsam und abgeschottet zu verrotten, das ist weit entfernt von der Welt des alttestamentarischen Buches Kohelet.

Unser junger Mann sagt unverfroren, dass alles und sein Leben sinnlos sei. Hier würde ihn aber Kohelet an seinen „Geist" erinnern, der nach seinem Tod ja der Gerichtsbarkeit Gottes zugeführt werden würde. Wenn dann Tim sagen würde, was danach komme, darüber könne man nichts wissen und daher interessiere ihn das nicht, würde man ihm mit Kohelet vermutlich schmunzelnd raten, als geübter Spieler in bester Manier nach Blaise Pascal zu wetten: Wenn er auf Gott und ein Leben nach dem Tod setzen würde, könne er ja eigentlich nur gewinnen. Denn, wenn es nicht so wäre, würde er auch nichts verlieren.

Vielleicht könnte man im Rahmen einer Psychotherapie sich mit jemandem wie Tim einigen, dass er sich, statt ständig mit Elektronik, auch beispielsweise mit Entspannungsübungen und Meditation beschäftigt.

Dann müsste er aber aktiv dafür etwas tun, was jedoch angesichts seiner ganzen Lebenssituation vermutlich viel umfassendere Veränderungen nach sich ziehen würde. Er könnte dabei feststellen, dass manches doch Sinn machen würde, obwohl er und alle, die er kennt, eines Tages dem Tode anheimfallen werden. Wenn er sich hinsichtlich eines solchen Sinns lebensklug verhalten will, würde er sich im Hier und Jetzt, und solange er kann, austoben: Reisen unternehmen, Leute ansprechen, neue Dinge lernen, Sport oder Musik machen und tanzen, also der Rausch des prallen Lebens statt der virtuellen Psychedelika. Denn eines Tages, so immer wieder die Mahnung von Kohelet, wird das diesseitige Leben ja vorbei sein, schneller als man denkt. Also sollte man doch seine Zeit für solche sinnvollen Aktivitäten nutzen und das Leben maßvoll genießen. Man hat nur diese einzige Chance und sollte sie nicht vertrödeln. Das wäre zumindest strategisch nicht verkehrt.

Aber alles in Maßen, würde man nach Kohelet dem heutigen jungen Erwachsenen Tim raten. Wenn man sich nämlich überschätzt oder ins Extreme geht, kann der Spaß schnell vorbeigehen. Am besten genieße man die alltäglichen Vergnügungen und unternehme keine Höhenflüge. Für uns moderne Menschen muss es ja oftmals der letzte Hype, der letzte Kick sein. Selbstverliebt und andere blendend wollen wir uns hervorheben und an unsere Grenzen gehen. Nur wenn wir uns „borderlinig“ so richtig kräftig spüren, mit Drogen Reisen in die mentale Galaxie starten, tiefsten Schmerz und gigantische Lust erfahren, nur dann scheinen wir uns als allumfassende, ganz ausgefallene „Persönlichkeit“ zumindest temporär wohlzufühlen und posten das in alle Welt.

Kohelet beschreibt eher das Hirten- und Bauernidyll der Großfamilien und etwas einfacheren Gemeinschaften. Vielleicht ist dieses angesichts der globalen Industrialisierung und der Vereinzelung für uns verloren gegangen. Das alles kann man mit seinen den Menschen und seine Seele zerstörenden Kräften beklagen, es sollte aber nicht zum Fatalismus und Nichtstun führen. Denn eigentlich müsste jeder von uns das Richtige finden können, so auch Tim und Menschen in ähnlicher Situation.

Tim ist im Kern nicht viel anders als viele von uns, auch er stellt sich ja direkt oder indirekt die seit Jahrtausenden bekannten „ewigen“ existenziellen Grundsatzfragen:

- Wo stehen wir eigentlich?
- Wo geht es hin?
- Wie nutzen wir die gegebene Lebenszeit bestmöglich?
- Wie gehen wir mit der scheinbaren Sinnlosigkeit unseres Lebens und Todes um?

Er sucht wie jeder nach einem für ihn überzeugenden und ihn aus seiner Lethargie reißenden Erklärungsmodell, um diesen Fragen zu begegnen und sein Leben mit einem eindeutigen Sinn, wie im Buch Kohelet beschrieben, aufzubauen und zu gestalten. Dieser kann religiös, kulturell, wissenschaftlich oder auch etwas „überkandidelt" sein. Irgendetwas zu haben und sich zu verankern, ist besser als gar nichts. Unser junger Mann ging sich selbst ja verloren und hatte bislang nichts Festes gewonnen. Dies müsste man ihm nahebringen. Dann würde er beginnen, sich stimmig zu sich selbst zu verhalten, seine „goldene Mitte" versuchen zu finden, und vielleicht wächst dann auch allmählich sein Vertrauen in das Große und Ganze.

Grundsätzliches Zweifeln und Hadern sind wichtig und erlaubt, dafür steht das Buch Kohelet. Man könnte also Tim helfen und wünschen, dass er damit den für ihn richtigen Weg findet und wegkommt von seiner banalen Flucht in die Sinnlosigkeit des Todes. Denn wie heißt es in Weisheit 1,13–15: „Denn Gott hat den Tod nicht gemacht, und er erfreut sich nicht am Untergang derer, die leben. Denn alles hat er erschaffen, damit es ist, und was auf der Welt entsteht, ist voller Heil. Unter diesen gibt es keine Arznei des Verderbens und auf der Erde kein Königreich des Hades. Denn die Gerechtigkeit ist unsterblich."

Abschließend

Kohelets „Lehre" lässt sich für die Vertiefung existenzieller Themen für einen selbst wie auch im Rahmen der Psychotherapie nutzen: Er plädiert für Lebensgenuss und Eingedenk-Sein des Todes sowie für Gottesfürchtigkeit und Gottvertrauen. Damit verdeutlicht er, dass ein weltanschaulich-religiöser Bezug den Menschen, insbesondere in einer psychischen Krise, existenziell wichtig ist. Er setzt sich ein für eine das rechte Maß treffende Form von Lebensklugheit und Einsicht in die Notwendigkeit.

Achtsam mit sich, seinen Nächsten und mit dem einem Gegebenen umzugehen, ist Ausdruck von Glauben und Achtung vor der Schöpfung. Dabei unterstreicht das Buch Kohelet die Wichtigkeit der Annahme des alltäglichen Lebens im Hier und Jetzt mit all seinen üblichen „normalen" Tätigkeiten, Abläufen und Freuden. Es kritisiert aber auch jeglichen Perfektionismus, so etwas wie einen Lebensplan zu haben und das ständige Streben nach weiter und mehr, was dem von Gott gesetzten Rahmen der jeweiligen Persönlichkeit und Individualität nicht gerecht werden und wodurch es zu Leiden und Krankheiten kommen würde.

Angesichts von Vergeblichkeit und Vergänglichkeit helfen vor allem Selbstbescheidenheit, Selbstgenügsamkeit und Selbsterkenntnis sowie die Annahme der eigenen Endlichkeit. Bei Lebensthemen wie beruflichen und privaten Erschütterungen, Einsamkeit und Sinnlosigkeit, aber auch Krankheit, Sterben und Tod zählen in erster Linie der weltanschauliche und ethische Bezug, der Glaube an Gott und die Zuversicht in ihn, mit dem man seinen existenziellen Ängsten am besten begegnen kann. Viele Menschen haben religiös-spirituelle Bedürfnisse, was man als positive Ressource mehr nutzen sollte. Wir fragen uns alle, ob nicht alles ohnehin sinnlos ist, für wen oder was wir eigentlich wichtig sind und was es soll, dass wir – kosmologisch gesprochen – nicht mal für eine Millisekunde hier auf der Erde gewesen sein werden. Gehen wir nach links oder rechts, es macht keinen Unterschied, zumal uns keiner vorher gefragt hat, da wir einfach in diese Welt – so Heidegger – „geworfen" worden sind. Machen wir das Beste daraus, denn wir werden, ob gläubig oder nicht, vermutlich nur dieses eine einzigartige diesseitige Leben als dieser eine konkrete Mensch haben.

Was ist nun das Beste und was heißt es, sein Leben zu leben?

Wir wissen, dass wir sterben werden, ohne zu wissen, wann genau, und wir wissen mittlerweile, dass wir darin auch keinen höheren Sinn sicher erkennen können. Was bleibt dann übrig, ob wir nun „Verdränger" sind und ständig arbeiten beziehungsweise uns atemlos in Freizeitvergnügungen stürzen oder uns als „Realisten" wie unser junger Mann sehen, der in Gleichgültigkeit und Lethargie sein Leben zu verpassen droht? – Genau das, was uns Kohelet lehrt, nämlich das faktische Leben des Alltags. Es soll bitte in Vermeidung von Einseitigkeiten und Extremen passieren, sonst ruinieren wir Körper und Seele sowie das Wahren der Stimmigkeit der Schöpfung, also das Achten der Gemeinschaft mit anderen und eines größeren Ganzen, das heißt Gott – für diejenigen, die gläubig sind.

Kohelet erklärt uns die Wichtigkeit des diesseitigen, alltäglichen Lebens im Hier und Jetzt mit all seinen Freuden, aber auch in all seiner maßvollen Genügsamkeit und Endlichkeitsperspektive. Ob total ängstlich oder auf der Überholspur, wir landen, unabhängig von der Lebensdauer, alle im Tod; Kohelet empfiehlt dabei die angenehmen Seiten eines mittleren Ganges. Dies wiederum kann auch als ein Lebensrat für alle, egal welchen Glaubens oder Nicht-Glaubens, angesehen und angenommen werden, was seit dem polytheistischen antiken Griechenland und seiner „goldenen Mitte" (der „Mesotes" aus der Ethik des Aristoteles) Bestand hat. Zentral ist – neben einer bedingungslosen Liebe zu sich selbst und anderen – der weltanschauliche Bezug mit einem Glauben, mit dem man seinen existenziellen Ängste vor allem auch in Krisen am besten begegnen kann. Damit gibt Kohelet – nicht nur christlich-religiösen Menschen – wichtige Orientierungspunkte für die uns innerlich mit am stärksten berührenden Fragen und Lebensthemen.

2. **Was bringt die Zukunft?** – Zwischen Pandemieängsten und Nächstenliebe

APOKALYPSE

„Siehe, ich stehe vor der Tür und klopfe an. Wenn einer meine Stimme hört und die Tür öffnet, bei dem werde ich eintreten und Mahl mit ihm halten und er mit mir."

Offenbarung 3,20

Nach Pest, Polio, Pocken, HIV und Spanischer Grippe hat mit Covid-19 wieder eine verheerende Pandemie die Menschheit heimgesucht. Sie säte in den vergangenen Jahren zwischenmenschliches Misstrauen und Distanz, die bis heute anhalten. Sicherlich werden wir auch diese Pandemie als Gattung überstehen, denn irgendwann wird der Virus, wie wir bereits festgestellt haben, schwächer und damit die Bedrohung weniger. Auch werden wir Mittel finden, die auslaufende Pandemie im Griff zu haben. Daher sei bei allen noch gegenwärtigen gesundheitlichen und sozialen Nachteilen der Infektions- und Lockdownphase der Blick nach vorne gerichtet, da uns, wie Experten wiederkehrend verdeutlichen, die Langzeitfolgen der Corona-Pandemie vor allem psychisch noch über Jahre und Jahrzehnte beschäftigen werden. Es stellen sich daher Fragen wie:

- Was können wir grundsätzlich aus der Corona-Pandemie für die Zukunft lernen?
- Können wir unser Leben, vor allem unser Miteinander und Zusammenleben, aktiv ändern und als Einzelne wie auch Gruppe neue Formen und Praktiken einüben? Oder geschieht es wieder mal passiv mit uns, Hauptsache irgendwie überstehen, weiterwursteln wie bisher und „nach uns die Sintflut"?
- Begreifen wir, dass es jetzt um Schutz und Überleben von uns selbst als Menschheit geht, da neben der Natur als Lebensgrundlage etwas genuin Menschliches, die für uns notwendige Sozialität spätestens jetzt mit der Corona-Pandemie bedroht worden ist?

Auf vielen Ebenen, nicht nur der medizinischen, hatte diese Pandemie uns Menschen fest im Griff; mit ihren psychosozialen Konsequenzen im Zusammenleben werden wir noch lange und nachhaltig zu kämpfen haben, wie die italienische Philosophin Donatella Di Cesare schon früh anmerkte. Dass wir grundsätzlich daraus etwas für uns und unser Weiterleben lernen können und wollen, kann man je nach Temperament vorsichtig hoffen oder resigniert bezweifeln. Zutreffend ist jedenfalls, dass diese Seuche nicht ein über die Menschheit kommendes schicksalhaftes Verhängnis war, sondern von ihr selbst mitbegünstigt wurde. Das Risiko, dass sich ein Virus von einem Tier auf den Menschen überträgt, steigt nach gegenwärtiger wissenschaftlicher Einschätzung deutlich mit den veränderten Lebensverhältnissen in einer globalisierten, industrialisierten und von zunehmender Umweltzerstörung gekennzeichneten Welt, da durch Artensterben, Klimawandel, Metropolisierung und Überbevölkerung das evolutionsbiologische und ökologische Gleichgewicht nachhaltig gefährdet wird. Vermutlich muss man aber dem alten Königsberger Philosophen Immanuel Kant widersprechen, dass der Mensch einfach nur radikal böse ist und die gegenwärtige Virus-Pandemie gezielt hervorgerufen hätte.

Wahrscheinlicher ist, dass sie einfach ein Hereinschliddern in etwas war, das der Mensch in seiner technischen Entwicklung leider „automatisch“ mit angelegt hatte. Denn die expansive kapitalistische Wirtschaftsform und ihre Spielarten sind nicht nur überaus erfolgreich in all ihren Errungenschaften einschließlich hoher Attraktivität für nahezu alle Menschen unabhängig von Gesellschaft, Kultur und Religion, sondern sie sind auch recht erfindungsreich – selbst in harten Krisen, aus denen sie offenbar immer wieder gestärkt hervorgehen. Aber sie führen auch mit systemimmanenter Notwendigkeit zu einer Eindimensionalität des menschlichen Lebens im egoistischen Blick auf sich und seine Bedürfnisse, was unter anderem in einem globalen Ressourcenverbrauch und quasi „Betriebsunfällen“ in Form von Naturkatastrophen, Klimaerwärmung, aber auch Verelendung weiter Teile der Erdbevölkerung resultiert, denen dann nur noch der „Ansturm“ auf die Kernzentren dieser Wirtschafts- und Gesellschaftsform auf der Nordhalbkugel bleibt. Bei dieser „planetaren Krise“ geht es nach dem Frankfurter Philosophen Thomas Metzinger schon lange nicht mehr um die Lösung der „durch Gier, Neid und

Dominanzstreben angetriebenen (…) globalen Katastrophe". Es würde nur noch um „Schadensbegrenzung" und „intelligentes Krisenmanagement" im Rahmen einer durch „säkulare Spiritualität" (z. B. in Form von Meditation) geprägten „inneren Bewusstheit" sowie Mitgefühl für andere gehen. Vielleicht ist daher eher, wie der katholische Sozialethiker Jörg Alt meint, ein „Widerstand gegen eine Wirtschaft, die tötet", notwendig.

Die Corona-Pandemie gehört auf jeden Fall zu den Folgen dieser Entwicklung. Abermillionen waren erkrankt, viele starben. Sie ist exemplarisch für unsere mittlerweile globalisierte Weise zu leben; daher traf sie uns so elementar. Wir können uns aber sicher sein, dass auf der anderen Seite diese „Krise" wieder zu einem Aufschwung führen wird. So war es in der Vergangenheit immer, selbst jetzt ist sie ein guter Anlass für neue Geschäfte; Not macht bekanntermaßen erfinderisch. Aber wir alle, die in Zeiten des Neoliberalismus – dem „Entfessler" der Marktkräfte und Gegner eines starken und damit auch für alle fürsorglichen Staates – leben, müssen uns mit der Frage nach den Prioritäten in unserem Leben beschäftigen: Wie wollen wir mit der für uns allen wichtigen Ressource „Gesundheit" neben Natur, Klima usw. als Grundlage unserer Zukunftsfähigkeit besser als bisher umgehen? Hier sind konkrete Konzepte von Prävention, Diagnostik, Behandlung und Rehabilitation für den einzelnen Menschen, aber auch gesamtgesellschaftliche Maßnahmen zur Eindämmung der Folgen der Pandemie gefragt.

Ein Leben voller Ängste

Gleich zu Beginn der nun abflauenden Corona-Pandemie kam eine 68-jährige ehemalige Büroangestellte, Frau Erna K., zu uns in die Behandlung. Sie wies eine starke Angsterkrankung auf. Bei ihr standen ausgeprägte Ängste im Hinblick auf eine mögliche Covid-19-Infektion, den Lockdown und alle damit verbundenen wirtschaftlichen Folgen für ihre gesamte Familie im Vordergrund. Sie berichtete von Panikzuständen bei der Vorstellung, sie selbst wie auch ihr Mann, ihre noch lebende hochbetagte Mutter oder auch Kinder und Anverwandte könnten angesteckt werden. Sie alle würden sich hochgradig schützen, jeglichen Fremdkontakt vermeiden, dauernd eine FFP2-Maske tragen – selbst zu Hause in den eigenen vier Wänden – und sich so häufig wie möglich auf das Virus testen lassen, meist mit kostenintensiven PCR-Schnelltests, auch wenn das ins Geld ginge, aber es wäre ja sicherer. Im Grunde würden sie das Haus nicht mehr verlassen, da jede Begegnung auf der Straße, im Supermarkt usw. prinzipiell gefährlich, wenn nicht tödlich sein könnte. Sie sei überzeugt, dass das Corona-Virus ein im Grunde tödliches Virus sei beziehungsweise eine Infektion akut wie auch langfristig zu schweren Krankheitsverläufen führen und mit erheblichen Folgen für den Organismus und die eigene Lebensführung einhergehen würde. Alles, was sie zu den Spätfolgen von Covid mit ausgeprägter Müdigkeit, Fatigue-Syndrom sowie „brutalen kognitiven Folgen" im Sinne eines starken Gedächtnisverlusts und Demenz gehört habe, würde sie darin bestätigen. Sie sei aus Angst zwar schon geimpft, aber nehme an, die Impfung würde ebenfalls Schäden verursachen, die eventuell erst später kommen.

Zudem haben ihre erwachsenen Kinder durch die Lockdowns, da sie Selbstständige wären, ihre Einkommensquellen verloren. Es sei ihr also klar, dass diese weltweite Pandemie die ganze ihr bekannte Welt, ihre Gesellschaft wie Wirtschaft in den Abgrund reißen würde. Noch fünf Jahre, dann wäre alles dahin, das würde keiner überleben. Denn mit dieser Abwärtsspirale würde eine massive Inflation und Finanzkrise kommen, der Handel sei ja auch dadurch schon zum Erliegen gekommen. Damit wären die Renten und alles andere, was sich die Menschen an finanziellen Werten zur Seite gelegt hätten, verloren. Ihr Haus würde sie bald „für 'n Appel und 'n Ei" verkaufen müssen und dann mit all ihren Verwandten mit einem riesigen Schuldenberg auf der Straße stehen, furchtbar! So oder so gesehen wäre es also besser zu sterben. Denn auch diese extreme Angst auszuhalten, dass bei ihr und ihren Angehörigen jederzeit durch die Infektion und ihre Folgen im ganzen Körper etwas Schlimmes passieren könnte, wäre absolut zermürbend und nicht mehr auszuhalten. Sie fühle sich niedergedrückt, deprimiert, könne kaum noch schlafen und habe angefangen zu trinken – aber das hätte auch nicht geholfen. Bei jeder noch so kleinen Veränderung an ihrem Körper würde sie denken, sie habe Corona und damit käme ihr Ende. Die Verschuldung, die Infektion, die soziale Isolation und die Aussichtslosigkeit würde sie ständig spüren. Nie zuvor sei sie ernsthaft krank gewesen, geschweige denn, dass sie sich psychisch so verändert habe wie jetzt. Plötzlich habe sie all ihren

Mut zusammengenommen und es getan: Sie habe alle Tabletten, die sie finden konnte, genommen, aber sie wäre, „verdammt noch mal“, gefunden worden.

Dieser Patientin konnte nach ihrem Selbstmordversuch nur sehr langsam und schwerfällig geholfen werden. Sie war gelähmt von ihrer Angst und rannte aufgrund einer starken inneren Unruhe den ganzen Tag in ihrem Zimmer, auf Station und in der Klinik herum. Gleichzeitig wähnte sie überall Ansteckungsgefahr und Hinweise auf ihren persönlichen familiären Bankrott sowie das Ende der Welt.

Von therapeutischer Seite hatte das Behandlungsteam die Dame zunächst einfach nur angenommen und betreut. Es war immer, wenn sie es wollte, jemand einfach nur „da“ für sie. Meist saß man dann schweigend zusammen und hielt allenfalls ihre Hand, was sie zunächst nur zögerlich zuließ. Wie sie später sagte, empfand sie es wohl als sehr hilfreich, diese reine mitmenschliche Zuwendung, diese selbstlose Fürsorge über viele Wochen hinweg einfach nur zu spüren. Das hätte sie in ihrem Leben weder zu Hause noch im Beruf, geschweige denn sonst wo, auf diese Art und Weise erfahren.

Auf der Station entwickelte sie zu ihrem Arzt ein tiefes Vertrauensverhältnis. Immer wenn sie miteinander sprachen, traten all die sie sonst so überwältigenden Angstgefühle und panischen Gedanken in den Hintergrund. Sein ganzes Wesen und Sprechen mit ihr hatte eine beruhigende Wirkung, sie wurde langsam wieder zuversichtlicher. In den Zeiten, wenn er nicht im Dienst war und bei ihr sein konnte, stellte sie ihn sich innerlich vor. Das funktionierte und hatte weiter einen beruhigenden Einfluss auf sie. Auch so konnte sie die Ansteckungsgefahr, die Gefahr durch andere und die coronabedingten Einschränkungen im Leben ihrer Familie und der Menschen zunehmend wieder nüchterner und realistischer betrachten. Ruhe und Frieden füllten sie mehr und mehr aus, sie war dem ganzen Team und dem Arzt, die sie in dieser tiefen Lebenskrise so aufopferungsvoll begleitet und behandelt haben, äußerst dankbar. Ja, es war eine, vielleicht die bedeutendste Zäsur in ihrem Leben. Sie hatte nicht geahnt, wie die „therapeutische Liebe“ Berge versetzen konnte. Am Ende der Behandlungszeit konnte sie dann gut Abschied nehmen und wollte das Erfahrene bei sich im Umfeld im Sinne der Unterstützung von Schwachen und Zweifelnden mutig und tatkräftig anwenden.

I. Die Bibel und Pandemien

Ausbrüche von Pandemien, beispielsweise Influenza, HIV, Ebola oder jetzt Corona, haben in den letzten Jahrzehnten bei manchen von uns immer wieder zu der Frage geführt, ob dahinter eine göttliche Absicht stecken könnte oder ob solche Krankheiten im Sinne der Offenbarung des Johannes, des letzten Buches im Neuen Testament, gar ein Zeichen von Apokalypse und Endzeit seien. Der Gedanke kommt nicht von ungefähr. Insbesondere im Alten Testament werden viele Situationen geschildert, bei denen Gott Seuchen geschickt hat, so „dass meine Kraft an dir erscheine" (2. Mose 9,14.16). So verhing er beispielsweise die bekannten zehn Plagen über Ägypten, um den Pharao zu zwingen, Gottes Volk, die Israeliten, aus der Knechtschaft zu befreien, während er jedoch gleichzeitig sein Volk davor bewahrte, von den Plagen selbst betroffen zu sein (2. Mose 12,13; 15,26). Das weist auf eine gewisse bewusste Steuerung von Geschehnissen und Krankheiten hin.

Tritt so etwas Außergewöhnliches wie eine weltweite Krankheit auf, von der nahezu niemand verschont wird, kann uns das schon zu denken geben, wie stark zielgerichtet dies sein könnte oder eben, dass damit die gesamte Menschheit angesprochen werden soll. Gott warnte später sein Volk vor den Folgen des Ungehorsams gegen ihn und bedrohte es mit sieben Plagen (3. Mose 26,21.25). Bei zwei Gelegenheiten vernichtete er Zehntausende Menschen aufgrund von Handlungen gegen ihn und wegen ihres Ungehorsams (4. Mose 16,49; 25,9). Und nachdem er Moses die Zehn Gebote übergeben hatte, befahl Gott dem Volk, diese zu befolgen, sonst würden sie viele Übel erleiden. Darunter etwas, das wie fürchterliche Entzündung und Sepsis klingt: „Der Herr wird dich schlagen mit Auszehrung, Entzündung, Fieber, Wundbrand, ... die werden dich verfolgen, bis du umkommst" (5. Mose 28,22). Darüber hinaus gibt es noch viele weitere Beispiele von zum Teil schweren Krankheiten und Seuchen, die ein offenbar nicht gerader netter, sondern bedrohlicher und strafender Gott im Alten Testament verursacht.

Natürlich stellt sich hier das sogenannte Theodizee-Problem mit Infragestellung der göttlichen Allmacht, wenn Gott so viel Schreckliches zulässt beziehungsweise selbst verursacht: Warum zeigt der uns alle eigentlich liebende und barmherzige Gott immer wieder einen solchen Zorn und solche Wut? – Vermutlich, um uns Menschen besser zu machen und uns zur Umkehr, weg vom Bösen hin zum Guten, zu bewegen. Denn Gottes Strafen haben stets Buße und Wiederherstellung des Bundes mit ihm zum Ziel. Im zweiten Buch der Chronik (2. Chronik 7, 13–14) sagt Gott zu Salomo: „Siehe, wenn ich den Himmel verschließe, dass es nicht regnet, oder die Heuschrecken das Land fressen oder eine Pest unter mein Volk kommen lasse und dann mein Volk, über das mein Name genannt ist, sich demütigt, dass sie beten und mein Angesicht suchen und sich von ihren bösen Wegen bekehren, so will ich vom Himmel her hören und ihre Sünde vergeben und ihr Land heilen."

Im Neuen Testament trieb Jesus bekanntlich nicht nur Dämonen bei sogenannten „Besessenen" aus, sondern heilte mit Handauflegen und seiner göttlichen Kraft „alle Krankheit und alle Gebrechen" sowie die Plagen in den verschiedenen Gebieten, die er aufsuchte (Matthäus 9,35; 10,1; Markus 3,10; s. auch Kap. 8). So wie Gott die Seuchen im Alten Testament also benutzte, um seinem Volk seine Macht zu zeigen und es zur Umkehr aufzurufen, so heilte Jesus auch als eine Zurschaustellung der gleichen Macht, um zu zeigen, dass er wirklich der Sohn Gottes war, der die Menschen zum Seelenheil führt. Dieselbe heilende Macht gab er später an die Jünger weiter (Lukas 9,1), die als Apostel nach dem Pfingstwunder ausschwärmten und ebenfalls zahlreiche Heilungswunder vollbrachten (vgl. Apostelgeschichte 2,43).

Offen bleibt jedoch dabei die Frage, ob jede Krankheit oder Plage, zum Beispiel in Form einer Pandemie, in der Tat jeweils Ausdruck einer gezielten Intervention von Gott im Leben der Menschen ist. Krankheiten könnten natürlich auch, sofern sie so ein großes Ausmaß in Pandemiezeiten annehmen, Konsequenzen aus dem fehlgehenden Leben in einer von Gott abgefallenen Welt mit Tanz um das goldene Kalb, Sodom und Gomorrha bis hin zum sündigen Babylon sein. Denn Gott dürfte, sonst wäre er nicht Gott, weiter die Kontrolle über alle Dinge behalten (Römer 11,36) und diese zum Besten derer, die an ihn glauben, wenden wollen (Römer 8,28).

Von Endzeit und Johannes-Offenbarung

Die globale Verbreitung von Krankheiten wie Lepra, Tuberkulose, Influenza bis hin zu Covid-19 wird oft als ein Vorgeschmack von weitaus schwereren und vernichtenden Pandemien betrachtet, die auf die Menschheit final zukommen würden, um die sogenannte „Endzeit" einzuleiten. Auch Jesus bezog sich auf solch zukünftige Plagen, die mit diesen letzten Tagen verbunden sein könnten. So hielt er unmittelbar vor seiner Verhaftung, Kreuzigung und Auferstehung eine sogenannte „eschatologische Rede". Interessanterweise wurde diese Rede durch immerhin zwei Päpste unserer Zeit ausführlich analysiert. Einerseits durch den Theologen Joseph Ratzinger und ehemaligen Papst Benedikt XVI. in seiner Jesus-Trilogie, andererseits auch vom amtierenden Papst Franziskus, was die Bedeutung einer „Endzeitstimmung" für den gegenwärtigen „desolaten" Zustand der Menschheit und ihrer Geschichte unterstreicht.

Jesus hielt seine Rede in Jerusalem und verwendete hierbei viele drastische alttestamentarische Bilder unter anderem zur Beantwortung der „Frage nach dem Anfang der Endzeit": „Wenn ihr aber von Kriegen und Unruhen hört, so erschreckt nicht! Denn das muss zuvor geschehen, aber das Ende kommt noch nicht so bald. Dann sagte er zu ihnen: Erheben wird sich Volk gegen Volk und Reich gegen Reich, gewaltige Erdbeben wird es geben und da und dort Seuchen und Hungersnöte, furchtbare Dinge werden geschehen und vom Himmel her gewaltige Zeichen erscheinen" (Lukas 21,9–11).

Und weiter heißt es über die Zeichen für das finale Kommen des „Menschensohnes": „Und es werden Zeichen erscheinen an Sonne und Mond und Sternen und auf Erden ein Bangen unter den Völkern, die weder ein noch aus wissen vor dem Tosen und Wogen des Meeres. Und den Menschen schwindet das Leben vor Furcht und in banger Erwartung der Dinge, die über den Erdkreis kommen. Denn die Himmelskräfte werden erschüttert werden. Und dann werden sie den Menschensohn kommen sehen auf einer Wolke mit großer Macht und Herrlichkeit. Wenn aber das zu geschehen beginnt, richtet euch auf und erhebt eure Häupter, denn eure Erlösung naht" (Lukas 21,25–28).

Diese beiden Passagen aus dem Lukasevangelium spiegeln in Vorwegnahme die von Johannes geschilderte Apokalypse gut wider. Das Buch der Johannes-Offenbarung ist ein eher wüstes Stück „Literatur", prophetisch und wild, als Hoffnungs- und Trostbuch für die ersten unter Verfolgung leidenden Christen angelegt. Es handelt von den Visionen des Sehers Johannes, der zu der Zeit zurückgezogen auf der griechischen Insel

Patmos lebte. Der Theologieprofessor Klaus Berger hat sie über drei dicke Bände hinweg und der Benediktinerabt Johannes Eckert eher essayistisch prägnant interpretiert. Der Sozialrevolutionär Friedrich Engels, kongenialer Partner von Karl Marx, hat sich zweimal mit der Johannes-Offenbarung intensiv auseinandergesetzt und glaubte darin nicht nur einen zeitlich exakt zu datierenden Teil der Bibel, nämlich 68/69 n. Chr., sondern auch ein in eher roher Sprache abgefasstes und sehr frühes, noch recht ungeformtes Bild des Urchristentums zu sehen.

Wenn man das letzte Buch der Bibel kurz zusammenfassen möchte, geht es um das Erscheinen des „Lamm Gottes", also Jesus Christus, sowie um den gewaltigen Kampf von Gott gegen den Antichristen, also Satan, und um das Buch der sieben Siegel und der sieben Posaunen. Es ist voll von apokalyptischen Bildern und Katastrophen: Am Ende werden die finalen sieben Plagen aus den sieben Schalen ausgeschüttet, woraufhin alles zerstört wird, auch die „sündige Hure Babylon". Nach dem Jubel der himmlischen Scharen der Engel folgt das 1000-jährige Reich mit dem Weltgericht (das „Jüngste Gericht"), bis die „neue Schöpfung" und das „neue Jerusalem" geschaffen werden, ein paradiesischer Zustand „von Ewigkeit zu Ewigkeit" (Offenbarung 22,5). Damit siegt das „Lamm Gottes" und hebt alle Sünden der Menschen endgültig auf.

Der evangelische Theologe Jürgen Moltmann interpretiert dies eschatologisch so, dass dieses „Ende" der Anfang des ewigen Lebens ist. Welt und geläuterte Menschen kehren also zurück in den Zustand des Garten Edens vor dem Sündenfall ohne Krankheit, Plagen und Tod. Prophetisch hatte Jesus es angekündigt, dass das „Reich Gottes" nahe sei, dass alle an ihn glaubenden Menschen dies erleben würden, denn: „Himmel und Erde werden vergehen, meine Worte aber werden nicht vergehen" (Lukas 21,33). Denn: „Ich habe die Welt besiegt" (Johannes 16,33).

Im Rahmen eines religiösen Lebens, wie es der menschgewordene Gott in Form von Jesus Christus vorgelebt hat, lässt sich mit Krankheiten und Seuchen einschließlich aller Ängste sinnvoll umgehen. Ihre Überwindung kann dem eigenen Seelenheil dienen. Schafft man es, diese Belastungen im Glauben demütig anzunehmen und ihnen konstruktiv zu begegnen, so ist die „Errettung" im Sinne der „himmlischen Ewigkeit" nahe. Alle Menschen, die aber nicht bereit für diesen Weg und zu einer Umkehr in den Glauben sind, werden in diesen drastischen Bildern der Offenbarung nicht ihre Seelenruhe am „Thron von Gott und dem Lamm" erreichen (Offenbarung 22,1). Die in Offenbarung 11 genannten Zeugen werden die Macht haben, „die Erde zu schlagen mit Plagen aller Art, sooft sie wollen" (11,6). Sieben Engel werden sieben Plagen in einer Reihe von endgültigen strengen Gerichten, die in Offenbarung 16 beschrieben werden, hervorrufen. Es sind zunächst die Geschwüre, dann das Blut von Toten und alles Wasser wird zu Blut. Die vierte Schale gießt die Plage der unerträglichen Sonnenhitze aus, dann folgen die Finsternis sowie Dürre und Dämonen („unreine Geister", die für psychische Krankheiten stehen). Mit der siebten Schale kommen schwere Erdbeben, Blitz und Donner hinzu, alles zerbricht und schlussendlich zerstört zentnerschwerer Hagel die bisherige Welt.

Plagen und Seuchen als Aufforderung zur Umkehr

Ähnlich wie im Alten Testament wird in der Offenbarung doch mehr Androhung und Schrecken geschildert, als man es im Neuen Testament sonst üblicherweise liest. Es sind gewaltige Bilder der „Apokalypse", in denen die Menschheit durch Infektionen, Krankheiten und Naturkatastrophen geprüft wird. Alle „guten Menschen", die an Gott und seinen Sohn glauben, haben hier nichts zu befürchten. Es ist im Grunde eine Probe für alle, die den Weg der Umkehr noch nicht gefunden haben.

In seiner „eschatologischen Rede" schlägt Jesus trotz aller Barmherzigkeit für die Schwachen und der Feindesliebe in der Bergpredigt doch recht „markige" Töne an. Diese scheinen dazu zu dienen, die Ungläubigen noch mal mit Nachdruck zur Umkehr zu bewegen, denn später in der Johannes-Offenbarung wird immer wieder gesagt: „… und sie verfluchten den Namen des Gottes, der Macht über diese Plagen hat; doch sie kehrten nicht um, ihm die Ehre zu geben" (Offenbarung 16,9).

Es lässt sich also folgern, dass Plagen und Seuchen nach biblischem Verständnis als Verhängnis und als an die Menschen gerichtete Botschaft über sie kommen. Sie sollen die Menschen zur Umkehr, zu einem gottgefälligen und gottesfürchtigen Leben führen, was nach biblischer Auffassung ein Leben in der Liebe Gottes bedeutet. Auch soll das Ausüben der Nächstenliebe gegenüber den Schwächsten sowie der

Glaube gestärkt werden, dass Jesus für unsere Sünden gestorben ist und wir damit die Hoffnung auf Erlösung in einem ewigen Leben haben werden.

Der Schweizer katholische Theologe Hans Urs von Balthasar fasst den Sinn der „Apokalypse“ in der Johannes-Offenbarung im Sinne einer Katharsis (Reinigung) zusammen: „Das Wort ist endgültig Fleisch geworden, und das geschlachtete Lamm ist in Ewigkeit lebendig. Aber die Liebe des dreieinigen Gottes bleibt ewig größer und unbegreiflicher als alles, was in unsere Begriffe eingeht. Wer kann bezeugen, er habe begriffen, wie die Gottesverlassenheit des Gekreuzigten, sein unbeantwortbarer Schrei ‚Warum?‘ gerade die Offenbarung der höchsten Liebe des dreieinigen Gottes sein kann? Aber genau in dieser Finsternis wird sie sichtbar.“[4]

Das Auftreten von pandemischen Krankheiten kann als Folge des Sündenfalls gesehen werden oder auch nicht. Es könnte auch einfach das Ergebnis des Lebens in einer immer stärker krisenhaft werdenden und haltlosen Welt sein. Wir wissen nicht, ob die Infektionswellen – und hier jüngst die Corona-Pandemie – ein Beweis dafür sind, dass wir in der „Endzeit“ leben. Auf jeden Fall sind Krankheiten eine Erinnerung daran, dass das Leben auf dieser Erde angreifbar ist und jeden Augenblick verloren gehen kann. Christlich kann man pandemischen Krankheiten am besten so begegnen:

„Und den Menschen schwindet das Leben vor Furcht und in banger Erwartung der Dinge, die über den Erdkreis kommen. (…) Gebt acht auf euch, dass euer Herz nicht schwer werde von Rausch und Trunkenheit und Sorge ums Leben und dass jener Tag nicht jäh über euch komme wie eine Schlinge. Denn er wird über alle hereinbrechen, die den Erdkreis bewohnen. Seid also allezeit wachsam und betet, damit ihr die Kraft bekommt, all dem zu entrinnen, was geschehen wird …“ (Lukas 21,26,34–36).

Das war ein Teil der Antwort, die Jesus seinen Jüngern im Rahmen seiner „eschatologischen Rede“ im Hinblick auf das Ende aller Zeiten gab: wachsam sein, Kraft und Gedanken sammeln, nicht in Panik verfallen. Gott hält die Zügel so oder so in der Hand. Das „Fürchtet euch nicht“ und seine vielen Entsprechungen werden in der Bibel daher häufig benutzt.

2. Corona – mehr als nur eine Virus-Pandemie

Die Maßnahmen zur Bewältigung der Pandemiefolgen betreffen aktuell zwei Bereiche: zum einen das mittlerweile weit verbreitete Phänomen der *„Einsamkeit"* und zum anderen das der *„Angst vor dem Mitmenschen"*. Das im Zusammenhang mit der Corona-Pandemie und den Lockdowns „neue" Phänomen des „social distancing", der sozialen Abstandnahme, stellt eine weitere und schwerwiegendere Form der ohnehin in den letzten Jahrzehnten zunehmenden Vereinzelung und den damit verbundenen Schwierigkeiten beim Aufbau befriedigender sozialer Beziehungen dar. Die Annahme, dass der Mitmensch zum potenziellen Virusträger und damit auch noch zur tödlichen „Gefahr" wird, vor dem man ständig misstrauisch auf der Hut zu sein hat, spitzte die menschenverachtende Haltung vor allem in Ballungsräumen weiter zu. Dieser Prozess, was die Pandemie mit uns sozialpsychologisch macht, müsste viel stärker und breiter in der Gesellschaft diskutiert und auch praktisch aktiver angegangen werden.

Was ist mit der „Angst vor dem Mitmenschen" konkret gemeint? – Natürlich gibt es bei Pandemien erst mal die unmittelbare Infektionsangst, dass man selbst durch andere angesteckt, erkranken und eventuell sterben wird. Hinzu kommt aber auch die Sorge, ob unsere politischen Repräsentanten und die sogenannten „Experten" angesichts der erlebten vielen ungeschickten Eindämmungsmaßnahmen und des oftmals missglückten Kommunikationswirrwarrs wirklich im Ernstfall für uns sorgen können, wie der französische Soziologe Bruno Latour meint. Allein diese beiden Sachverhalte führten schon zu zunehmender Ermüdung wie Verunsicherung quer durch die Gesellschaft. Langfristig gesehen nimmt dies Einfluss auf unsere Einstellungen zu Mitmenschen und zur Gemeinschaft und wird diese verändern. So sind wir alle in den Jahren 2020 bis 2023 zusammen mit der Corona-Politik und den unsäglichen Debatten hinsichtlich Impfung, Isolierung usw. psychisch stärker als sonst belastet worden. Die gesellschaftliche Stimmung ist „gekippt", und viele Menschen sind wieder oder neu hilfesuchend zu Psychiatern und Psychotherapeuten gekommen.

Viel grundsätzlicher und nachhaltiger werden uns die Probleme von Vereinsamung und Angst vor dem Mitmenschen prägen. Auch dadurch werden die psychischen Störungen über die nächsten Jahre weiter ansteigen. Denn trotz aller Beteuerungen von Zusammenhalt ist durch Infektion, Abstand, Plexiglas, Maske und Kontaktbeschränkungen kollektiv das Grundgefühl entstanden, der durch die Maske mimisch gesichtslos gewordene Mitmensch sei grundsätzlich verdächtig und „gegen einen". Und das verschwindet nicht so einfach, sondern wirkt im „kollektiven Unbewussten" weiter. Jede körperliche Berührung könnte „tödlich" sein, Abwehr und Schutz gegen die anderen dominieren.

In den Corona-Jahren, aber auch jetzt noch, schrecken wir auf der Straße und in Geschäften vor dem anderen zurück und betrachten ihn in seinem Verhalten kritisch. Es herrschte und herrscht weiterhin – in den Köpfen – eine Situation der Bedrohung aller und ein Vertrauensverlust der „natürlichen Selbstverständlichkeit" des Miteinanders. Gerade in den Hochzeiten der Pandemie bestanden wir auf Impfungen und ständigen Testungen, um uns im Gefühl der falschen Sicherheit eines „safer contact", eines sicheren Kontakts, zu wiegen. Wir lebten – und manche leben noch heute so – zurückgezogen in unseren Behausungen. Beziehungen aller Art litten; wir huschten rasch zu unseren notwendigen Einkäufen und Betätigungen. Bis heute fühlen sich viele von uns auf sich selbst als Einzelne zurückgeworfen. Unterschwellig existierte und existiert der Gedanke: Am besten machen wir alles allein getrennt von anderen oder nur zusammen mit denjenigen, denen wir absolut vertrauen können.

Damit sind bis heute Zuwendung, Unbekümmertheit und Spaß mit anderen ramponiert. Zudem organisieren wir weite Teile unseres Lebens von Arbeit über Konsum bis Freizeit digital. Und auch wenn sich viele, vor allem jüngere Generationen, jetzt wieder verstärkt und fast „euphorisch" ins „Getümmel stürzen", in den Karneval, Fußball und andere Massenveranstaltungen, bei vielen ist weiterhin die fast unsichtbare „Handbremse" zu spüren. Die Angst vor dem anderen und der Gefahr, die er grundsätzlich darstellt, ist weiterhin da. Denn die gegenwärtige Situation stellt nur eine scheinbare Normalisierung dar, nach der wir nach den Jahren der Corona-Pandemie zugegebenermaßen bedürftig sind. Dies zeigt in aller Deutlichkeit die Verunsicherung und Unreife von uns Menschen, mit Krisen wirklich „erwachsen" umzugehen. Der rauschhafte „Tanz auf dem Vulkan", auch wenn die Apokalypse droht, ist Ausdruck eines neurotischen Grundmusters der Menschheit zu übertreiben, um damit in einer Art „Übersprunghandlung" das Unerträgliche und nicht Gewollte zu kompensieren, also eine „Vogel-Strauß-Haltung". Und nur nebenbei gesagt, natürlich bleiben die „Sorglosen" oder auch die sogenannten „Corona-Leugner" in ihrer jeweiligen Welt, jeder in seiner Egozentrierung. Das alles macht einen großen Anstieg in der Verstärkung der emotionalen und existenziellen Einsamkeit des Menschen aus: Wir entfremden uns von der Welt, den Mitmenschen und irgendwann auch von uns selbst. Diese Grundsituation unserer Gesellschaft bleibt und ist durch die Pandemie verstärkt worden. Allein hocken wir dann jeder in seiner Höhle der technisch simulierten Wohltaten: Brave New World!

Brüchiges Wir-Gefühl

Man mag sich allgemein ein Ende von gegenseitigen Grausamkeiten, Gewalt und Demütigungen wünschen. Aber neben diesen offensichtlichen zwischenmenschlichen Schwierigkeiten sollte man die „heimlichen", „im Stillen" vorhandenen seelischen Probleme – beispielsweise die Veränderung unserer natürlichen Zwischenmenschlichkeit – in ihrer Auswirkung nicht unterschätzen. Dem Vorteil von individueller Freiheit steht der große Nachteil eines das Gemeinwesen zersetzenden Egoismus und die lebensbedrohliche Volkserkrankung „Einsamkeit" gegenüber. Diese wurde durch die Corona-Pandemie wesentlich stärker als bisher demaskiert. Einsamkeit ist nämlich mit ihren vielen körperlichen und psychischen stressbedingten Folgeerkrankungen wie z. B. Bluthochdruck, chronische Rückenschmerzen, Depression usw. überaus gesundheitsgefährdend. Vor diesem Hintergrund muss es das wohl verstandene Eigeninteresse von uns allen sein, Einsamkeit zum Gegenstand öffentlicher Debatte und zu unserer gemeinsamen Aufgabe zu machen. Die Sorge um den Mitmenschen und damit auch um uns selbst (schließlich könnten wir ja selbst auch leicht und schnell „verelenden") würde dann im Mittelpunkt stehen. Wenn wir uns dahingehend zusammenschließen würden, bringt dieses „Wir-Gefühl" ja zweierlei mit sich: Es schafft Gemeinschaft und eine soziale, faire Gesellschaft.

Hier wird allerdings die ganze Schwierigkeit rein theoretischer Vorstellungen von „Gesellschaft“ sichtbar. Denn nicht ein wiederhergestellter Naturzustand, wo der aufgeklärte Bürger aus freien Stücken dem Gemeinwohl dient, kein wie gearteter Gesellschaftsvertrag oder herrschaftsfreier Diskurs bringen uns eine verbindliche Vorstellung von „Gemeinschaft“, nachdem die Annahme kaum zu bändigender Raubtiere den Beginn der Neuzeit und des Kapitalismus angeblich markiert habe. Im marktgerechten Wunderland des Individualismus streifen jedoch heute moderne Smartphone-Nomaden ohne tiefere kulturelle und soziale Bindung vereinzelt in der globalisierten Welt herum. Diese sind von Isolation und existenzieller Verlassenheit geprägte Wanderarbeiter, einsam, vogelfrei und jeder dem „anderen“ feindlich gesonnen oder ausgeliefert. Zudem wissen wir offenbar nicht mehr, wie wir uns tatsächlich einander authentisch begegnen können: kein Gefühl ohne Hollywood, kein Austausch ohne Profit, keine Erkenntnis ohne Interesse. Wenn dem dann tatsächlich so wäre, dann wäre die Angst vor dem Mitmenschen in unserer Gesellschaftsform ja das Natürlichste und völlig „normal“; und die Corona-Pandemie und ihre Folgen wären „nur“ eine weitere Erscheinungsform von dieser und eventuell ihre Zuspitzung. Die Frage würde aber bleiben, ob wir nicht doch noch irgendwo und irgendwie Ansätze von Mitmenschlichkeit, Empathie, Mitleiden oder die Sehnsucht nach dem ganz anderen, wie es der Sozialphilosoph Max Horkheimer einmal formulierte, stärker als bislang umsetzen und ob wir Distanz und Vereinzelung durchbrechen und uns wieder selbst und einander dialogisch begegnen und seelisch spüren könnten.

Die Corona-Pandemie und ihre Folgen bieten die Chance für eine gesellschaftliche Änderung, für mehr ehrliche Mitmenschlichkeit, sofern wir diese sehen würden und dazu bereit wären. Denn auch nach der Corona-Pandemie bleiben die großen Probleme von Politik, Wirtschaft und Klima, derer wir uns jetzt wieder verstärkt annehmen müssen, damit wir den nachfolgenden Generationen eine möglichst gute Zukunft ermöglichen können. Statt dem „Immer-irgendwie-weiter-so-Machen“ wäre konkret und kollektiv zu fragen: Wie wollen wir grundsätzlich leben und wie wollen wir mit den Problemen der Einsamkeit und der sozialen Distanz umgehen? Wenn man dazu einige Gemeinsamkeiten finden und diese dann gesamtgesellschaftlich auch noch umsetzen würde, wäre viel gewonnen. Denn möglicherweise müssten wir uns zu unserem gemeinsamen Glück „zwingen", sprich uns eine gut gelebte und erlebte „Gemeinschaft" selbst verordnen. Das heißt, wenn wir nicht z. B. mit vielen Milliarden Euro weiter nur Serviceteams von Sozialarbeiten, Psychologen und Ärzten zu den Vereinzelten, den Verängstigten und Einsamen in die vielen und sich sicherlich weiter vermehrenden Singlehaushalte schicken wollen, damit diese nicht gänzlich emotional, sozial und existenziell in ihrem pathologischen Alleinsein untergehen, dann müssen wir andere und neue kollektive Perspektiven finden.

Die Frage wäre also: Wie bekommen wir eine Haltung und Praxis der Zuwendung und Wertschätzung für Jung und Alt, für Gesund und Krank hin – so wie sie der Medizinethiker Giovanni Maio schon lange beschreibt, ohne dass sie nur künstlich aufgesetzt ist oder mit dem moralistischen Zeigefinger funktioniert. Durch Eigenverantwortung allein dürfte sich so ein Prozess zu mehr Gemeinschaftlichkeit nicht flächendeckend umsetzen lassen, was umgekehrt bedeutet, dass kleine motivationale Nudges („Schubse") sicherlich helfen würden, diesen stärker zu beginnen und auszurollen. Wie wäre es beispielsweise mit der Idee, dass wir alle gegen weniger Steuern einige Stunden unserer Freizeit verbindlich anderen Mitmenschen zur Verfügung stellen? Das könnte beispielsweise bedeuten, einen regelmäßigen, zeitlich und terminlich fest angesetzten Dienst für die Gemeinschaft, für Alleinlebende und Bedürftige jeweils im unmittelbaren Umfeld auszuüben. Er könnte zu zweit oder mit mehreren durchgeführt werden in einem Mietshaus, in der Nachbarschaft, im Viertel oder auch in größeren Kontexten, wie sie früher zumindest auch erfolgreiches Vereinsleben dargestellt haben. Ohne es vergleichen zu wollen, aber was gäbe es für uns soziale Wesen, die wir ja nun mal sind, Besseres als Dankbarkeit zu spüren, wenn man jemandem geholfen hat, anstatt im Sinne einer individuellen Selbstoptimierung durch Headphones abgeschirmt joggend durch den Wald zu „rasen". Also Schaffung von Gemeinsinn und Zusammenhalt statt Steuern, oder anders gesagt: Mitmenschlichkeit gegen Steuersenkung. Manchmal müssen wir uns selbst ein wenig nachhelfen!

Die Aufgabe der Kirchen?!

Eingreifen, sich engagieren und Interesse am Mitmenschen wären die Stichworte, auch wenn es mal knallt, als immer nur abzuwarten und Konflikte zu nivellieren seitens einer von Selbstzentrierung, Ambivalenz und Machterhalt gekennzeichneten mittelmäßigen „offiziellen Politik" und der sie unterstützenden Medien. Im Grunde könnten sich die Religionsgemeinschaften und hier für Mitteleuropa die christlichen Kirchen mit ihrer weltanschaulichen Kompetenz in dieser durch Ungewissheit und Orientierungslosigkeit geprägten Krisensituation besonders gut einbringen, diesen hier vorgeschlagenen gesellschaftlichen Prozess des „Gemeinsinns" in Gedanken und Handlungen mit voranzubringen. Nicht viel war von den Kirchen während der Pandemiezeiten und danach zu hören. Zu den Feiertagen meist salbungsvolle Worte, oft Floskeln der Hilflosigkeit, anschließend die Klagen über die Beschränkungen der Gottesdienste und ansonsten die Beschäftigung mit sich wie die ungeheuerliche Dimension des sexuellen Missbrauchs Schutzbefohlener und seine Vertuschung. Könnte denn christliche Gemeinschaft, also Kirche, auch anders funktionieren, ehe sie im Leben der Menschen immer weiter an Bedeutung verliert, und sie ihr großes richtungsweisendes Potenzial aus einem ernstgemeinten Glauben heraus nutzen?

Nichts würde die Kirchen gerade jetzt in dieser Menschheitssituation hindern, sich intensiv und nachhaltig in die öffentliche Auseinandersetzung einzubringen und (bei allem Reichtum) auch tatkräftig an jeder Ecke zu unterstützen. Sie sind ja nicht nur moralische Instanzen, sondern sie haben im Sinne von Kooperation und Altruismus jede Menge Fundiertes zu bieten, was sie wesentlich offensiver und vehementer auch praktisch anwenden könnten. Vor allem die christlichen Kirchen symbolisieren das Urbild einer Gemeinde und realen Gemeinschaft, geprägt durch gegenseitige Zuwendung und gemeinsame Mahlzeiten, deren Religionsgründer Heil und Heilung zu verbinden wusste sowie mit ihrem Gebot der Barmherzigkeit, dass keiner, weder die Schwachen noch der Feind, allein bleibt und verloren geht. Sie haben, wie es Papst Franziskus zuletzt auch für die Zeit nach der Pandemie forderte, das Zeug, konkrete Orientierungshilfe im Hinblick auf die Förderung sozialer Beziehungen und Reduzierung der Trennung zwischen uns, also Mitmenschlichkeit und Zusammenleben, im Sinne echter Kommunion zu geben.

Dreh- und Angelpunkt ist hierbei die „Goldene Regel“ der Nächstenliebe: „Liebe deinen Nächsten wie dich selbst.“ Oft hat man diesen Satz bereits gehört, aber ihn wirklich tief und echt zu begreifen, bedeutet viel mehr. Denn damit würde ein jeder sich an seine eigenen Grenzen begeben, sich für Bedürftige in all seiner Radikalität verausgaben. Die Botschaft von der Nächstenliebe hat bis heute Sprengkraft, doch die Kirchen vermögen es nicht wirklich, sie öffentlich konsequent darzulegen und lebensklug in der gemeinsamen Wirklichkeit anzuwenden – gerade in Zeiten während und nach der Pandemie, wie es der katholische Theologieprofessor Thomas Söding ausführte. Dabei ist es doch ganz einfach: Es besteht kein „irgendwie“ oberflächlicher oder beliebiger Zusammenhang, sondern der christliche Glaube ist strukturell ein Beziehungsglaube, er ist immer und zutiefst ausgerichtet auf *den anderen.* Er umfasst immer den personalen anderen und ist damit in jedem Vollzug auf den Mitmenschen ausgerichtet. Denn die menschliche Seele ist *das* Beziehungsorgan schlechthin und daher ist Seelsorge als wechselseitige Begleitung und Unterstützung absolut entscheidend. Dieses ständige Spüren und Mitdenken eines „Du“ und die Zuwendung zu ihm ist die fundamentale sozialethische Grundlage für eine Gemeinschaft, die mit der Überwindung der Corona-Pandemie auch die Folgen kapitalistischer Exzesse und ihrer vielen Opfer lindern und Grundlagen für eine andere gesellschaftliche Zukunft schaffen will.

Grundlegend und wegweisend erscheinen hier die Enzykliken *„Fratelli tutti – Über die Geschwisterlichkeit und soziale Freundschaft“* von Papst Franziskus und vor allem auch *„Deus caritas est – Gott ist die Liebe“* des verstorbenen Papstes Benedikt XVI.: Wahre Gottesliebe sei Nächstenliebe, sie würden einander bedingen. Liebe und Sorge um den Mitmenschen würden Hilfsbereitschaft des Einzelnen für andere, aber auch Diakonie und karitatives Handeln begründen. Dabei stifte das Gebet als Anrufung eines anderen, nämlich Gott, immer Beziehung. Beziehung zu einem menschenliebenden Gott bedeute so stets auch Beziehung zum Mitmenschen. Das Gebet diene also der ständigen Vergewisserung unser grundsätzlichen sozialen Ausrichtung. Die Grundlage für soziale Gerechtigkeit würde in dieser „Gemeinschaft der Liebe“ gelegt, denn die „Liebe“ wird ja bekanntlich im Gegensatz zu aller Weisheit und Wissen nie enden (1. Korinther 13,8).

Besser kann man die geistig-spirituelle Grundbotschaft und sinnstiftende „Kernkompetenz“ der christlichen Kirchen in der Nachfolge des Wirkens von Jesus nicht formulieren. Sie ist zeitlos gültig; man muss da nicht mit dem Zeitgeist gehen, sondern die eigenen menschlichen Schwächen bannen und jetzt erst recht christlich werden. Man muss ein „Trotz allem!“ gerade jetzt – unter dem Eindruck dieser gewaltigen, die ganze Menschheit umfassenden Gefährdung von Gesundheit, Frieden und Klima – als christliche Kompetenz „nur noch“ unmittelbar praktisch werden lassen, um real den Boden für menschliche Nähe und Überwindung der Distanzen zwischen uns zu bereiten. Wer, wenn nicht ein wirklicher Christ, ist bereit, „die Zukunft zu retten“, so Jörg Alt, und übernimmt jetzt Verantwortung für den Ausweg und macht konkret die nächsten Schritte, um Bedingungen zu schaffen für gegenseitiges Vertrauen, echtes Mit-Leiden, Trost und Solidarität.

3. Die Stärkung von Achtsamkeit und eine Haltungsänderung

Vermutlich wird hinsichtlich sozialer Isolation und Verlassenheit in und nach Pandemiezeiten eine individuelle psychotherapeutische „Reparatur“ wenig bringen, schließlich ist die Erosion des Gemeinschaftsgefühls tiefgreifender. Und doch sollte die Zuversicht betont werden, dass der Mensch in der Lage ist, selbst aus schweren apokalyptisch anmutenden Krisen wieder und oftmals auch gestärkt hervorzugehen. Diese Zuversicht zu haben und sie an von Krisen und Leid Betroffene zu vermitteln, ist ein „täglich Brot“ von Psychiatern, Psychotherapeuten und anderen Berufsgruppen, die sich mit Menschen beschäftigen und im wahrsten Sinne Seelsorge betreiben.

Ängste ernst nehmen

Ein erster Schritt, um eine Vertrauensbasis zu schaffen, und zwar nicht nur in der therapeutischen Begegnung, ist, den anderen mit all seinen Ängsten und Schwächen, aber auch seinen Stärken ernst zu nehmen.

Dies zeigt sich unter anderem auch darin, sich ohne Vorurteile offen auf das Gespräch einzulassen, mögen sich die Inhalte der Sorgen und Ängste auch noch so irrational oder bizarr anhören, wie beispielsweise bei der anfangs geschilderten Patientin.

Schwere Ängste vor lebensbedrohlicher Ansteckung und Untergang wie in dem Fall unserer Patientin waren in den letzten 3000 Jahren in der Menschheit immer vorhanden. Seit jeher ist der Mensch zahlreichen Bedrohungen ausgesetzt. Seine „Ur-Ängste" wie auch seine Versuche, damit irgendwie sinnvoll umzugehen, finden sich in vielfältiger Art und Weise in kulturellen und anderen Zeugnissen. So gibt es auch in der Bibel viele Beschreibungen dafür. Ein herausragendes Beispiel sind die plastischen Darstellungen in der „Apokalypse" mit ihrer Lösungsperspektive am Ende. Die dort angeführten Szenerien von Fegefeuer, Zornesblitzen, apokalyptischen Reitern, Engelsscharen, Naturgewalten, Kometeneinschlägen usw., was mittelbar auch noch in heutigen Science-Fiction-Filmen weiter ausgemalt wird, drücken die tiefen menschlichen Ängste im Hinblick auf den Untergang der Menschheit aus. Die große Sorge, dass der Untergang unseres doch angesichts des großen Universums kleinen Planeten so leicht und schnell kommen könnte, wurde gerade in den letzten Jahrzehnten durch Klimawandel, Überbevölkerung, Atomkrieg und die immer wieder auftretenden En- und Pandemien angekurbelt. Und dabei erscheint immer wieder das alte tiefliegende Menschheitsthema, nämlich die Ansteckung durch potenziell tödliche Keime, derer man möglichweise nicht mehr Herr werden kann: Pest, Cholera, Influenza, HIV und nun Covid-19. In Mitteleuropa glaubte man sich ohnehin sehr sicher und nahezu von allem verschont. Umso betroffener reagierte man in den 1920er- und 1980er-Jahren wie auch beim Ausbruch der Corona-Pandemie, dass Viren uns, unser Leben und unsere Gesellschaft nachhaltig und tiefgehend bedrohen können. Millionen Tote in den letzten gut einhundert Jahren in Mitteleuropa, das ist eine Negativbilanz für jegliche Medizin. Dabei gibt es Antibiotika und viele andere Mittel, aber die medizinischen Bereiche der Infektionserkrankungen und der Immunologie hinken offenbar stets hinterher.

Mal abgesehen von lokal auftretenden Bakterien, die zu Lepra führen, oder eindeutig bösartigen Viren wie Ebola – vielleicht müssen wir all diese „kleinen Verursacher" akzeptieren, da wir ihrer niemals „vollständig Herr" werden können. Sie mutieren, entwickeln sich weiter, haben günstige Zwischenwirte, und dann kommt es schon zur nächsten Welle. Vermutlich spielen ihnen die Globalisierungseffekte sogar in die Hände, denn Überbevölkerung und Ballungsgebiete begünstigen ihre Ausbreitung genauso wie die geschwächte Immunabwehr vieler Menschen in den Industrieländern bedingt durch Abgase, Umwelteinflüsse und innere wie äußerliche Abfallprodukte. Schlechte Luft, wenig Bewegung, Übergewicht, wenig Schlaf und viel Stress schaffen weiter günstige Bedingungen für viele Ansteckungsmöglichkeiten, hinzu kommt wenig Schutzmotivation und -disziplin (z. B. durch Masken, vermutlich rein physikalisch am wirkungsvollsten), wir machen es den Erregern auch wirklich leicht. Sie führen zu entstellenden Hauterkrankungen, die man sehen kann, schweren Magen-Darm-Infektionen oder inneren Organauflösungen, bei denen alle natürlichen Körperfunktionen kollabieren, aber was in auffälliger Weise besonders gefürchtet wird, sind die vielen Viren und Bakterien, die unser Atmen als das „Pneuma" und damit unseren Geist und unsere Seele angreifen. Die Panik, dass neben dem Herz, das wir aber nicht bewusst fortwährend spüren, unser gleichmäßiger Lebensmotor, das rhythmische Atmen befallen werden und aussetzen könnte, wir dann kläglich ersticken, steht besonders im Mittelpunkt. Lungenerkrankungen wie die verschiedenen Arten der Pneumonie, die Tuberkulose und die Grippeviren sind ausgehend von den einfachen Erkältungen besonders häufig. Immer sind es Mitmenschen, die uns das als Tröpfcheninfektion weitergeben.

Vermutlich würden all die Infektionswellen milder verlaufen, wenn wir bessere Lebensbedingungen für uns schaffen und unsere Organismen bessere Abwehrmöglichkeiten aufweisen würden. Wirkliches ökologisches Denken wäre, noch stärker in „Gleichgewichten" zu denken. Durch die menschliche Entwicklung ist die Balance in der Natur quantitativ und qualitativ in eine große Schieflage geraten. Dass diese „zurückschlägt", ist offenkundig. Allein die Bekämpfung von immer wieder mutierenden Viren und Bakterien wird dieses Problem nicht lösen. Der Mensch müsste sich in einer das Gleichgewicht fördernden Weise stärker zurückhalten, der Natur wieder Freiräume ohne sein ständiges Eingreifen geben und sich selbst und seinen Organismus auf natürliche Weise „abhärten" und sich organisch stärken. Sich draußen in der Natur aufzuhalten, zu leben usw., könnte schon viel bewirken.

Haltungsänderung tut not

Nach einer Phase des Vertrauensaufbaus verbunden mit dem Erkennen und offenen Aussprechen der eigentlichen Probleme, die sich in den teilweise lähmenden Ängsten „verdeckt" manifestieren, folgt im Rahmen einer Psychotherapie die Erarbeitung möglicher Lösungen. Ziel dabei ist letztlich eine fundamentale Haltungsänderung, die zu langfristiger psychischer Stabilisierung führt.

Die Corona-Pandemie hat offenbart, dass auch eine allgemeine gesellschaftliche Haltungsänderung „not tut". Oder wie es der Freiburger Philosoph Rainer Marten zu Recht als Forderung ausformuliert, der „Weg aus der lähmenden Angst vor dem Mitmenschen und der Einsamkeit hin zu Zusammenhalt und Gemeinsinn muss kommen". Die Pandemie stellt eine konkrete Herausforderung dar, wie wir uns in dieser Situation verhalten sollten. Reagieren wir anständig, zugewandt und hilfsbereit auch Obdachlosen und Schwerstkranken gegenüber oder schauen wir weg und verfolgen nur unsere egoistischen Ziele? So sind viele in den Stadtparks während des Lockdowns munter spazieren gegangen, während Ärzte, Pflegende und Seelsorger auf den Stationen um das Leben Infizierter kämpften, sich selbst ansteckten und starben. Dies sind ethisch, aber viel mehr religiös die entscheidenden Fragen: Auf welcher Seite stehe ich? Auf der Seite der Egoisten und Ignoranten oder auf der Seite der Menschlichkeit und Gerechtigkeit? – So haben sich uralte Ängste des Menschen jetzt bei Covid re-aktualisiert.

Bestürzend ist dabei, dass die Angst vor dem mich bedrohenden Mitmenschen stärker geworden ist; das aggressive Vokabular der „Feindschaft" grassierte immer stärker. Die Verteufelung des Sozialen ging teilweise ins Grenzenlose, wie der Philosoph Giorgio Agamben nicht nur für Italien feststellte. Dabei gab und gibt es ganz einfache Schutzmaßnahmen, die in der Medizin gut bekannt sind, um auch höchstansteckende Kranke zu besuchen, was in der gesellschaftlichen Hysterie mit überforderter Politik ohne eine Führungskompetenz und Hysterie in der Öffentlichkeit meist vollkommen unterging. So wurde eine ganz normale solidarische Zuwendung, wie auch Nächstenliebe, stark eingeschränkt. Dass Menschen krank geworden sind und starben, ist das eine, aber wir sollten uns als Gemeinschaft schämen, dass sie, ob Jung oder Alt, oftmals allein, getrennt von ihren Angehörigen in großer Verlassenheit ihre letzte Zeit verbringen und ihren letzten Weg gehen mussten. Denn dank der Pandemie, die die allgemeine Krise der Menschheit noch mal stärker sichtbar hat werden lassen, könnten wir das nun neu oder wieder neu lernen und beginnen, uns endlich zu ändern im Sinne von: Verlässlichkeit und Vertrauen statt Verlassenheit!

Hierbei sollte man mit Klugheit agieren. Man sollte angemessene Maßnahmen ergreifen, um sich zu schützen und Vorsorge zu treffen. Man sollte aber auch nach Möglichkeit Mitmenschen zugewandt helfen, denen es durch Infektion und Isolation physisch und/oder psychisch schlecht geht. Weltanschauliche Fragen von Sinn und Zweck von Leben und Leiden einschließlich von Einmaligkeit und Ewigkeit, auch angesichts von Sterben und Tod, sollten angedacht und angesprochen werden. Und schließlich sollte oder könnte man sich seinem Glauben wieder oder vermehrt zuwenden und beispielsweise die psychische und geistliche Funktion des Betens und auch gemeinsamen Gebets nutzen, denn der Austausch mit Gott verbindet und kann im ganzen Organismus zu Ruhe und innerem Frieden führen. Dabei kann die Bibel als Orientierungspunkt Hilfe leisten und den Prozess einer Haltungsänderung zur Bewältigung von Ängsten wie zuletzt im Rahmen der Corona-Pandemie ergänzend unterstützen.

Angstbewältigung

Sowohl vor einem weltanschaulichen Hintergrund, aber auch wenn es metaphysisch um das eigene Seelenheil und die Ewigkeitsperspektive, um Paradies und Verdammnis geht, scheint eine verheerende Pandemie eine hinweisende Funktion zu haben. Insofern kann angenommen werden, dass Krankheiten und Pandemien ihren tieferen und heilsgeschichtlichen Sinn darin haben, genau auf diesen Zusammenhang hinzuweisen: Menschen sollten endlich aufwachen und ihren Weg ändern. Es ist das Alltägliche und oftmals gering Geschätzte, was menschlich und seelisch guttut, nicht das „Großkotzige“, und jeder von uns kann das einfach umsetzen. Menschliche Solidarität unmittelbar vor Ort ist gut möglich, aber im Hinblick auf die gesamte Gesellschaft oder gar in der heutigen globalisierten Welt nur wenig umzusetzen. Plagen aller Art hatte der Gott des Alten und des Neuen Testaments immer wieder geschickt, die Gottesfürchtigen hatte er jeweils gerettet. Und so verwundert es nicht, dass an vielen Stellen der Bibel – angefangen in den Büchern Moses mit den sieben oder zehn Plagen bis hin zur Johannes-Offenbarung – „Stechmücken" und ähnliches Getier wie Ungeziefer, Fliegen, Mäuse, Frösche, Schlangen als Verursacher und Überträger von Krankheiten dargestellt werden. Die listige Schlange im Garten Eden ist sicherlich als Prototyp anzusehen, sie verführte ja den Menschen, sodass Krankheiten und der Tod über ihn kamen.

Aber das könnte eventuell auch schon zum Heilsplan Gottes dazugehören. Man könnte meinen, er lasse ganz „bewusst" den Menschen sündigen und durch alle Irrungen und Gefährdungen gehen, damit dieser an seinem Heil und seiner Rettung auch selbst in aller „Freiheit" mitwirken kann. Adam und Eva haben sich nach biblischer Vorstellung im Garten Eden verführen lassen und so sind wir durch eigene Schuld an die Sünde, das moralisch Schlechte, also an Übel und Leiden geraten. Und seitdem sind die Menschen in der Bibel immer wieder durch ihre oftmals mangelnde Gottesliebe – nichts anderes meint im Grunde die „Gottesfurcht" als Achtung vor ihm, seiner Schöpfung und Geschöpfe – in Versuchung des Bösen geführt worden. Sie sind aber auch heimgesucht worden von der Sintflut, den Untergängen ihrer Städte wie Sodom, Gomorrha, Babel bis Babylon, was sie oftmals nur als Strafen aufgefasst haben, aber Gott eigentlich als Aufforderung zur Umkehr meinte.

Im Neuen Testament schickte Gott sogar seinen eigenen Sohn, um uns Menschen trotz allem zu retten, aber wir kreuzigten ihn. Das ist der Skandal, und deswegen ist das Kreuz das uns verstörende und aufrüttelnde Symbol für *den* Dreh- und Wendepunkt in der Menschheitsgeschichte. Die ungeheure Zumutung des Kreuzes, wie es Joseph Ratzinger früh in seiner „Einführung", dann Jürgen Moltmann und zuletzt der katholische Dogmatiker Jan-Heiner Tück ausführte, liegt nicht allein in dem blutigen Akt, einen barmherzigen Gott getötet zu haben. *Der* entscheidende Punkt ist, dass das Kreuz auch das Zeichen für die Errettung und das ewige Leben bei Gott nach Leidensweg, Apokalypse und jüngstem Gericht darstellt. Am Ende aller Zeiten in der Johannes-Offenbarung, wenn Apokalypse und Gericht über alle Menschen kommen, hilft nur noch der Glaube und das Bemühen, im Einklang mit Gott und seinen Geboten gelebt zu haben, also neutestamentarisch sich zum „Lamm Gottes“, zu Jesus Christus und seinem Kreuz als Zeichen der Umkehr und Sündenbefreiung zu bekennen.

Sein „Kreuz tragen“ heißt, die Frage seines eigenen Seelenheils ernst zu nehmen und unabhängig von der „Hure Babylon“, also den irdischen Mächten und Oberflächlichkeiten, zu leben. Sich selbst in der Relation „zu außen“ und einer übergeordneten Perspektive ernst zu nehmen und sich seinen Ängsten mit Stärke und Sicherheit zu stellen, kann zur Angstbewältigung beitragen und dazu führen, seine wirkliche innere Ruhe zu finden.

Erna K. war bereits in ihrem Fühlen und Denken dem Untergang geweiht. Ihre Welt war maximal bedroht. Alles, was sie sich aufgebaut hatte, war nahezu schon weg. In ihrer Panik glaubte sie auch, dass ihre Familie, ihre Kinder und Enkel, aber auch nahezu die ganze Menschheit bedroht seien, was ihr sagte, es werde keine Zukunft mehr geben. In der Fachsprache nennt man das „nihilistisch-wahnhaft“, also, dass jemand alles Existierende leugnet, alles ist im Grunde nicht vorhanden, es wird auch nichts mehr geben.

Wie bekommt man jemanden von diesem „Irrglauben“ weg? Sicherlich durch eine intensive Behandlung, aber wie das Beispiel zeigt, auch mit einer ehrlichen, mitmenschlichen Haltung und vor allem einem einfachen „Nur-da-Sein“. Auf dem Boden dieser Zuwendung hat die Patientin nach und nach wieder an sich, an etwas Positives und an die Zukunft geglaubt. Zu spüren, dass der andere wohlwollend und liebevoll unterstützend ist, beginnt eigene Verhärtungen zu lösen, es können Vertrauen und Zuversicht wieder wachsen. Diese besonderen Daseins-Erlebnisse in der psychischen Krise am Rande der Existenz, die auch viele bekannte religiöse Menschen wie Paulus, Ignatius von Loyola und Martin Luther erlebt haben, läuten dann oftmals einen Wandel ein, nämlich davon nicht nur zu berichten, sondern sich anderen in tätiger Nächstenliebe zuzuwenden, damit diese dann hoffentlich nicht die Erfahrung eines solchen tiefen Falls zu machen brauchen.

Dies war auch der Umkehrpunkt unserer Patientin Erna K., sodass sie begann, die Corona-Pandemie ganz anders zu sehen – jegliche Ängste dahingehend schwanden –, und sie sich zukunftsgewandt für sich, ihre Familie und ihr Umfeld einsetzte.

Die tiefen Ängste des Menschen bezogen auf tödliche Infektionserkrankungen, mangelnden Schutz und inkonsequente kollektive Maßnahmen, wie sie in den letzten Jahren von vielen von uns erlebt wurden, deuten also darauf hin, dass darin – nicht nur nach biblischem Verständnis – eine Mahnung an die Menschheit zur Haltungsänderung und Umkehr zur Sprache kommt. Denn das menschliche Leben im Diesseits stellt eine Bewährung dar, jedoch ist der Tod nicht zu fürchten, wenn man sich der Aufforderung zur Umkehr gestellt und den Glauben angenommen hat. Dann beginnt erst das eigentliche Leben ohne Leiden und Zeit: Im Ende ist der Anfang!

Abschließend

In schwierigen gesellschaftlichen Zeiten wie zuletzt in der Corona-Pandemie traten immer wieder gehäuft psychische Krankheitsbilder auf, vor allem Angststörungen. Jedoch gab es in der Neuzeit noch nie eine Situation, in der die Menschen weltweit mit einer Pandemie dieses Ausmaßes und damit verbundenen Schutzmaßnahmen konfrontiert waren. In diesem Kontext hat sich nun ein neues Phänomen gezeigt: die Angst vor dem Mitmenschen. Dabei wird jeder Mitmensch verdächtigt, selbst infiziert zu sein oder jemanden zu kennen, der infiziert ist oder war, und damit potenzieller Virus-Überträger zu sein. Typische Reaktionen sind das „Zurückschrecken" bei Aufeinandertreffen mit einer anderen Person, das sofortige Ausweichen auf einen sicheren Mindestabstand sowie reflektorische Überprüfung der Maske bei sich und seinem Gegenüber.

Aber vielleicht kann man mit „Gottvertrauen" hier auch besonnen und in Abwägung reagieren. Vielleicht benötigt der andere ja Hilfe oder Zuwendung. So oder so kann man sich allein mit einer Maske und einem natürlichen Abstand gut schützen – und das sollte die Ängste bei einem selbst und seinem Gegenüber doch deutlich abbauen. Trotz Pandemie, Erschöpfung und Ermüdung, den doch weiterhin bestehenden Sorgen („Das Virus könnte ja weiter mutieren oder bald ein neues, noch schlimmeres kommen") und den vielen psychosozialen Folgen von Lockdown und Isolation sollten wir alle versuchen, unsere ureigensten Tugenden der Mitmenschlichkeit und der Zuwendung gerade jetzt zu leben.

Ohne Dialog und das Ernstnehmen all der Ängste kann Leiden nicht wirklich durchbrochen werden. Wie unverständlich und ungerecht werden es die Geimpften und Vorsichtigen finden, wenn sie an Post und Long Covid oder gar an dem auch nicht zu vernachlässigenden Post-Vac-Syndrom leiden, also starken und langanhaltenden Symptomen nach den Impfungen, während andere Corona leugnen? Die Medizin weiß einiges über mögliche Ursachen von Krankheiten. Aber die wirklichen Gründe, warum der eine jene bekommt und die andere nicht, warum die eine einen schweren oder sogar tödlichen Verlauf hatte, der andere aber nur einen leichten, diese Gründe bleiben weiterhin im Dunkeln. Aus der Spirale des gegenseitigen Vergleichens und Beschuldigen müssen wir rauskommen.

Hier kann neben dem Vertrauen in die Medizin auch Vertrauen in eine höhere Macht helfen. Die aktive Auseinandersetzung mit sich und seinem Leiden, das Finden einer gelebten Beziehung zu anderen und das Finden von Sinn sind das, was Trost und Zuversicht spendet. Gerade jetzt, in dieser Phase „danach" ist es von existenzieller Bedeutung, nicht einfach zu vergessen und weiterzumachen. Denn vergessen bedeutet, den Tod der vielen Pandemie-Opfer und das noch weiterbestehende Leiden vieler wirklich langzeitig „Corona-Geschädigter" in die „Sinnlosigkeit" zu verbannen, was ein weiterer, noch größerer Skandal wäre. Jetzt ist es für jeden von uns an der Zeit, sich umsichtig und achtsam gegenüber seinem eigenen inneren Leiden und dem Leiden anderer zu verhalten. Souverän Verantwortung für sich selbst und die Mitmenschen zu übernehmen, ist ein erster Schritt. Dann gelangen wir nämlich zu der Frage, auf die wir so schnell wie möglich eine Antwort finden müssen: Wie können wir gemeinsam diese schreckliche Pandemie und ihre Folgen, aber auch jede andere Krise human auf eine grundsätzliche Weise überwinden?

Könnte die Antwort darauf lauten: Wir müssen unsere Wirtschaftsform ändern, auf Konsum verzichten und strikt Agape, die selbstlose, nicht sinnliche, dennoch zärtliche Liebe im Sinne der Nächstenliebe anwenden, wie es der katholische Theologe und Kardinal Walter Kasper forderte, damit keiner alleine und verlassen verloren geht? – Zunächst wäre es immer gut, sich einzugestehen und zu benennen, dass wir ein Problem haben. Man kommt nicht weiter, wenn man einfach so weitermacht, indem man verdrängt und nivelliert. Wer in der Opferrolle verharrt, läuft Gefahr, psychisch krank zu werden. Individuell und gesellschaftlich bedeutet das die Annahme und Akzeptanz des Leidens, woraus sich Einsicht und die Motivation entwickeln, aktiv und zuversichtlich gegen dieses Leiden und seine Verursachung sowie Rahmenbedingungen vorzugehen. „Geteiltes Leid ist halbes Leid", heißt es nicht umsonst. Wichtig ist es, sich anderen anzuvertrauen, ganz offen zu sprechen und dadurch gegenseitige Unterstützung und Trost zu finden.

Man wird dabei erfahren: Viele Menschen werden von den gleichen Ängsten und Sorgen geplagt. Diese lassen sich nicht einfach „wegzaubern", aber Verständnis zu zeigen und Verständnis zu erleben, das kann ihnen etwas von ihrer Wucht nehmen. Es wäre viel gewonnen, würden alle mitmenschlicher miteinander umgehen, auf andere aktiv zugehen und die Einsamkeit, die Distanz und die Sprachlosigkeit durchbrechen, selbst wenn Haltungen noch so verschieden sind. Das wäre für die Zukunft eine konkrete Umgangsform mit dieser Corona- und anderen Menschheitsplagen: Sie würde uns im Leid nicht trennen, sondern vereinen.

3. Was Einsamkeit mit uns macht
Die Sehnsucht nach Verbundenheit

JESUS AM KREUZ

„Wer glaubt, ist nie allein!“

Papst Benedikt XVI., 2006 in Regensburg

Jeder Mensch ist zunächst mit seinen Gedanken, Gefühlen und Taten allein. Doch wir sind soziale Wesen, die Kontakt, Gespräche und Umarmungen wie Nahrung, Wasser und Schlaf benötigen. Das Wissen, dass wir für jemand anderen von Bedeutung sind, dass es jemanden auf der Welt gibt, der ernsthaft an unserer Person interessiert ist, Anteil nimmt, begleitet und stützt, bildet den zentralen Dreh- und Angelpunkt. So haben uns Evolution und Kulturentwicklung gemacht. Natürlich kann es eine große Stärke sein und viel Kraft geben, allein sein und aus sich heraus leben zu können, aber wenn die Einsamkeit ins Bodenlose ausufert, wenn keine die Seele berührenden Begegnungen stattfinden – und das über lange Zeit –, dann entsteht das quälende, den ganzen Menschen psychisch und physisch beeinträchtigende Gefühl der „Einsamkeit“.

Isoliert und stumm fehlt dann regelrecht die Luft zum Atmen. Man bemüht sich, um Anschluss zu finden, doch oft verschlimmert sich die Situation nur noch, wenn man nicht Glück hat oder jemand mal gezielt auf einen zutritt, bis man resigniert und nur noch den Tod erwartet oder gar ihn direkt oder indirekt durch ein selbstzerstörerisches Verhalten wie Alkoholmissbrauch herbeiführt. In den vergangenen Jahrzehnten ist all das, besonders in den großen Industrieländern, immer stärker geworden. Diese Gesellschaften müssen sich fragen, ob sie Einsamkeit als Konsequenz ihrer Lebens- und Wirtschaftsweise nüchtern-pragmatisch hinnehmen oder anderes als bisher an den Tag legen und einander mitmenschlich begegnen wollen.

Einsamkeit beschreibt also Zustände, die für den Menschen schwierig sind, da sie ihn dazu anregen, über sich selbst nachzudenken. Nach heutigem Wissen muss man Einsamkeit von der sozialen Isolation und dem Alleinsein unterscheiden. Einsamkeit ist ein inneres subjektives Gefühl, dass mir etwas ganz Nahes und Persönliches, der „wichtige Mensch", fehlt. Der Begriff der „sozialen Isolation" bezieht sich auf objektive Gegebenheiten und kann z. B. durch die Messung vorhandener Kontakte zu anderen Menschen konkret festgestellt werden. Auch das „Alleinsein", das zwar mit dem Gefühl von Einsamkeit einhergehen kann, aber nicht immer damit verbunden sein muss, bietet durchaus sehr wertvolle und kreative Aspekte.

Auf der anderen Seite gibt es viele Menschen, die sich trotz zahlreicher sozialer Kontakte und selbst innerhalb einer großen Familie einsam fühlen können. Umgekehrt finden sich gerade in unserer Zeit mit den vielen Singlehaushalten immer wieder Menschen, die zwar faktisch allein sind, aber nicht das Gefühl von Einsamkeit verspüren, da sie über verschiedene Ressourcen und Strategien verfügen, die es ihnen ermöglichen, sich mit sich selbst gut zu beschäftigen und das Alleinsein produktiv für sich zu nutzen.

Jüngste Umfragen ergaben, dass rund 40 Prozent der in Deutschland lebenden Menschen sich einsam fühlen, von diesen leiden ca. 10 bis 20 Prozent an chronischer Einsamkeit. Einsamkeit ist bei Jung wie Alt bei Frauen am höchsten. Chronische Einsamkeit hat gravierende negative Konsequenzen für die Gesundheit und die Lebenserwartung. So bestehe ein um 30 Prozent erhöhtes Risiko, früher zu sterben, und ein ungünstiger Einfluss auf Schlafqualität, Gefäßverkalkung, Blutdruck, Blutzucker und vieles weitere als Folge dieses „Einsamkeits-Stress", so z. B. Depression, Angsterkrankungen und eben Sucht. Einsamkeit sei genauso gesundheitsschädigend wie täglich 15 Zigaretten und würde ein größeres Gesundheitsrisiko als Fettleibigkeit darstellen. Einsamkeit tritt vermehrt bei Menschen mit niedriger Bildung, geringem Einkommen, sozialem Ausschluss (z. B. Arbeitslosigkeit) sowie bei körperlichen und seelischen Erkrankungen auf.

Allerdings kann man gegen Einsamkeit eine Menge tun, wie es kürzlich ein 90-jähriger Brite zeigte. Seine Tipps gegen Einsamkeit fanden in Manchester und weiteren englischen Städten großen Anklang: Aktives Video-Telefonieren, auf andere zugehen, jemanden einladen, einen Kurs belegen, sich ehrenamtlich engagieren und vieles mehr funktionierte bei ihm und vielen weiteren recht gut gegen die Einsamkeit. Sein Credo lautet: „Suche den Kontakt zu so vielen Menschen wie möglich!"

Einsamkeit inmitten von „Fülle"

In unserer Sprechstunde erschien Theresa J., eine 37-jährige Modedesignerin, nachdem wir zuvor telefonischen und anschließend videobasierten Kontakt hatten. Zu Beginn näherte sie sich uns mit Vorsicht und eher misstrauisch. Theresa J. strahlte äußerlich in ihrer modernen, geschmackvollen Kleidung und war zweifellos optisch eine beeindruckende Person. Im Gespräch jedoch wirkte sie distanziert, irgendwie unnahbar, fast kühl und abwesend. Unser erster Austausch verlief in etwa wie folgt:

„Wir freuen uns, dass Sie es pünktlich einrichten konnten, Frau J. Was führt Sie zu uns?"

„Es war eine ziemliche Hetze. Ich war gestern in Paris und heute Morgen in Mailand. Die Vorbereitungen für die Messen laufen auf Hochtouren. Mehrere Modefirmen haben mich angeheuert, und es läuft mehr als gut. Ich habe so viele Ideen und zeichne bis in die Nächte hinein."

„Das klingt vielseitig, kreativ, aber auch sehr arbeitsintensiv. Was ist denn genau Ihr Hauptproblem?"

„Ich bin eigentlich, solange ich denken kann, alleine. Nach außen hin überhaupt nicht, eigentlich habe ich Tausende Kontakte, viele „Freunde" und „Likes". Alle kennen mich, oder denken, dass sie mich kennen. Aber innerlich fühle ich mich verdorrt. Niemand kann mich emotional berühren, und ich kann niemanden erreichen. Es fühlt sich an, als wäre ich wie abgeschnitten. Ich bin wirklich einsam, deswegen bin ich hier."

„Können Sie uns bitte mehr über Ihr Inneres erzählen?"

„Ich war immer das hübsche Mädchen. Andere haben mich dafür gehasst, weil sie dachten, mir würde alles in den Schoß fallen, selbst die Jungs. Nur die haben sich meist gar nicht an mich rangetraut, nach dem Motto: „Die kriegt man sowieso nicht." In der Schule und in der Kirchengemeinde, wo ich aus Überzeugung eine Zeit lang hingegangen bin, hat sich niemand von ihnen für mich interessiert. Alle anderen hatten ihren Freund und Lover, nur ich nicht. Also habe ich viel gelernt und begonnen, mich für Mode zu begeistern. Das war genau mein Ding.

Das Abitur war kein Problem für mich, auch nicht die Aufnahme in der Kunsthochschule. Ich bin dann schnell über den Teich nach Amerika gezogen, zu den „Fashions“, und als ich nach einigen Jahren hierhin zurückkam, hatte ich auch wirtschaftlich genug gelernt, um mein eigenes Unternehmen zu gründen. Heute habe ich etwa 50 Angestellte. Also, es läuft super erfolgreich. Ich habe eine tolle Wohnung, genug Geld, aber bin weiterhin einsam.“

„Hatten Sie in all den Jahren keine Freunde oder Partnerschaften? Wie war es mit Ihren Eltern und gegebenenfalls Ihren Geschwistern? Oder einem Kinderwunsch?“

„Wie gesagt, es waren viele oberflächliche Kontakte, ohne Tiefgang und Bindung. Auf die Dauer habe ich angefangen, mich darin zu sonnen; ich dachte, das sei die Welt und mein Leben. Aber wenn es mal kein „Remmidemmi“ gab, fühlte ich mich leer und nicht gemocht. Ich habe den Kontakt zu meinen Eltern abgebrochen, zumindest bilde ich mir das ein. Sie haben immer wieder bei mir nachgefragt, aber in meinem Hochmut dachte ich, ich brauche sie nicht mehr, sie würden mich nur als Einzelkind weiter verkorksen. Ein paarmal habe ich mich auf Männer eingelassen, das war recht einfach. Sie wollten ja im Grunde nur das eine, Sex, der sowieso überbewertet wird. Sie freuten sich daran, dass sie eine wohl recht attraktive Frau rumgekriegt haben. Doch ihr Trophäengeheule und Triebbefriedigungsgebrüll, das war nix für mich. Zwei, drei Männer waren dabei, die poetischer waren. Sie umwarben mich, trugen mich auf Händen und ich mochte sie auch, sodass sie mir wichtiger wurden. Aber wie das so ist, irgendwann merkten sie, wie leer es in mir war, wie wenig Substanz und Wärme da waren. Ich klammerte mich dann an sie und es wurde schließlich nur noch schlimmer, bis zum bitteren Ende.“

„Haben Sie keine beste Freundin? Und dann nochmals die Frage nach Kindern, die haben Sie nicht beantwortet.“

„Zu spät ist es ja für Kinder noch nicht, aber kann und soll ich das wirklich machen? Offenbar bin ich sozial ja ziemlich unbegabt. Ich habe seit Jahren keine Zärtlichkeit mehr erlebt und sehne mich nach Zweisamkeit, körperlich wie seelisch. Wie soll ich da mit den Bedürfnissen eines Babys umgehen? Das wird wohl schiefgehen. Eine beste Freundin? – Tja, die hatte ich mal, aber die sah mich dann nur noch als Konkurrentin und verwöhntes Ding. Das war wirklich traurig. Ich weiß, dass ich in Beziehungen mit anderen Menschen ganz viel falsch gemacht habe. Hin und wieder denke ich, die meisten hasse ich ohnehin."

„Lag es denn nur an Ihnen, Frau J.?"

„Zu einem großen Teil, schätze ich. Das hat mich noch tiefer in die Einsamkeit getrieben. Es nagt schon an einem und man wird immer unsicherer, bis man alles oder gar nichts mehr von einem Kontakt erwartet. Ich hatte zwei oder drei echte Beziehungen und vielleicht ein paar Freundschaften, aber seit Langem fühle ich mich allein und einsam. So etwas wie mein Selbstbewusstsein war im Grunde nur äußerlich da. Ich musste in der Modewelt eine bestimmte Rolle spielen, für Schein und Glitzer. Aber echte Freundschaften? – Ich hatte auch Pech dabei. Zwei Freunde sind bei einem Autounfall gestorben, eine andere Freundin an den Komplikationen einer Grippe. Vielleicht waren da auch Drogen mit im Spiel. Aber wo kann ich normale Leute kennenlernen? Vom Aufzug fahre ich direkt in mein Loft, die Nachbarn kenne ich nicht, die meisten Sachen werden mir geliefert und auf der Arbeit sind die Kontakte mit den Leuten nur oberflächlich. Einen VHS-Kurs oder Sport, der nicht in meinem exklusiven Fitnessstudio stattfindet, kann ich doch nicht so ohne Weiteres machen."

„Warum denn nicht?"

„Ich bin ja immer unterwegs, und wenn ich mal ein bisschen Zeit habe, sind die Kurse vorbei. Aber Sie haben natürlich recht! Wenn ich noch weiter in so einer Blase bleibe, immer irgendwie beschäftigt bin, bin ich trotz Trubel nirgendwo zu Hause. Manchmal fühle ich mich wie in einem luftleeren Raum und es gibt Zeiten, tagelang, in denen ich mit keinem anderen Menschen spreche. Ich würde gerne einen Hund haben, aber das ist schwierig in meiner aktuellen Lebenssituation. Vielleicht kann ich ja den Hund der älteren Dame gegenüber ab und zu mal ausführen. Ich beobachte sie manchmal früh morgens, wenn ich schnell mit dem Taxi zum Flugplatz aufbreche. Sie scheint kaum noch laufen zu können und auch kaum jemanden am Tag zu Gesicht zu bekommen. Vielleicht könnte man sich gegenseitig etwas helfen. Vielleicht lade ich sie tatsächlich mal zu einem Kaffee zu mir in die Wohnung ein, der Aufzug würde es ja ermöglichen, und bei mir war schon jahrelang niemand mehr außer der Putzfrau."

„Das klingt nach einer großartigen Idee, Frau J., und könnte zumindest ein guter Anfang sein gegen die Einsamkeit, oder?"

1. Die Verlassenheit Jesu am Kreuz

„Mein Gott, mein Gott, warum hast du mich verlassen!“ Dies soll laut der Evangelien nach Matthäus (27,46) und Markus (15,34) der letzte Satz von Jesus am Kreuz auf Golgatha gewesen sein. Hier wird einerseits auf Psalm 22 aus dem Alten Testament Bezug genommen: „Mein Gott, mein Gott, warum hast du mich verlassen, bist fern meiner Rettung, den Worten meiner Klage? Mein Gott, ich rufe bei Tag, doch du antwortest nicht, bei Nacht, doch ich finde keine Ruhe“ (Psalm 22,2–3). Zum anderen wird dieser Ausspruch inhaltlich als Ausdruck größtmöglicher Gottesferne und Einsamkeit verstanden, vor allem im geistlich-seelischen Sinne.

Lukas überliefert die letzten Worte Jesu in Bezug auf den Psalm 31: „Und Jesus rief mit lauter Stimme: Vater, in deine Hände lege ich meinen Geist. Mit diesen Worten verschied er“ (Lukas 23,46). Dagegen spricht Johannes mehr die Vollendung an: „Als Jesus nun den Essig genommen hatte, sprach er: Es ist vollbracht. Und er neigte das Haupt und verschied“ (Johannes 19,30). Diese Unterschiede sind sicherlich theologisch bedeutsam, Lukas und Johannes scheinen eher die heilgeschichtlich abrundende Variante zu bevorzugen, was jedoch hier nicht näher erörtert werden soll.

Interessanterweise setzt die Zürcher Bibel an beiden Stellen bei Markus und bei Matthäus ein Ausrufezeichen als klare faktische Aussage eines verlassenen Individuums. Die Einheitsübersetzung und die Lutherbibel hingegen benutzen jeweils ein Fragezeichen, das die Frage einer Person in höchster Not an ihren Vater beschreibt. Man könnte unseres Erachtens der Interpretation des Philosophen Hans Blumenberg der Bach'schen „Matthäuspassion“ folgen und hier die tatsächliche Gottesverlassenheit, den „absoluten Nullpunkt“ eines Menschen, der seine Verlassenheit und Einsamkeit kurz vor seinem Tod feststellt, annehmen. Dies entspricht im Wesentlichen der radikalen Botschaft des Karfreitags, der „Todesverlorenheit“ und des realen „Totseins des Gottessohnes“ am Karsamstag, wie es von Urs von Balthasar eindrücklich beschrieben wird. Man kann auch an das „abgestiegen in das Reich des Todes“ im Glaubensbekenntnis denken, weshalb dieser Tag nach Karl Rahner „ein seltsamer Tag, geheimnisvoll und schweigsam“ ist und umso mehr Freude bei der Auferstehung am Ostersonntagmorgen auslöst.

Ein weiterer Beleg für den Abstieg in die absolute Einsamkeit des tatsächlichen Todes von Jesus ist der „Urschrei", wie Blumenberg ihn nennt. Nach Matthäus handelt es sich dabei um den finalen Todesschrei: „Dieser läßt alle anderen sprechen und höhnen, Jesus aber schweigen bis zur neunten Stunde, da er mit mächtiger Stimme aufschrie" und die Klage der Gottesverlassenheit als sein einziges Kreuzwort aussprach.[5] Für den nochmaligen Schrei, den wortlosen Todesschrei benutzt Matthäus dann statt „aufschreien" das „schrecklich schreien. Zusammen mit einer ungeheuren Lautstärke ist der Schrei für Blumenberg sprachlich „das Äußerste, das die Verzweiflung zur Verfügung hat". Der doppelte Schrei spiegelt sich in der doppelten Anrufung Gottes als Form extremer seelischer Not wider. Matthäus beschreibt diesen letzten Moment Jesu irdischen Lebens eschatologisch-endzeitlich mit einem Erdbeben, zerberstenden Felsen und sich öffnenden Gräbern („und die Leiber vieler entschlafener Heiliger wurden auferweckt. Nach der Auferweckung Jesu kamen sie aus den Gräbern hervor und zogen in die Heilige Stadt und erschienen vielen" (Matthäus 27,52–53)).

Markus hingegen fasst dies etwas nüchterner zusammen und betont den Riss des Tempelvorhangs als das Ende des „alten Bundes", das offensichtliche „sich Verhören von Elija" und das Anerkennen von Jesu göttlicher Herkunft durch einen römischen Hauptmann:

„Und zur sechsten Stunde kam eine Finsternis über das ganze Land bis zur neunten Stunde. Und in der neunten Stunde schrie Jesus mit lauter Stimme: ‚Eloi, eloi, lema sabachtani!', das heißt: Mein Gott, mein Gott, warum hast du mich verlassen! Und einige von denen, die dabeistanden und es hörten, sagten: Hört, er ruft nach Elija! Da lief einer hin, tränkte einen Schwamm mit Essig, steckte ihn auf ein Rohr und gab ihm zu trinken, und er sagte: Lasst mich, wir wollen sehen, ob Elija kommt und ihn herabnimmt. Da stieß Jesus einen lauten Schrei aus und verschied. Und der Vorhang im Tempel riss entzwei von oben bis unten. Als aber der Hauptmann, der ihm gegenüberstand, ihn so sterben sah, sagte er: Ja, dieser Mensch war wirklich Gottes Sohn!" (Markus 15,33–39).

Einige der Schaulustigen bei der Kreuzigung missverstehen also den in aramäischer Sprache überlieferten Gebetsschrei Jesu als Hilferuf an Elija, der in Israel als Nothelfer galt. Sie versuchen aus Spott, durch das Tränken eines Schwamms mit Essig, das Leben Jesu zu verlängern, um so zu dokumentieren, dass Elija nicht kommt und Jesus somit nicht als Messias ausweist, da ja Elija der Vorläufer von diesem angeblich sein soll. Bevor der Schwamm jedoch Jesus erreicht, stirbt dieser mit einem lauten, wortlosen Schrei, den manche in Unkenntnis der Physiologie des Sterbens mit extremer Atemlosigkeit als göttliches Zeugnis und Wunder gedeutet haben.

Die Einsamkeit und der Leidensweg Jesu

Nicht nur am Kreuz entsteht der Eindruck eines alleingelassenen, einsamen und verlassenen Gottessohnes. Einsamkeit, metaphysische Verlassenheit und Verzweiflung finden sich auch bereits im Kontext der Versuchungen Jesu während seiner 40 Tage in der Wüste (Markus 1,12–14). In Form dieser Versuchungen wird bereits vor seinem öffentlichen Wirken sein Kampf mit der Einsamkeit dargestellt, in dem er sich vor Einflüsterungen des Leibhaftigen oder dessen Dämonen in Acht nehmen musste. Der Kardinal John Newman schreibt über diese satanischen Versuchungen: „Satan allein ist unfruchtbar und einsam, eingeschlossen in sich selbst, er und seine Anhänger." Jesus überstand die Versuchungen durch Satan, obwohl er einsam und allein war, durch ein aktives Gebetsleben, das seine Verbindung zu Gott aufrechterhielt und ihm half, seinen Glauben an Gott nicht zu verlieren.

Interessanterweise finden sich Hinweise auf Einsamkeit und Zweifel, vielleicht auch Glaubenszweifel sowie, wie Jan-Heiner Tück meint, sogar Anzeichen einer Depression, bei Jesus im Garten Getsemani, also am Abend vor seiner Kreuzigung:

„Und sie kommen an einen Ort, der Getsemani heißt. Und er sagt zu seinen Jüngern: Bleibt hier sitzen, solange ich bete. Und er nahm Petrus und Jakobus und Johannes mit sich, und er begann zu zittern und zu zagen. Und er sagt zu ihnen: Meine Seele ist zu Tode betrübt, bleibt hier und wacht! Und er ging ein paar Schritte weiter, fiel zu Boden und betete, dass, wenn es möglich sei, die Stunde an ihm vorübergehe. Und er sprach: Abba, Vater, alles ist dir möglich. Lass diesen Kelch an mir vorübergehen! Doch nicht, was ich will, sondern was du willst" (Markus 14,32–36).

Offenbar war Jesus in göttlicher Vorhersehung klar, welch schwerer Weg ihm bevorstand. Er bat seine engsten Gefährten um Beistand und mitmenschliche Nähe. Dennoch „begann er zu zittern und zu zagen", also Zeichen für große Angst zu zeigen, hier vermutlich die Angst vor dem Sterben und dem Tod. So war seine Seele „zu Tode betrübt", was als Ausdruck tiefer Depression gilt. Die Last seiner Aufgabe, die sein „Vater" von ihm „will", erdrückte ihn, sodass er darum flehte, dass „Stunde" und „Kelch" an ihm vorübergehen mögen. Doch er wusste, dass sein ganzes Leben und Wirken auf diesen einen Moment ausgerichtet waren. Dies verdeutlicht, wie stark der drohende Tod und die Einsamkeit für ihn waren, besonders da er, verraten und verleugnet durch seine Jünger Judas und Petrus sowie von seinem Vater verlassen, elendig am Kreuz sterben musste.

Der evangelische Theologe und NS-Widerstandskämpfer Dietrich Bonhoeffer drückte dies so aus: „Jesus bittet den Vater, der Kelch möge an ihm vorübergehen, und der Vater erhört die Bitte des Sohnes. Der Kelch des Leidens wird an Jesus vorübergehen, aber allein darin, dass er getrunken wird. (…) Jesus nimmt das Leiden der ganzen Welt auf sich und überwindet es darin. Er trägt die ganze Gottesferne. Eben darin, dass er den Kelch trinkt, geht er vorüber"[6], also der faktische Vollzug.

Wir können uns kaum vorstellen, wie psychisch grausam die Antizipation und das Erleben des einsamen Sterbens und Todes (emotional unbegleitet von irgendjemanden auch aus der Ursprungs- und Neufamilie) für ihn gewesen sein müssen. Alle Evangelien außer dem Johannesevangelium berichten übereinstimmend, dass die Frauen, „die ihm gefolgt waren und ihn unterstützt hatten" (Markus 15,41), bei der Kreuzigung dabei waren und „zuschauten". Ein Zuschauer ist jedoch immer passiv, und es wird betont, dass dies „von ferne" (Matthäus, Markus) beziehungsweise „in einiger Entfernung" (Lukas) geschah, was so noch mal die faktische Einsamkeit im Irdischen neben der Gottesverlassenheit hervorhebt.

Der Leidensweg von Jesus zur Kreuzigung wird bei Markus bewusst als Weg in die Verlassenheit und Einsamkeit beschrieben. Die letzten Worte haben explizit einen Anklagecharakter, so der Theologe Walter Grundmann. Sie sind keine offene Frage, sondern die Feststellung eines Skandals: „Er versinkt in die völlige Vereinsamung. Jesu ‚Preisgegeben-

Sein' in die Hände der Sünder, dass sich Zug um Zug verwirklichte, erreicht, nachdem die Menschen ihn verlassen haben, seine Tiefe in seiner Verlassenheit durch Gott." Alle haben ihn verlassen, selbst diejenigen die ihn in Jerusalem so jubelnd empfangen hatten, einschließlich seiner Jünger. Der katholische Autor Till Magnus Steiner beschreibt dies so: „Am Kreuz ist Jesus Christus in der Einsamkeit angekommen, die gegen die Schöpfungsordnung und auf dem Hintergrund des Alten Testaments gleichbedeutend mit der Sphäre des Todes ist. Jesus ist durch die Aufnahme der Verlassenheitsaussage aus Psalm 22,1 am Kreuz in die Einsamkeit des gottverlassenen Beters eingetreten ... [...]. Die mitmenschliche Verlassenheit ist vielleicht ertragbar, solange die Gottesbeziehung stärker als die Gottverlassenheit ist. Aus christlicher Perspektive ist alle menschliche Einsamkeit durch die Einsamkeit Jesu am Kreuz, die der Verlassenheit, die den Tod überstehende Beziehung zu Gott entgegenstellt, umfangen. Im Kreuz ist nicht nur der Tod besiegt, sondern – zumindest im theologischen Denken – auch die menschliche Einsamkeit, die nicht das letzte Wort hat."[7]

Die Symbolkraft des Kreuzes

Die tröstliche Perspektive für uns alle liegt im Aushalten von Einsamkeit und Verlassenheit durch Jesus am Kreuz. Dies spiegelt die Grundlogik des Neuen Testaments wider: Jesus übernimmt für alle Menschen sämtliche Übel, Sünden und eben auch Einsamkeit, Zweifel und anderes seelisches Leiden. Dadurch werden die Einsamkeit und Verlassenheit bezüglich Gott, Mitmenschen oder Umwelt überwunden. Dies unterstreicht die Symbolkraft des Kreuzes gegen Tod und Vereinzelung.

Im Tod ist jeder allein für sich und einsam, es sei denn, er wird durch Jesus Christus in das personale Du von Gott hinein „gerettet". Durch ihn werden Tod und Einsamkeit im „Reich Gottes" (Offenbarung 21,1) vernichtet. In der Genesis (2,18) hatte Gott verfügt: „Es ist nicht gut, dass der Mensch allein ist." Doch im „Kreuzestod" von Jesus wird die absolute Verlassenheit symbolisiert, die mit Auferstehung und jüngstem Gericht (Offenbarung 20,11) für alle Zeit in der „Gemeinschaft der Heiligen" aufgehoben sein wird:

„… und Gott selbst wird mit ihnen sein, ihr Gott. Und abwischen wird er jede Träne von ihren Augen, und der Tod wird nicht mehr sein, und kein Leid, kein Geschrei und keine Mühsal wird mehr sein; denn was zuerst war, ist vergangen“ (21,3–4).

„Es ist geschehen. Ich bin das A und das O, der Anfang und das Ende. Ich werde dem Dürstenden von der Quelle des Lebenswassers zu trinken geben, umsonst“ (21,6).

„Und nichts Verfluchtes wird mehr sein. Und der Thron Gottes und des Lammes wird dort sein, und seine Knechte werden ihm dienen. Sie werden sein Angesicht schauen, und auf ihrer Stirn wird sein Name stehen. Keine Nacht wird mehr sein, und sie brauchen weder das Licht einer Lampe noch das Licht der Sonne. Denn Gott, der Herr, wird über ihnen leuchten, und sie werden herrschen, von Ewigkeit zu Ewigkeit“ (22,3–5).

Der katholische Religionsphilosoph Romano Guardini hat in seinen Meditationen „Der Kreuzweg unseres Herrn und Heilands“ bemerkenswert die innere „Psychodynamik“ bei Jesus herausgearbeitet. Nachdem Jesus seinen sogenannten Lieblingsjünger Johannes als „Sohn“ seiner Mutter übergeben hat, sich somit von seinen menschlichen Bindungen losgelöst hat, geht es so weiter: „Jesus will allein sein. Er hat unsere Schuld auf sich genommen; allein will er sie der ewigen Gerechtigkeit gegenüber vertreten. Niemand soll ihm beistehen. Ganz allein macht er die furchtbare Sache mit Gott aus. Was in der Seele Jesu vorgegangen ist in dieser Zeit, weiß kein Mensch. Da ruft er: ‚Mein Gott, mein Gott, warum hast du mich verlassen?‘ Niemand lüftet dieses Geheimnis, wie Gottes Sohn von Gott verlassen sein kann. Nur dies können wir uns sagen: Bisher hat sein Herz die Nähe Gottes als Trost und Halt empfunden. Jetzt verlässt ihn auch das. Ganz bloß und einsam ist er. Von allen verlassen. Allein steht er mit unserer Schuld der göttlichen Gerechtigkeit gegenüber. Niemand wird je ausdenken, was das heißt. Nur eines hält ihn: Seine wankellose Treue gegen die Sendung des Vaters; seine unbegreifliche Liebe zu uns. Und in dieser Liebe verzehrt er sich, bis alles vollendet ist. ‚Es ist vollbracht‘.“[8]

Guardini betont also das Alleinsein-Wollen oder -Müssen zur Vollendung der Mission Jesu. Er betont zweimal, dass niemand begreifen kann, was diese Situation seelisch und existenziell für Jesus bedeutet hat, insbesondere, dass er sich mit der gesamten Bürde der Menschheit und ihrer Sünden „der göttlichen Gerechtigkeit gegenüber“ sah. Er weist auf den Jesus tragenden Urgrund hin, dem er bis in den Tod hinein treu bleibt – nämlich die Liebe von und zu Gott, seinem Vater. Dabei beschreibt Guardini auch das Paradoxon, wie Gottes Sohn (also ein Teil des dreifaltigen Gottes) von diesem verlassen wird, denn es stirbt der „Menschensohn", für dessen menschliche Todesnot und Leiden das Kreuz das Symbol ist, wie der Tübinger Theologe Hans Küng ausführt, und nicht Gott selbst. Guardini deutet den Anfang des Psalm 22 als Frage an Gott, die am Ende mit dem „Es ist vollbracht" beantwortet wird. Die Verlassenheit von Gott selbst kann nur so gedeutet werden, dass in Gott alles einen Platz hat, auch Einsamkeit und Verlassenheit in jeder Hinsicht, aber auch ihr Gegenteil. Das heißt, in jeglicher Verlassenheit liegt auch immer noch ein letztes Geborgensein bei Gott.

Jesus Christus ist Gott und Mensch zugleich. Er ist Gott, der die menschliche Natur ganz in sich aufgenommen hat. Deshalb konnte er leiden und sterben, genauso wie er Hunger und Durst hatte. Und hier kommt wieder die besondere existenzielle und ethische „Logik" des Neuen Testaments zum Tragen: Im Schlechtesten liegt das Beste, im Niedrigsten das Höchste, in der stärksten Verlassenheit, da liegt auch die Rettung. Wenn alles aussichtslos erscheint, wird die Ausweglosigkeit durch die Liebe Gottes überwunden. Alle fallen, auch Jesus erreicht den Tiefpunkt, aber alle werden auferstehen. „Keiner fällt tiefer als in die Hand Gottes", und in der „Wieder-Schöpfung des bereits seienden, aber zum Nichts abstürzenden Geschaffenen in neues Sein" – so Guardini – werden wir zum „neuen Menschen" unter „neuen Himmel" auf „neuer Erde" (Offenbarung 21,1).

Sehnsucht nach Gemeinschaft

Verlassenheit und die „Todesverfallenheit" bringen existenzielle Ängste mit sich. Selbst Jesus erlebte in Getsemani offenbar große Angst in diesem Sinne. Hans Urs von Balthasar schreibt eindrücklich über das Leiden Jesu in diesem Garten: „Alles, was der Alte und Neue Bund an Angst kennt, ist hier beisammen und ins Unendliche überboten, weil die Person, die in dieser Menschennatur sich ängstigt, der unendliche Gott selber ist. Es ist einmal das Leiden des unendlich Reinen, unendlich Gerechten (der zugleich Gott ist) vor allem, was Gott verabscheut und was erst für den Reinen (der zugleich Gott ist) seine ganze Grässlichkeit offenbart; es ist ferner das stellvertretende Leiden dieses Reinen für alle Unreinen, das heißt das Erleiden jener Angst, die jeder Sünder von Rechts wegen vor dem Gericht und in der Verwerfung Gottes durchzumachen hätte; es ist endlich und im tiefsten die Angst, die Gott (in Menschengestalt) um seine Welt leidet, die in ihm verlorenzugehen droht, ja im Augenblick eine gänzlich verlorene Welt ist."[9]

Jesus ist als Gottes Sohn jedoch niemals gänzlich verlassen, sofern er nicht seine Zuversicht verliert, was in der Situation vor und bei der Kreuzigung beinahe passiert wäre. Doch selbst in dieser extremen Situation, in der Gott, sein Vater, nicht bei ihm zu sein schien, hielt Jesus an ihm fest, gab ihn nicht vollständig auf und wurde schlussendlich durch sein bedingungsloses Vertrauen errettet.

Am „Rande" ist aber Gemeinschaft doch noch möglich. Zum einen durch die Frauen, die ihm nahestanden, wie Maria Magdalena, die von ferne auf ihn, den Gekreuzigten, sahen und nicht völlig abwesend waren. Damit sind auch symbolisch seine Jünger mit einbezogen und mildern ein Stück weit seine Einsamkeit.

Es scheint für einige Interpreten klar zu sein, dass in Anbetracht seiner anwesenden Anhänger in den Worten Jesu *„Mein Gott, mein Gott, warum hast du mich verlassen!?"* auch seine Sehnsucht nach Gemeinschaft, der Glaubensgemeinschaft spürbar wird. Also die Gemeinschaft mit seiner „Familie", den Jüngern und Gott, blitzt in Jesu letzter Lebenssekunde auf. Diese Verlassenheit und das Zerbrechen der Beziehungen sollten nicht das Letzte sein. Der Tod sollte nicht das letzte Wort haben.

Jesus ist scheinbar am Kreuz gänzlich allein. Aber die Gemeinschaft umfasst auch seine Einsamkeit dort. Die Verlassenheit Jesu wird zur Geborgenheit in Gott, wenn wir an seine und damit auch unsere Auferstehung glauben. Somit ist das Kreuz paradoxerweise nicht Ausdruck von Schwäche und Torheit, sondern – nach Hans Küng – von der Kraft, der Allmächtigkeit und Weisheit Gottes. Es ist nicht vergeblich, dass Jesus im Sterben an Gott festhält, ohne etwas zu erwarten oder zu berechnen. Er sieht mit reinem Vertrauen auf das Eingehen in die Ewigkeit und erkennt die „Ränder" der Hoffnung sowohl in Form real ihm vertrauter Menschen als auch spirituell in der weiterhin gespürten Glaubensgemeinschaft. Dieses Geschehen ist seitdem zum Inbegriff der Hoffnung geworden für alle, die leiden, einsam und verlassen sind oder getötet werden: dass Gott nämlich alles, auch sein Gegenteil, auch die Gottverlassenheit umfängt. „Denn Gott hat den Tod nicht gemacht, und er erfreut sich nicht am Untergang derer, die leben" (Weisheit 1,13). Und er findet, so Genesis 2,18, es auch „nicht gut, dass der Mensch allein ist".

Nach dem evangelischen Theologen Manfred Köhnlein waren die Passion Jesu und seine Auferstehung Dimensionen des Leidens und der Hoffnung zugleich. Jesus sei in der „Heiligen Stadt", zu der er „sehenden Auges" aufgebrochen war, zunehmend ins „politische" Leiden geraten, „in den psychischen Kummer, in die soziale Vereinsamung, in den physischen Schmerz, in die religiöse Anfechtung bis zu seinem letzten Schrei am Kreuz". Mit dem Bekenntnis der Auferstehung würden Christen aber an die Fortexistenz der Person über den Tod hinaus glauben, sonst wären all die Verlassenheit und Leiden „hoffnungslos" (1. Korinther 15,12–14).

Auch der katholische Theologieprofessor Peter Trummer versteht die Auferstehung zu Ostern auf die konkrete Person bezogen, unmittelbar und gegenwärtig als täglichen Aufstand und Aufgerichtet-Werden. Jesus sei nicht im Bewusstsein der Gottesverlassenheit gestorben, sondern sei durch Gott aufgehoben worden. Genau das habe er seinen Verfolgern und der Menschheit zeigen wollen. Das Kreuz sei daher ein Zeichen gegen die Einsamkeit, für die Überwindung des Todes durch Beistand, Mitleid und Treue Gottes.

Auch wir können daher die Zuversicht haben, dass Gott uns die Hand reicht und festhält. Durch die Zusage der Gemeinschaft mit dem dreifaltigen Gott, wofür neben dem Kreuz auch die Eucharistie, also Jesu Vergegenwärtigung steht, wird eine Gewissheit ausgedrückt, die jegliches Gefühl von Einsamkeit überall und immer beendet und stärker ist als unsere Angst. Denn bei dieser Angst geht es meist nur um uns selbst, Nachteile zu erleiden, weswegen wir egoistisch und ungerecht werden, aber im Grunde so oder so einsam sind. Diese Angst soll entmachtet werden und uns zur Menschlichkeit und Gemeinschaftsfähigkeit befreien. Der christliche Glaube soll uns befähigen, dass wir uns dieser Angst stellen und ihr nicht mehr das letzte Wort über das eigene Leben überlassen. In der Geborgenheit in Gott hat nur Gott das letzte und endgültige Wort über den Menschen.

So kommen die meisten Interpreten, unter anderem auch Helmut Hoping, hinsichtlich der finalen Verzweiflung von Jesus und angesichts der eigentlichen Verlassenheit von jedermann und Gott doch zu der Einschätzung, dass Jesus in vollem und absolutem Vertrauen zu Gott „hinüber" gegangen sei. Mit unserem Glauben seien wir immer in der Gemeinschaft mit Gott, egal ob es uns gut oder schlecht geht und wir uns über den Tod hinaus in der Liebe Gottes befinden. Und so endet Psalm 22 mit den Worten: „Er hat es vollbracht." Denn wenn Gott die Liebe ist (1. Johannes 4,16), wie kann er dann unbarmherzig und lieblos seinen eigenen Sohn verlassen, über den er doch bei seiner Taufe im Jordan gesagt hat: „Das ist mein geliebter Sohn, an dem ich Wohlgefallen habe" (Matthäus 3,17).

So ist auch noch heute die Taufe auf den dreifaltigen Gott das „Tor zur Kirche", zur Gemeinschaft. Wie Johannes Eckert sagt: „Getauft zu sein heißt, dass ich eintauche in das Geheimnis Jesu Christi und so die Wirklichkeit mit österlichen Augen sehen kann. So wie er in den Tod geht (untertauchen) und wieder zu neuem Leben aufersteht, das heißt nach Ostern als der Lebendige wieder ‚auftaucht', so wird auch unser Leben nicht mit dem Tod beendet, sondern findet durch den Tod zur Vollendung."

Karl Rahner betont ebenfalls die Schwierigkeit der Fremdheit zwischen Menschen, aber nur Gott könne Einsamkeit aufheben und Verbundenheit aller bewirken: „Der nächste Weg in das Eigentliche und „Unvertauschbare" eines anderen Menschen, den wir lieben, ist der Weg über Gott. (…) und Gott selbst ist die Kraft der Liebe, den anderen gelten zu lassen, ohne dadurch auf ihn zu verzichten, denn er, der geliebte, von jedem, ganz für sich geliebte Gott hat den andern so gewollt, wie er ist."

2. Was bedeutet überhaupt Einsamkeit?

Einsamkeit beschreibt im Gegensatz zum Alleinsein eine Stimmungslage, in der man sich nicht mehr ausreichend mit anderen verbunden und angesprochen empfindet. Das Thema „Einsamkeit" spielt vielfach aus sozialen Gründen, aber auch bei psychischen Störungen wie Depression, eine immer größere Rolle. Wie es sich aber anfühlt, einsam und/oder psychisch krank zu sein, ist für Außenstehende, einschließlich Behandler, oftmals schwer nachvollziehbar. Es ist jedoch wichtig zu betonen, dass Einsamkeit an sich keine psychische Erkrankung ist.

Eine der eindrücklichsten Darstellungen der Einsamkeit und des Verschwindens der Mitmenschen und der Welt findet sich in der Freiburger Antrittsvorlesung des Philosophen Martin Heidegger „Was ist Metaphysik?“: „In der Angst – sagen wir – ist es einem unheimlich. Was heißt ‚es‘ und das ‚einem‘? Wir können nicht sagen, wovor einem unheimlich ist. Im Ganzem ist einem so. Alle Dinge und wir selbst versinken in eine Gleichgültigkeit. Dies jedoch nicht im Sinne eines bloßen Verschwindens, sondern in ihrem Wegrücken als solchem kehren sie sich uns zu. Dieses Wegrücken des Seienden im Ganzen, das uns in der Angst umdrängt, bedrängt uns. Es bleibt kein Halt. Es bleibt nur und kommt über uns – im Entgleiten des Seienden – dieses ‚kein‘. Die Angst offenbart das Nichts.“[10]

Passend dazu erläutert er etwas später die „temporale Verfasstheit“, also zeitliche Aspekte der Einsamkeit: „In der Vereinzelung würde uns unsere Endlichkeit zum einen deutlich werden, zum anderen träte in dieser Beziehungslosigkeit eine tiefe Form der Langeweile auf.“

Philosophische Ansichten zur Einsamkeit

Einsamkeit ist ein vielfältig in Kunst und Literatur beschriebenes Thema. Es gibt eine ganze Reihe von Philosophen von der Antike bis zur Neuzeit, die sich entweder direkt oder mittelbar mit diesem Thema, welches ein anthropologisches Grundthema zu sein scheint, beschäftigt haben. In dem Buch von Lars Svendsen „Philosophie der Einsamkeit“ findet sich ein interessanter Diskurs auch zur sogenannten „guten Einsamkeit“. Seine Haupthypothese ist, dass man sich in den modernen Zeiten viel an schlechter, den Menschen zerstörender Einsamkeit orientiert habe. Es müsse eigentlich darum gehen, wie man die gute kreative Einsamkeit im Sinne des produktiven Alleinseins bei sich und anderen stärker fördern könne. Dabei steht vor allem die souveräne Fähigkeit zur Einsamkeit im Mittelpunkt, denn daraus würde sehr viel an positivem und konstruktivem Potenzial erwachsen, um z. B. mit psychischen Krisen fertig zu werden und sein Leben sinnvoll und mit Zuversicht aufzubauen. Hier ist vor allem an die bekannte Aussage des französischen Philosophen Pascal am Beginn der Neuzeit zu denken, dass es dem modernen Menschen immer schwerer fallen würde, ohne äußeren Kontakt in seinem Zimmer ruhig auf seinem Stuhl für Stunden oder Tage zu sitzen.

Odo Marquard, ein ehemaliger Gießener Philosophieprofessor, plädierte ebenfalls nachdrücklich für die Fähigkeit zur Einsamkeit: „Was uns Modernen plagt, quält und malträtiert, ist nicht nur – und schon gar nicht primär – die Einsamkeit, sondern vor allem der Verlust der Einsamkeitsfähigkeit: die Schwächung der Kraft zum Alleinsein, der Schwund des Vermögens, Vereinsamung zu ertragen, das Siechtum der Lebenskunst, Einsamkeit positiv zu erfahren."[11] Marquard argumentierte, dass gerade die Vermassung in der Moderne zur Vereinsamung des Einzelnen führen würde. Menschen seien nicht mehr aus sich selbst heraus geleitet, sondern von außen geleitet beziehungsweise verleitet mit der Tendenz, stets möglichst genau so zu sein wie die anderen. Es überwiege ein Uniformitäts-, Abstimmungs- und Kommunikationsdruck, sodass Individualität und die Fähigkeit zum Allein- und Einsamsein deutlich herabgesetzt seien: „Darum produziert die moderne Emanzipation aus den Mehrsamkeiten in die Allsamkeiten zwangsläufig Einsamkeit (…) Wir leben (…) im Zeitalter der Einsamkeit." Alle Anti-Einsamkeits-Aktivitäten würden die Einsamkeit nur noch weiter verstärken. Umfänglich wäre das Kommunikationswesen vor allem im Fernbereich, sprich Telefon und Internet im Vormarsch. Durch diese zunehmende Distanz zum unmittelbaren Mitmenschen würde Einsamkeit weiter provoziert werden. Auch die anderen symptomatischen Gegengeselligkeitsformen als Anti-Einsamkeitsmittel, nämlich der Hang und der Zwang zur Gruppe, würden auch nur zu Vereinzelung des Individuums führen, da alles gemeinsam veranstaltet werden sollte und „kein Heil außerhalb der Gruppe" möglich sei. Und nach Marquard weiter: „Das moderne Zeitalter der Einsamkeit ist also zugleich das Zeitalter der symptomatischen Gegengeselligkeit: Das der kommunikativen Fernemphasen und der Gruppensucht, die beide – indem sie die Einsamkeitsfähigkeit nachhaltig ruinieren – erst recht wehrlos machen gegen das, was sie überwinden wollen, in Wirklichkeit dabei indirekt ermächtigen: Die Einsamkeit."

Als Gegenentwurf schlägt Marquard den Einsamkeitsbedarf und die Einsamkeitsfähigkeit vor: Hierbei geht er von der früheren, noch aus dem Mittelalter stammenden Vorstellung des Wortes Einsamkeit als Positiverfahrung aus. Bei Meister Eckhart wäre nämlich die deutsche Übersetzung von „Unio Mystica“ die mystische Vereinigung des Menschen mit Gott und die „Ein-samkeit“ wäre ihr „Eins-sein“ als intensivste Form ihrer beider Kommunikation. Einsamkeit als „Vereinigung“ sei ein deutlich anderer Aspekt als Einsamkeit von „Abgeschiedenheit“. „Wo später Gott aus dem Spiel geriet, war der Mensch dann nur noch abgeschieden, nur noch allein mit sich selber, eben im heutigen Wortsinn einsam“, findet Odo Marquard. Dies weist auf eine religiös-theologische Perspektive und Seelsorge wie auch eine moderne Form der Überwindung von Einsamkeit und Stärkung der Einsamkeitsfähigkeit hin. Seiner Ansicht nach müsse auch aufgrund unserer Endlichkeitserfahrung, denn wir alle werden eines Tages allein in den Tod gehen, unsere Einsamkeitskompetenz in Form der Mündigkeit zur Einsamkeitsfähigkeit gestärkt werden. Hieraus solle eine Kultur der Einsamkeitsfähigkeit entwickelt werden, die Marquard durch und in Humor, Bildung und Religion sehen würde. Im Humor würde man eine gewisse Distanz zur eigenen Einsamkeit auch im Hinblick auf die eigene Endlichkeit gewinnen, in der Bildung eine Distanzierung von sich selbst und eine Ausweitung in andere „Welten“ passieren und in der Religion wird die Zuversicht reifen, dass „Gott“ da ist, „der noch da ist, wenn niemand mehr sonst da sei“. Das heißt, das Geborgensein in „Gottes Hand“ sei die Urerfahrung, insbesondere des christlichen Glaubens.

Einsamkeit und Psyche

Einsamkeit ist funktional gesehen ein großer Stressor ähnlich wie Hektik, Zeit- und Leistungsdruck. Hält sie über einen Zeitraum länger an, wächst die Gefahr, wie schon gesagt, für zum Teil schwere körperliche Erkrankungen. Sie begünstigt auch die Entwicklung von psychischen Problemen wie anhaltenden depressiven Zuständen mit teils auch suizidalen Gedanken und Verhalten, aber auch psychotische Tendenzen durch die Isolation, Angst- und Panikzustände, Alkoholabhängigkeit und sogenannte Verhaltenssüchte (Internet, Spielen, Pornografie). Darüber hinaus kann sie auch die Entwicklung von Demenzerkrankungen begünstigen.

Andererseits kann „Einsamkeit" auch eine Folge psychischer Störungen sein, die aus anderen Gründen entstanden sind. Diese Erkrankungen verändern das zeitliche und soziale Empfinden der Betroffenen und machen sie für andere Menschen oft schwer erreichbar.

„Leiden an der Einsamkeit" ist also komplex, und dieses Thema ist zentral für die gegenwärtige Zeit. Es sind viele Faktoren und wechselseitige Beeinflussungen im Spiel, was Einsamkeit zu einer so schwerwiegenden, versteckten und chronischen Problematik werden lässt. Wenn die Psyche auf Einsamkeit reagiert, können sich psychische Störungen entwickeln, die wiederum einsam machen, wodurch sich der Zustand der Betroffenen weiter verschlimmert: ein Teufelskreislauf.

Als Reaktion auf die seelische Erkrankung kommt es durch das veränderte psychische Erleben und den sozialen Rückzug zur Einsamkeit. Doch auch Hilflosigkeit der Umgebung, adäquat mit all diesen Veränderungen umzugehen, kann zur Einsamkeit beitragen. Hinzu kommen die dann doch noch weit verbreiteten Mechanismen der Tabuisierung und Stigmatisierung psychischer Störungen, welche Einsamkeit für die Betroffenen zu einem weiteren, oft schwer zu bewältigenden Problem machen. Noch schwieriger wird es, wenn zusätzlich körperliche, stressbedingte Folgeerkrankungen hinzukommen, was häufig der Fall ist.

Einsamkeit ist also ein ganz zentrales Symptom einer körperlich und/oder seelischen Erkrankung eines Menschen und muss daher „in Gänze" in seiner existenziellen, sozialen und möglicherweise sogar metaphysischen Bedeutung betrachtet werden. Vor diesem Hintergrund muss selbstkritisch festgehalten werden, dass die Medizin oft nur Teilaspekte und den „Einzelfall" vor Augen hat, die Betroffenen aber nicht in ihrem natürlichen sozialen Umfeld und ihrem jeweiligen Gemeinschaftsgefüge sieht und damit deren „Einsamkeit" als Wirkfaktor für Krankheit übersieht. Zu oft wird, wie der französische Philosoph Michel Foucault einmal sagte, der Betroffene allein, losgelöst und „einsam als Objekt" vor dem „Fixierspiegel des medizinischen Blicks" betrachtet.

Eine wichtige und interessante Erkenntnis aus der Einsamkeits-Forschung ist, dass nicht die Quantität, also das Ausmaß sozialer Kontakte und persönlicher Beziehungen für die Entwicklung des Einsamkeitsgefühls von Bedeutung ist. Es ist vielmehr die wahrgenommene Qualität, die hier eine größere gesundheitsgefährdende Rolle spielt und deutlich mit seelischem Unwohlsein und psychischen Krisen verbunden ist. Es geht also um die Güte der sozialen Verbindungen. Ähnlich wie in der Kindererziehung ist anzunehmen, dass die Art und Intensität sowie die ehrlich gemeinte mitmenschliche Zuwendung das Entscheidende sind, nicht die zu messende verbrachte Zeit oder die zu messende Anzahl der Kontakte. Die Forschung weist auch auf eine enge Beziehung zwischen Einsamkeit und traumatischen Lebensereignissen wie schweren Unfällen, Missbrauch und Vernachlässigung hin. Dabei kann Einsamkeit auch stark mit einer erhöhten Suizidrate einhergehen.

Vor allem bei der Volkskrankheit Depression ist „Einsamkeit" als Krankheitssymptom ein wesentliches Kennzeichen. Mittlerweile erkrankt daran jeder Vierte in Deutschland mindestens einmal in seinem Leben. So gehören bei der Depression z. B. Antriebslosigkeit und sozialer Rückzug, aber auch ein deutlich eingeschränktes Gefühlsempfinden dazu. In einem depressiven Zustand „versinkt die Welt", so der niederländische Psychiater Kuipers, der selbst depressiv erkrankte und seine eigenen Erfahrungen dazu veröffentlichte: „Nichts und kein anderer ist mehr wirklich wichtig, jegliche Gefühle versiegen."[12] Im depressiven Nihilismus, einem Zustand völliger Sinnlosigkeit und Nichtigkeit, gipfelt dann die Einsamkeit für Betroffene darin, dass die Welt, andere und oft auch die Betroffenen selbst nicht mehr existieren. Der Schritt zum Suizid ist dann kurz, da so eine Qual und das Nichts auszuhalten für die Betroffenen subjektiv als damit absolute Vereinzelung nicht mehr mit einem Weiterleben vereinbar sind. Fast könnte man es so deuten, dass der Depressive im ersehnten Tod zumindest die Verbindung zu etwas anderem als dem großen Ganzen mit der Auflösung des eigenen Ichs vollziehen möchte.

Einsamkeit sollte daher als ein wesentliches Symptom psychischer Störungen wie auch als Folge sowie zwischenmenschliches Problem generell stärker beachtet werden. Sie manifestiert sich als ein Alleinsein in negativer Gestalt: ein zermürbendes, nagendes Gefühl, ohne Beziehung zu anderen Wesen zu sein, als ob man aus der Welt gefallen zu sein scheint. Es ist daher nicht überraschend, dass Menschen mit Einsamkeitserfahrung wie auch psychisch Erkrankte so bedürftig nach Beziehung sind. Oft verharren sie auch in Beziehungen, klammern sich an diese, selbst wenn diese belastend oder gar traumatisierend sind und sie gegebenenfalls noch einsamer machen. Es ist daher von entscheidender Bedeutung, diese Dimension menschlichen Erlebens – die Einsamkeit, wie und auf welche Weise sie sich entwickelt und manifestiert – zu verstehen, um ihr mitmenschlich, seelsorgerisch und therapeutisch besser begegnen zu können.

Umgang mit Einsamkeit mit und ohne psychische Störung

John T. Cacioppo, ein bekannter Einsamkeitsforscher und Therapeut, hat vier Schritte als wirksame Auswege aus der chronischen Einsamkeit vorgeschlagen. Dieses Programm kann leicht und auf „Neudeutsch" mit dem Akronym EASE zusammengefasst werden:

1. Extend yourself
Einsame Menschen sollten sich wieder vorsichtig an den sozialen Austausch und soziales Engagement herantasten.

2. Action plan
Dieser Handlungsplan bedeutet, dass man sich nicht als Opfer der Umstände sehen sollte, sondern aktiv seine eigene soziale Situation verbessern sollte. Dies stärke auch das Selbstvertrauen.

3. Selection
Nicht die Quantität, sondern die Qualität sozialer Interaktionen und zwischenmenschlicher Kontakte sei wichtig, wie auch das Gefühl der Einsamkeit insgesamt zu reduzieren. Hier müsste jeder überlegen, welche Form von Beziehung auch im Hinblick auf Intensität und Intimität ihm fehlen würde, und entsprechende Strategien dagegen entwickeln.

4. Expect the best
Chronisch einsame Menschen neigen oft dazu, nur das Negative in anderen Menschen zu sehen. Eine aufgeschlossen optimistische Einstellung zu gewinnen, würde aber dem Einsamen helfen und entsprechende „Erfolgserlebnisse" nach sich ziehen.

Diese Ansätze haben sich in der Praxis als äußerst erfolgreich erwiesen. Vor allem Einsamkeitsinterventionen, die an den negativen und fehlerhaften sozialen Grundannahmen und Erwartungen einsamer Menschen ansetzen, sind hier sehr wirksam. Würde man diese durch solche psychotherapeutischen Programme verändern können, dann könnte auch bei Menschen mit psychischen Problemen Einsamkeit weniger und insgesamt das sogenannte psychosoziale Funktionsniveau, also die Teilhabemöglichkeiten und -fähigkeiten Betroffener am Leben, besser werden. Menschen in seelischer Krise können von allgemeinen Empfehlungen gegen Einsamkeit gut profitieren: mehr Kontakte herstellen, auf andere zugehen, Hobbies und Aktivitäten anfangen, bei denen man andere kennenlernen kann. Jedoch spielen oft Momente der psychischen Veränderung, z. B. die der Depression, hier mit herein, die das Umsetzen dieser wohlgemeinten Ratschläge schwermachen.

Zum sogenannten Selbstmanagement und, wenn das nicht ausreicht, zur Behandlung, kann hier nur empfohlen werden, durch Veränderung der eigenen Lebensführung einschließlich der schon angesprochenen Anti-Einsamkeitsmaßnahmen und dem Erlernen einer Entspannungstechnik (Atemübungen, Yoga usw.) eine Grundlage zu legen, sich entspannt und gelassen auf soziale Situationen einzulassen und hoffentlich positive Erfahrungen in ihnen zu machen. Bei Menschen mit einer psychischen Störung können sicherlich zusätzlich Coaching, Psychotherapie und gegebenenfalls auch eine Medikation dazu beitragen, eine Besserung sowohl der psychischen Symptomatik als auch der Einsamkeitsproblematik zu erreichen.

Insbesondere ist es wichtig, in der Psychotherapie existenzielle Themen wie den Sinn des Lebens, Einsamkeit, Abweisung durch andere, Bedrohung durch Krankheit und Angst vor dem Tod nicht nur anzusprechen, sondern aktiv und gründlich zu bearbeiten. Den Rahmen hierzu bietet unsere „Pragmatische Psychotherapie in der Psychiatrie" (PPP), ein Weg, sich „seelisch zu berühren". Neben 15 Basisprinzipien wirkt sie durch uns Therapeuten mittels Annehmen, Zuwenden, Trösten, Verstehen und Hilfreich-Sein. Die Behandlung muss darauf gerichtet sein, dem einsamen Menschen in seelischer Not stets das Gefühl zu vermitteln, er ist nicht allein, wir sind mit und bei ihm, wir unterstützen ihn und sind „so oder so" erreichbar, wenn er sich eines Kontakts in der

Welt vergewissern will. Darüber hinaus ist nach Ansicht von Manfred Spitzer, einem bekannten deutschen Psychiater, die „soziale Teilhabe, Gemeinschaft, ein wichtiges Ziel psychiatrischer Prävention und Therapie". Und all das gilt natürlich auch für den normalen mitmenschlichen Kontakt auch ohne professionellen Hintergrund wie auch für Menschen, die „nur" einsam sind, was aber eben schon recht erheblich und ein großer Risikofaktor für alles weitere wie Krankheiten, Arbeitsausfall und sozialer Abstieg ist.

Einerseits ist es also wichtig, „Einsamkeit" richtig zu erkennen, sowohl bei anderen als auch bei sich selbst. Zum anderen sind gute Möglichkeiten entscheidend, wie jeder Einzelne damit umgehen und Auswege finden kann. Dies kann natürlich durch vieles – angefangen von VHS-Kursen bis hin zu Angeboten des Gesundheits- und Sozialsystems – unterstützt werden. Allerdings ist es neben den individuellen therapeutischen Konzepten dennoch wichtig zu betonen, dass mit dem Problem der „Einsamkeit" auch eine gesamtgesellschaftliche und volkswirtschaftliche Aufgabe angesichts der Demografie und der vielen Singlehaushalte vorliegt, sodass endlich in der deutschen Gesundheitspolitik Weichen gestellt werden und eine öffentliche Debatte beginnen sollte.

Einsamkeit alleine, aber auch bezogen auf psychische (und körperliche) Krankheit, ist neben Stress die große Gesundheitsgefahr des 21. Jahrhunderts. Das, was auf jeden Fall „not tut", ist, neben der noch stärkeren Sensibilisierung der Professionellen und verbesserten Angeboten die niederschwelligen Kontaktmöglichkeiten im Sinne von Stadtteil-Cafés, betreuten „Einsamkeitsbänken", gemeinsamen Aktivitäten und aufsuchenden Hilfen auch am Abend und am Wochenende signifikant zu stärken, sodass kein Mensch in Einsamkeit mit und ohne psychische Störung verloren geht.

Persönliche Treffen sind sicherlich am besten, wie die Erfahrungen in der Corona-Pandemie gezeigt haben. Sind diese jedoch nicht möglich, so sind digitale Kommunikationsmöglichkeiten wie Videostreaming, Telefonieren oder mal eine WhatsApp-Nachricht psychisch ebenfalls von unschätzbarem Wert. Öffentliche digitale Chatmöglichkeiten für einsame Menschen (oder die neugierig sind auf andere) sollten deutlich ausgebaut und kostenfrei angeboten werden. Natürlich ist ein Treffen z. B. im Park besser, aber als Notbehelf können heute auch digitale Treffen dienen.

Was hieße es konkret, isolierte Menschen in ein wirklich aktives Leben ohne zerstörerische Einsamkeit zu führen? Sicherlich gibt es hier altbewährte wie auch neuere Ansätze zur Behandlung manifester seelischer Erkrankungen, die auch geeignet sind, um die Einsamkeit zu beheben. Aber die Frage wäre, inwiefern man dafür nicht auch auf spirituelle, weltanschauliche und seelsorgerische Elemente zurückgreifen könnte und sollte – beispielsweise die christlich-religiöse Tradition. Sie weist viele mental-psychologische Ansätze auf, mit inneren Krisen, Endlichkeit und eben auch Einsamkeit umzugehen. Auch finden sich dort verschiedentliche Ansätze, die das Gewinnen von Kraft aus Einsamkeit propagieren, wobei es schwierig bleibt, das Einsamkeitsgefühl, das man alleine wie auch in einer Gemeinschaft erleben kann, auf diese Weise positiv zu sehen, wohingegen Alleinsein und Alleinsein-Können sicherlich eine wichtige konstruktive Ressource in Zwiesprache mit Gott darstellen. Aber Gott wäre schon mal jemand, der für Gemeinschaft und gegen die Einsamkeit steht.

3. Die Einsamkeit von Jesus und Theresa

Einsamkeit kann sich in unterschiedlichen Formen manifestieren – sei es durch Nichtbeachtung und ein Sich-nicht-bemerkbar-Machen, aber auch durch das Gefühl der Vereinsamung als herausgehobene Person im Scheinwerferlicht der Öffentlichkeit. Jesus lebte dreißig Jahre lang nahezu unauffällig das Leben eines Tischlersohnes, bis er – nach seinen besonderen Geburtsumständen, der Taufe und Gottes Erwählung, den 40 Tagen des Rückzugs in die Wüste und den dortigen Versuchungen – die kurze Zeit seines nachhaltigen Wirkens mit Wundern und Heilungen quer durch das Land begann. Historisch belegt ist, dass er durch seine Predigten viele Menschen anzog. Menschen strömten zu ihm hin, wie z. B. bei den Massenspeisungen, oder waren bei besonderen Ereignissen wie der Bergpredigt zugegen, als er erstmalig das christliche Hauptgebet „Vaterunser“ sprach. Etwas Ungewöhnliches ging von ihm aus, sodass viele im wundergläubigen Palästina ihn für den endlich eintreffenden Messias hielten. Währenddessen geschah die Auswahl der Jünger, seiner eigentlichen Familie (Markus 3,31–35), einfache Menschen, die später zu den ausgesandten Aposteln wurden. Seine letzte Reise führte ihn bekanntlich nach Jerusalem, wo er am Kreuz starb und die letzten Sätze der Gottesverlassenheit sprach, aber auch die des „Es ist vollbracht".

Es gibt verschiedene, aber doch ähnliche Wege in die Einsamkeit – sei es, dass man nie dazu gehört hat und immer außen vor ist –, so unser Fall der Modedesignerin Theresa J. Oder man war immer etwas anders und fiel aus seiner Gesellschaft heraus, wie es auch die Lebensgeschichte Jesu zeigte. In unserer heutigen modernen Welt kann man von allem, von allen guten Geistern, aber auch von Gott verlassen werden. Man kann physisch allein sein, was auch eine wichtige Ressource der Konzentration und Kreativität sein kann, wie es sicherlich teils auch auf unsere Patientin zutrifft. Doch Frau J. schildert es wie viele andere: Auf der sozial-emotionalen Ebene, wenn niemand einem seelisch nah ist, dann bedeutet das Alleinsein das zermürbende Gefühl der Einsamkeit, welches tödlich im Sinne der täglichen Routine, Konsum und Sucht oder aber auch im Suizid sein kann. Man kann aber auch „metaphysisch", das heißt geistig-seelisch, einsam sein. Man lebt „stumpf" und „maschinell" vor sich hin ohne Weltanschauung und Religion, also ohne Gott. Man fühlt sich verloren und verlassen, ein winziger marginaler Punkt im riesigen Universum, und versucht die eigene Einsamkeit durch wissenschaftliche Erklärungen zu übertünchen. Dann wird alles zum Zufall erklärt, vor einem und nach einem kommt phylo- und ontogenetisch nichts. Die ganze menschliche Welt wäre nur „ein Nix" im ewigen Werden und Vergehen. Daraus kann man auch Selbstbewusstsein und Lebensfreude ableiten, aber die Verluste an Verzweifelten und Einsamen sind hoch, da ein Bedürfnis nach „mehr" bleibt.

Erfolg und Ansehen, wie es Theresa J. als Modedesignerin genießt, schützen nicht vor dem Gefühl der Einsamkeit, da trotz allem der wirklich tiefergehende Kontakt mit anderen fehlen kann. Distanz entsteht, fast wie eine Ausgrenzung durch sich selbst oder andere, durch einen Makel oder auch durch besondere Exzellenz und ein Herausgehoben-Sein.

Was wir daraus lernen können, ist, dass bewusstes Alleinsein eine Chance sein kann, um sich auf das Wesentliche zu konzentrieren Auf der anderen Seite ist das nagende Gefühl von sozialer Isolation und Einsamkeit emotional zermürbend und sollte gemeinsam überwunden werden. Doch das, was lebenszerstörend ist, ist die seelische Verlassenheit und

„Gottesfinsternis", wie es der jüdische Religionsphilosoph Martin Buber einmal feststellte. Das übergreifende „transzendentale Obdach" ist ganz entscheidend für das Gefühl des Geborgenseins eines Menschen, ob er dies nun spürt und glaubt oder auch nicht. Selbst wenn man allein ist, so die Kernaussage, und auch harte Zeiten des Zweifels und der Einsamkeit kennt: Mit dieser inneren weltanschaulichen Kraft gelingt es, vieles zu überwinden, auch lange Durststrecken und Glaubenskrisen der sogenannten geistlichen Trockenheit in der „dunklen Nacht", denn es geht dann irgendwann wieder bergauf. Diese Form der Bindungs- und Obdachlosigkeit macht im Grunde die wirklich entscheidende Form der Einsamkeit aus, die die junge Frau J. letztendlich spürt, aber nicht in Worte fassen kann, was aber Jesus am Kreuz mit dem Ausruf von „Mein Gott, mein Gott, warum hast du mich verlassen" am Rande seiner diesseitigen Existenz bekennt.

Eine Möglichkeit, diese metaphysische Entwurzelung zu überwinden, liegt in der Suche nach der göttlichen Sphäre. Viele Menschen besuchen aus diesem Grund, auch touristisch, Kirchen und Klöster und fühlen sich irgendwie angesprochen. Alte Rituale zu den großen christlichen Festen, einschließlich das Hören des Glockengeläuts, sind für viele unbewusst selbstverständlich. Unsere Kultur und unsere Tradition sind durchzogen von religiösen „Archetypen", wie C. G. Jung es ausdrückte. Das heißt, in persönlichen Grenzsituationen und selbst im Wahn greifen wir auf religiöse Bilder und Ausdrücke von Himmel, Hölle, Verdammnis oder Vergebung zurück.

Die göttliche Gegenwart wohnt im Mitmenschen, das muss man sich immer wieder und auch in unserem Fall mit der Modedesignerin Theresa J. bewusstmachen. Die ältere Frau gegenüber könnte eine Chance für sie sein. Sie könnte sich in all dem Stress und Jetset auch mal mit einem *Du* verabreden, das kann ein Mitmensch, aber auch eine Verabredung mit sich selbst sein, z. B. kann im Sportverein, beim VHS-Kurs, im Ehrenamt vielleicht doch wieder Kontakt mit der Familie und alten Freunden geschehen.

Frau J. ging ja früher gerne zu ihrer Kirchengemeinde, vielleicht schlummert der alte Gottesglaube noch in ihr, daran könnte sie trotz allem in ihrem Leben erneut anschließen. So könnte sie vielleicht auch wieder etwas seelische Geborgenheit und Frieden mit und in sich spüren und sich dadurch weniger einsam fühlen. Vielleicht lässt sie sich davon wieder berühren, von einem *Du*, und eventuell ergibt sich auch ein leibhaftes *Du* in der Liebe mit jemandem, den sie dort in einem solchen Geiste kennenlernt. Denn wie sagte schon Gott in der „Genesis" über das Alleinsein des Menschen: „Es ist nicht gut …"

Abschließend

Das Thema Einsamkeit ist bislang in der deutschen Gesellschaft zu wenig beachtet worden, insbesondere bei Menschen mit psychischen Störungen. Einsamkeit ist ein Symptom bei diesen, und eine psychische Störung macht einsam infolge der sozialen Reaktionen anderer. Existenzielle Dimensionen wie Einsamkeit, Sinn des Lebens, Leiden, Angst vor dem Tod sollten verstärkt in der seelsorgerisch-psychotherapeutischen Arbeit angesprochen werden. Alle Erfahrung lehrt, dass Menschen dafür recht empfänglich sind.

Die „Einsamkeitsfähigkeit" sollte insgesamt gestärkt werden, was das Selbstwertgefühl verbessert und dazu beiträgt, psychische Krisen besser zu bewältigen. Menschen mit seelischen Problemen erleben oft Einsamkeit, sei es im beruflichen oder privaten Leben. Diese Problematik wird häufig nicht oder nicht ausreichend angesprochen. Es ist notwendig, dass die Gesellschaft das Problem der Einsamkeit insgesamt ernster nimmt und hier auch politisch Unterstützung einfordert, vor allem in der Form, die von vielen benötigten Hilfen bereitzustellen. Auch gegen die Einsamkeit in Kliniken und anderen therapeutischen Einrichtungen sollte vorgegangen werden. Vor allem dort muss mit großer Notwendigkeit das Prinzip „Zuwendung" im Sinne von Giovanni Maio gelebt werden.

Allein durch auffangen, Rahmen geben, soziale Gemeinschaft und mitmenschliche Fürsorge ist hinsichtlich der Einsamkeit bereits viel getan. Therapeuten sollten individuelle Bewältigungskonzepte bei Betroffenen fördern. So könnten seelische Krisen und Einsamkeit durch vielerlei überwunden werden und die Resilienz, die primär psychische Widerstandskraft, hinsichtlich weiterer Krisen stärken.

Aus der religiösen Perspektive ergibt sich für das Bewältigen von Einsamkeit ein Lösungsansatz durch einen tief empfundenen Glauben. Im

Glauben haben wir nämlich ständig Gemeinschaft, „die Gemeinschaft mit uns aber ist Gemeinschaft mit dem Vater und mit seinem Sohn Jesus Christus. Und dies schreiben wir, damit unsere Freude vollkommen sei“ (1. Johannes 1,3–4).

Einsamkeit und alle Folgen davon haben sich durch die Corona-Pandemie noch einmal erheblich verstärkt, was zu sozialen Brüchen und Problemen geführt hat. Es sind ganze soziale Systeme und Familien kaputtgegangen. Menschen bleiben heute allein und kämpfen um Anschluss und gegen die Einsamkeit inmitten derer, die so tun, als wäre nichts gewesen. Dabei könnte diese gemeinsame Erfahrung doch dazu führen, aufeinander zu achten, dass keiner verloren geht.

Im Grunde kann man selbst viel tun, um der Einsamkeit entgegenzuwirken. Jeder hat einen Nachbarn, man könnte mal bei ihm anklopfen oder klingeln, kurz miteinander „schnacken“ und vieles mehr, eigentlich ist das nichts Großes oder Weltbewegendes. Dabei könnte man feststellen, dass man nicht allein und einsam ist. Das schenkt Trost. Ein kurzes Gespräch, eine freundliche Geste oder das Helfen bei kleineren Aufgaben können Nähe und Solidarität schaffen. Etwas für andere zu tun, steigert das eigene Wohlbefinden. Also nicht nur auf das schauen, was nicht geht, sondern auf das, was möglich ist, und sich dabei auf die Dinge konzentrieren, die man selbst beeinflussen kann und die man selbst auch nicht haben möchte, wie eben die „Einsamkeit“.

4. Die Angst vor dem sozialen Abstieg
Reich, arm und das Himmelreich

GLEICHNISSE VOM GEBEN

„Gebt, dann wird auch euch gegeben werden. In reichem, vollem, gehäuftem, überfließendem Maß wird man euch beschenken; denn nach dem Maß, mit dem ihr messt und zuteilt, wird auch euch zugeteilt werden."

Lukas 6,38

Die heutige Gesellschaft ist bunter denn je, voller vielfältiger Möglichkeiten und Freiheiten. Diese können uns aber teilweise auch überfordern und es scheint, als könnten wir mit all den Freiheiten und Alternativen nicht immer angemessen umgehen. Gleichzeitig beobachten wir in unserer Gesellschaft eine zunehmende Separierung, Gettoisierung, Entstehung von sogenannten Parallelwelten. Dies ist nicht zuletzt bedingt durch eine zunehmende Spaltung zwischen den Gruppen, die besonders im wirtschaftlichen und finanziellen Bereich stark sichtbar wird. Die Kluft zwischen Arm und Reich wird immer größer. In den letzten Jahren, die geprägt waren von einer Krise nach der anderen, beginnend mit der Corona-Pandemie, wurde die soziale Ungerechtigkeit nicht nur sichtbarer, sondern auch deutlich verstärkt: Alleinerziehende Frauen und Männer, Menschen, die ihre Angehörige pflegen müssen, Studierende, die nicht auf die Ersparnisse ihrer reichen Eltern hoffen können, chronisch Kranke oder Menschen mit Behinderung müssen teilweise in mehreren Jobs oder in prekären Beschäftigungsverhältnissen arbeiten oder am Ende ihres Arbeitslebens von geringen Renten leben. Die durch den Krieg und ökonomische Interessen geschürte, plötzlich aufgetretene Energiekrise und die Inflation haben die Lage noch mal zugespitzt. Die Preise und Lebenshaltungskosten sind „durch die Decke gegangen". Es ist kaum vorstellbar, dass in einem „reichen Deutschland" Menschen hungern beziehungsweise ihre Lebensmittel von den mittlerweile überlaufenen „Tafeln" beziehen müssen. Dennoch ist dies eine bittere Realität. Laut einer aktuellen Pressemitteilung des Statistischen Bundesamtes im Mai 2023 sind etwa 17 Millionen Menschen in Deutschland von Armut und sozialer Ausgrenzung gefährdet. Besorgniserregend dabei ist, dass durch die wirtschaftlichen Einbußen in der Corona-Pandemie und den Ukraine-Russland-Krieg die Armut unter Kindern und Jugendlichen einen neuen Höchstwert von 20,8 Prozent erreicht hat.

Die gegenwärtige kritische Wirtschaftslage macht sich somit vor allem im Bereich der Familien und bei denen, die für die Zukunft und Gestaltung späterer Gesellschaften verantwortlich sind, bemerkbar. Es ist offensichtlich, dass Armut und soziale Ungerechtigkeit nicht nur aktuelle Probleme darstellen, sondern auch die Gestaltung der Zukunft maßgeblich beeinflussen werden.

Angesichts dieser Bedeutung ist es nicht überraschend, dass sich gegenwärtig Ängste vor Armut und sozialem Abstieg wie ein Flächenbrand ausbreiten und in vielen Menschen ein Gefühl von orientierungsloser Verzweiflung, Haltlosigkeit und Ohnmacht auslösen. Fast niemand fühlt sich im Moment wirklich sicher, man kann so leicht in Verelendung abrutschen. Allen diesen Menschen ist mittlerweile eins gemeinsam, nämlich das Gefühl, dass sie „abgehängt" und von der Mitte der Gesellschaft an den Rand gedrängt werden. Es ist das Gefühl, nicht dazuzugehören, dass ihre Bedeutung in der Gesellschaft gering ist, begleitet von negativen Gefühlen wie Scham, Schuld, Versagen, Demütigungen und Verbitterung. Ein solche komplexe Gefühlslage kann zu einer schweren seelischen Krise führen und auch bei einigen betroffenen, hoffnungslosen Menschen, die aus Verzweiflung keinen anderen Ausweg mehr sehen, z. B. zu Sucht oder sogar zum tragischen Selbstmord führen. Und so bedingt das Leiden weiteres Leiden, auch bei den Angehörigen, weil Menschen oft rücksichtslos, unachtsam mit sich selbst und ihren Mitmenschen umgehen.

Nicht mal eine Kugel Eis …

„Nicht mal eine Kugel Eis …" Frau W. saß uns gegenüber, als sie an einem warmen, sonnigen Tag, an dem jede Art von Abkühlung sehr willkommen war, diesen Satz sagte. Gerade deshalb, aber nicht nur deshalb, versetzte uns ihre Aussage, dieser vom Leben und der Arbeit gezeichneten Frau, einen plötzlichen Stich in der Magengegend. Unbeholfen, gar beschämt fragten wir nach dem Preis einer Kugel Eis, obwohl wir ihn kannten. Was sollten wir tun? Wie würde Frau W. reagieren, wenn wir ihr etwas Geld schenken würden? Oder wäre es besser, sie zum Eisessen einzuladen? Es kam uns ungerecht vor, dass eine Frau in ihren Siebzigern jeden Cent umdrehen musste, um einigermaßen über die Runden zu kommen.

Frau W. hatte bis zu ihrer Rente hart gearbeitet. Nach der Scheidung mit Ende dreißig hatte sie ihren einzigen Sohn alleine aufziehen müssen, und seit seiner Auswanderung nach Australien wurde sie von wiederkehrenden Depressionen heimgesucht. Dagegen kämpfte sie immer wieder an, sie knüpfte Kontakte und begann sogar einen Englisch-Intensivkurs, nur um ihrem Sohn gedanklich etwas nahe zu sein. Sie lernte dann den Umgang mit Computern, kaufte sich einen alten Rechner, der bald seinen Geist aufgab. Doch einen Zugang zum Internet konnte sie sich nicht leisten. Eigentlich hatte sie gehofft, über diesen Weg mit ihrem Sohn zu schreiben oder sich sogar auf diese Weise zu sehen. Und dann hatte sie sich noch ihre letzten Ersparnisse an der Wohnungstür von einem gerissenen Händler abschwatzen lassen. Die angeblich „so wertvolle" Decke war gar nicht aus Kaschmir, sie fand kurz darauf nur ein paar Straßen weiter welche für einen Spottpreis. Ihre Gutmütigkeit hatte man ausgenutzt.

Tiefer Ärger, schlaflose Nächte und immer wieder die Frage „Wozu das alles" trieben sie um. Wenn die Gedanken in dunklen Nächten zu schwer wurden, nahm sie ihre Bibel aus dem Nachttisch zur Hand. Irgendwann schlief sie dann manchmal weinend, aber immer getröstet ein. – Am nächsten Morgen versuchte sie, wieder vorwärts in die Zukunft zu sehen. Auch wenn sie wusste, dass ihre verbleibenden Jahre begrenzt sein könnten, wollte sie diese doch einigermaßen gut und psychisch stabil erleben.

Frau W. wirkte an jenem warmen Nachmittag, als sie bei uns war, niedergeschlagen, wieder mal traurig. Sie fühlte sich allein und hatte seit Neuestem noch größere finanzielle Sorgen. Ihre Rente reichte gerade aus, um die anfallenden fixen Kosten wie Miete, Strom und Heizungskosten zu decken, für Lebensmittel standen ihr dann gerade mal 85 Euro im Monat zur Verfügung. Sie rechnete uns all das vor und wir staunten darüber, wie sie es schaffte, dabei weder enttäuscht noch verbittert zu klingen. Wir fragten daher konkret nach, ob sie denn über ihre persönliche Situation verbittert sei und hinsichtlich der momentanen gesellschaftlich schwierigen Zeiten hadere. Ihre Antwort darauf war erstaunlich. Anders als erwartet und anders als bei vielen anderen depressiven Patienten, verneinte sie jegliches Gefühl von verbitterter Resignation und Enttäuschung über erlittene Ungerechtigkeiten. Sie lebe das Leben, das Gott für sie bestimmt habe, sagte sie. Selbst ihre dunklen, depressiven Phasen, das Vermissen ihres „am anderen Ende der Welt" lebenden Sohnes und all die neuen Probleme empfinde sie als Prüfungen ihres Glaubens an Gott. Der Glaube und ihr Ehrenamt als „Grüne Dame", dem sie in der zu ihrer Wohnung fußläufig nahe gelegenen Kinderklinik nachging, waren ihr sehr wichtig. Beides gab ihr das Gefühl, dass das Leben einen Sinn habe, egal ob man reich oder arm sei, ob man viel oder wenig habe. Geld allein sei nicht alles im Leben, sagte sie. Es gäbe ihrer Ansicht nach im Leben viele kleine Sachen, die man machen könne, um ein guter Mensch zu sein. Ihr war es wichtig, dass man gerecht und respektvoll miteinander umgehe, alles andere wäre zweitrangig und auch relativ. Vor allem die Freude und das Lachen eines Kindes und der dankbare Blick seiner Eltern würden ihr ein Gefühl von innerer Ruhe und Dankbarkeit geben, das mit keinem Geld der Welt oder anderen Reichtümern aufgewogen werden könnte. Dennoch hätte sie an diesem Tag gerne einen Euro für eine Kugel Eis übrig gehabt …

I. Ungerechtigkeit und die Bibel

In zahlreichen Texten des Alten und Neuen Testaments wird die Thematik von Armut und sozialer Gerechtigkeit behandelt. Das wird z. B. von dem Pfarrer Michael Holze in seinem Werk „Gott und die Armen in der Bibel" als Beleg dafür betrachtet, dass „Gottes Option für die Armen keine zufällige Idee eines einzelnen biblischen Autors, sondern durchgängig in der Bibel zu finden ist"[13]. Es würde hier den Rahmen sprengen, alle Bibelstellen aufführen zu wollen, einschließlich der zahlreichen Schriften, die sich in der Interpretation und der Ableitung eines christlichen beziehungsweise mindestens aber reifen Umgangs mit Armut und Reichtum versuchen. Daher wird sich im Folgenden auf die Erzählungen und Ausführungen des Evangelisten Lukas konzentriert, der sich ausführlich dem Thema Armut und Reichtum widmete.

Im Lukasevangelium bekommen die Themen Armut und soziale Gerechtigkeit besondere Aufmerksamkeit, sogar mit Nachdruck, in den sogenannten „Seligpreisungen“ und „Wehrufen“ (Lukas 6,20–26), in denen auf den Gegensatz zwischen Armen und Reichen eingegangen wird. Lukas berichtet von zahlreichen Gleichnissen, die Jesus dafür benutzt: Seine Geschichte vom törichten reichen Kornbauern (Lukas 12,13–21) und die Geschichte vom reichen Mann und vom armen Lazarus (Lukas 16,19–31) stellen wichtige Gleichnisse für den schlechten Umgang mit Besitz und Vermögen dar. Von besonderer Bedeutung sind auch seine Erzählungen, in denen Jesus konkrete Aussagen über Arme und Reiche trifft, so z. B. über den reichen Ratsherrn (Lukas 18,18–30), den Zöllner Zachäus (Lukas 19,1–10) oder die Gabe einer armen Witwe (Lukas 21,1–4).

Schon vor der Geburt Jesu zeigt sich diese Priorisierung des Themas der sozialen Gerechtigkeit seitens Lukas deutlich in seiner Charakterisierung Marias:

> „Und Maria sprach: Meine Seele erhebt den Herrn, und mein Geist jubelt über Gott, meinen Retter, denn hingesehen hat er auf die Niedrigkeit seiner Magd. Siehe, von nun an werden mich seligpreisen alle Geschlechter, denn Großes hat der Mächtige an mir getan. Und heilig ist sein Name, und seine Barmherzigkeit gilt von Geschlecht zu Geschlecht denen, die ihn fürchten. Gewaltiges hat er vollbracht mit seinem Arm, zerstreut hat er, die hochmütig sind in ihrem Herzen, Mächtige hat er vom Thron gestürzt und Niedrige erhöht, Hungrige hat er gesättigt mit Gutem und Reiche leer ausgehen lassen“ (Lukas 1,46–52).

Anhand dieser Passage aus dem Lukasevangelium wird ein Bild von Maria als eine arme, gläubige Frau vermittelt, die „sich mit der Sache der Armen identifiziert“. – „Die schwangere Maria stellt ihr eigenes Leben in den geschichtlichen Zusammenhang der Hoffnung der Armen Israels: Die Mächtigen hat Gott von den Thronen gestürzt und die Niedrigen erhöht. Die Hungrigen hat er mit Gütern überhäuft und die Reichen mit leeren Händen weggeschickt"[14], schrieb der heutige bayrische evangelische Landesbischof Bedford-Strohm. Und auch die im Lukasevangelium geschilderte Geburt Jesu ist eine Geschichte, die von Armut und der Nähe zu Armen geprägt ist: „Und sie gebar ihren ersten Sohn und wickelte ihn in Windeln und legte ihn in eine Futterkrippe, denn in der Herberge war kein Platz für sie. Und es waren Hirten in jener Gegend auf freiem Feld und hielten in der Nacht Wache bei ihrer Herde" (Lukas 2,7–9). Jesus wird in einem Stall geboren und dort von einfachen Hirten gefeiert sowie in die Welt hinausgetragen.

An einer weiteren Stelle im Lukasevangelium wird erneut die Nähe Gottes zu den Armen in der Person Jesu herausgestellt:

> „Und er kam nach Nazareth, wo er aufgewachsen war, und ging, wie er es gewohnt war, am Sabbat in die Synagoge und stand auf, um vorzulesen. Und man reichte ihm das Buch des Propheten Jesaja. Und als er das Buch auftat, fand er die Stelle, wo geschrieben steht: Der Geist des Herrn ruht auf mir, weil er mich gesalbt hat, Armen das Evangelium zu verkündigen. Er hat mich gesandt, Gefangenen Freiheit und Blinden das Augenlicht zu verkündigen, Geknechtete in die Freiheit zu entlassen, zu verkünden ein Gnadenjahr des Herrn. Und er tat das Buch zu, gab es dem Diener zurück und setzte sich" (Lukas 4,16–20).

In dieser sogenannten programmatischen ,,Antrittspredigt", die Jesus nach dem Zeugnis des Lukas zu Beginn seines Wirkens in Nazareth hält, findet sich in Form eines etwas abgewandelten Zitats aus dem Prophetenbuch Jesaja eine zentrale Aussage zur Hauptaufgabe Jesu: Jesus ist von Gott, seinem Vater, gesandt, um die alte Verheißung zu erfüllen und den Armen das Evangelium zu verkündigen. Diese Verkündigung Jesu als „frohe Botschaft" für die Armen weist bereits auf die Seligpreisungen hin. Aber wenn es dann weiter im Jesaja-Zitat heißt, dass der Gesandte den Gefangenen die Freilassung und den Blinden das Augenlicht geben wird, dann wird deutlich, dass hier Verkündigung nicht als Belehrung gemeint ist, sondern wie Michael Holze betont, als „performatives" Wort im Sinne eines wirksamen und Fakten schaffenden Wortes.

Die Selig-Rufe und das Aushalten von Armut

Aussagen über die Armen in der Bibel sind oft zugleich eine Mahnung an die Reichen, dass sie die Armen gerecht behandeln sollen. Dies zeigt sich nicht zuletzt in den Seligpreisungen und ihren Umkehrungen, den Wehrufen im Lukasevangelium (6,20–26). Mit den Worten „Selig ihr Armen, euch gehört das Reich Gottes“ beginnt Jesus seine Rede an die Jünger und das Volk Judäas, welches sich vermutlich an einer Erhebung am Nordufer des See Genezareth versammelt hatte. Diese große Rede Jesu wird auch als „Feldrede“ bezeichnet, denn sie fand in der Ebene statt, auf der Jesus nach dem Abstieg auf seine Jünger und Menschenschar traf: „Und er stieg mit ihnen hinab und stellte sich auf ein ebenes Feld. Und eine große Schar seiner Jünger und eine große Menschenmenge aus ganz Judäa und Jerusalem und aus dem Küstenland von Tyrus und Sidon war da. Die waren gekommen, um ihn zu hören und von ihren Krankheiten geheilt zu werden; auch die von unreinen Geistern Geplagten wurden geheilt“ (Lukas 6,17–18).

Und direkt an seine Jünger gerichtet spricht er weiter: „Selig, die ihr jetzt hungert, ihr werdet gesättigt werden. Selig, die ihr jetzt weint, ihr werdet lachen. Selig seid ihr, wenn euch die Menschen hassen und wenn sie euch ausschließen, beschimpfen und euren Namen in den Dreck ziehen um des Menschensohnes willen. Freut euch an jenem Tag und tanzt! Denn seid gewiss, euer Lohn im Himmel ist groß. Denn so haben es ihre Väter mit den Propheten gemacht“ (Lukas 6,21–23).

Die Zusage Jesu an die Armen bedeutet nichts anderes als: „Ihr werdet das Kommen des Reiches Gottes erleben und die damit verbundene Erlösung von allem Bösen erfahren.“ Dass aber gerade den Armen diese Zusage gegeben wird, setzt voraus, dass Armut vor allem auf Ungerechtigkeit beruht und Gott sich aus seiner Gerechtigkeitsperspektive für sie einsetzen will. Gerade im Hinblick auf eine Welt, die nicht in Ordnung, sondern voller Ungerechtigkeiten ist und Leiden verursacht, weil offensichtlich alles nicht nach Gottes Willen läuft, wird die Hoffnung gehegt, dass Gott sich einmal und endgültig in der Welt durchsetzen wird.

In der Zusage, dass den Armen die Gottesherrschaft „gehört“, ist zu verstehen, dass sie es sind, die den zeitlosen, ewigen Zustand erreichen werden. Sie sind es, so der Wiener Theologe Christoph Benke, die wieder in den „Garten Eden“ einziehen werden, wenn Gott sich zum Wohl der Menschen in der Welt durchgesetzt und alles Böse besiegt hat. Das Wort an die Kranken wiederum weitet den Blick auf alle menschlichen Nöte, auch seelischer Kummer kann als eine Aufforderung gedacht werden, den Zuspruch Jesu auf alle belastenden Lebenserfahrungen zu beziehen. Die Ankündigung einer Wende erfolgt als Aufruf zu übermäßiger Freude später „an jenem Tage“, begründet auch durch den konkreten Hinweis auf einen „großen Lohn im Himmel“. Damit ist aber nicht gemeint, dass die Adressaten „in den Himmel kommen“, sondern vielmehr, dass der „Lohn“ im Himmel, d. h. bei Gott, bereitsteht.

In den Ausführungen Lukas – wie auch des Jesuiten und Religionsprofessors Johannes Beutler wiederholt erläutert – wird deutlich, dass durch die Worte Jesu hier Menschen angesprochen werden, die im „Jetzt“, also in der Gegenwart, in einem Zustand des psychischen und/oder physischen Leidens, des Hungers, der Armut und der Verfolgung leben. Die „Selig-Rufe“ gehen somit auf elementare Nöte ein. Mit der Armut ist hier materielle Armut gemeint, mit dem Hunger die Not derer, die nicht genug zu essen haben. Lukas nennt hier all die Erfahrungen, die Menschen erleiden und weinen lassen. Dazu gehören auch die Ausgrenzung und der Ausschluss aus der sozialen oder religiösen Gemeinschaft. Aber denen, die hungern, verheißt Jesus, dass sie satt werden sollen. Er sagt den Armen die Gottesherrschaft zu, weil Gott sich ihrer besonders erbarmen wird. Und so wird ihnen, all den Weinenden, Hungernden und Verfolgten, ein zukünftig eintretender Zustand versprochen, in dem sich ihre diesseitige Situation grundlegend verändert und umkehren wird.

Diese Seligpreisungen verkünden also eine künftige Umkehrung der Verhältnisse, unter denen bestimmte Menschen gegenwärtig leiden. „Da gibt es Letzte, die Erste sein werden, und es gibt Erste, die Letzte sein werden“ (Lukas 13,30). Sie sind reine Trostworte ohne ethischen Appell, aber sie können auf den Grundsatz der Gerechtigkeit zurückgeführt werden, wie die Religionswissenschaftler Haacker und Kaltenbach zusammenfassen: „Ist die Voraussetzung ethisch bestimmt, so liegt der Gedanke zugrunde, dass jedem die Zukunft bevorsteht, die seinem Verhalten entspricht (austeilende Gerechtigkeit). Ist vom künftigen Ausgleich für (eher unverdientes) Leiden die Rede, steht der Gedanke der ausgleichenden Gerechtigkeit im Hintergrund. Beide dieser Aspekte von Gerechtigkeit werden in der Bibel ernst genommen. Sie spiegeln wahrscheinlich Grundstrukturen des Menschseins wider: zum einen das Wissen um die Verantwortung für das eigene Schicksal, zum anderen die im Begriff des Menschen enthaltene Anerkennung der wesenhaften Gleichrangigkeit aller Menschen und ihres Lebensrechtes."[15]

Es wäre jedoch zu kurz gedacht, Lukas nur als den Evangelisten der Armen zu betrachten, vielmehr hebt er durch die Darstellung von Gegensätzen zwischen Armut und Reichtum, Leid und Glück die Solidarität von Jesu, des Armen, mit den anderen Armen hervor – und auch die Bedeutung der karitativen Verantwortung der Reichen für die Armen.

Weh-Rufe und Umgang mit Reichtum

Für die Reichen und Satten, die den Leidenden gegenüberstehen und die Armen verhöhnen, finden sich in den folgenden „Weh-Rufen" Aussagen, die sich auf bereits Geschehenes beziehen, aber auch solche, die sich auf die Zukunft beziehen und auf die Umkehrung des Glückszustands in einen Zustand des Leidens und der Not: „Doch wehe euch, ihr Reichen – ihr habt euren Trost schon empfangen. Wehe euch, die ihr jetzt satt seid – ihr werdet hungern. Wehe euch, die ihr jetzt lacht – ihr werdet trauern und weinen. Wehe, wenn alle Menschen gut von euch reden, denn so haben es ihre Väter mit den falschen Propheten gemacht" (Lukas 6,24–26).

Auch hier wieder zeigt sich die Unterscheidung zwischen Aussagen mit einer Ankündigung für die Zukunft und einer gegenwärtigen Zustandsbewertung. Und so zielen die Weh-Rufe ebenfalls nicht auf ein ethisch bestimmtes Verhalten, sondern beschreiben eine „Jetzt-Situation" in Überfluss und Freude anstelle von Mangel und Trauer, die einmal in ihr Gegenteil umschlagen wird.

Interessanterweise werden die Weh-Rufe als eine klare und eindeutige Positionierung Jesu für die Armen und gegen die Reichen interpretiert. Immer wieder wird in verschiedenen Werken die Auffassung formuliert, Jesus handele aus persönlicher Abneigung heraus gegen die Reichen, Satten und zufrieden Lachenden, denen Beifall gezollt wird. Daher könne nach Meinung mancher Interpreten kein Zweifel daran bestehen, dass Jesus für die Reichen kein Evangelium habe.

Im gesamten Lukasevangelium finden sich jedoch auch für die Reichen zahlreiche Hinweise auf den rechten Umgang beziehungsweise die rechte Verwendung von Reichtum. So betont Jesus in den folgenden biblischen Geschichten vom reichen Prasser und dem armen Lazarus oder der Gabe der armen Witwe die ethisch-moralische Pflicht der Armenfürsorge. Der „reiche Prasser“ steht dem „armen Lazarus“ gegenüber, der vor der Tür verhungert und stirbt, im Himmel aber belohnt wird, während der Reiche nur auf Mose und das Gesetz hören müsste, um zu erkennen, was er gegen den Hunger tun kann (Lukas 16,19–31). Das Beispiel der armen Witwe hingegen zeigt, dass es nicht auf die Höhe der Spende ankommt, sondern auf das Geben an sich: „Als er aufschaute, sah er die Reichen ihre Gaben in den Opferstock einwerfen. Und er sah auch eine arme Witwe zwei Lepta einwerfen. Und er sprach: ‚Ich sage euch, diese arme Witwe hat mehr eingeworfen als alle anderen. Denn die haben alle aus ihrem Überfluss etwas zu den Gaben gelegt, sie aber hat aus ihrem Mangel alles, was sie zum Leben hatte, hergegeben‘“ (Lukas 21,1–4).

Der Gegensatz zwischen Arm und Reich ist in dieser Geschichte eindeutig. Die Reichen haben zwar auch etwas gespendet, aber die arme Witwe hat im Verhältnis zu ihrem Gesamtbesitz alles gegeben, was sie überhaupt hatte. Ihr Opfer übertrifft also die Gabe der Reichen und ist ein Zeichen der Selbstlosigkeit und des Vertrauens auf Gott.

Das Wort „Leben“ am Ende der Passage kann auch in der Bedeutung von „Lebensunterhalt“ verstanden werden, was den Wert der Gabe noch erhöht. Indem also die arme Witwe ihren ganzen Lebensunterhalt Gott gab, legte sie ihr ganzes Leben in seine Hand. Sie hat auf alles verzichtet, um vor Gott an inneren seelischen Werten reich zu werden. Für einige der Religionswissenschaftler, wie den ungarischen katholischen Professor Imre Kocsis, ist es offensichtlich, dass „die Lage der Armut nur dann wertvoll genannt werden kann, wenn sie von der Sehnsucht nach dem Reichwerden vor Gott begleitet ist, das heißt, wenn die Armen grundsätzlich danach trachten, ihr Leben von Gott erfüllen zu lassen“.

Während für die gottesgläubigen Armen gesorgt ist, stellt sich die Frage nicht nur nach dem rechten Umgang mit Reichtum, sondern auch, was mit den Reichen geschieht und ob für sie überhaupt eine Heilsmöglichkeit vorgesehen ist:

> „Und ein vornehmer Mann fragte ihn: Guter Meister, was muss ich tun, um ewiges Leben zu erben? Jesus sagte zu ihm: Was nennst du mich gut? Niemand ist gut außer Gott. Du kennst die Gebote: Du sollst nicht ehebrechen, du sollst nicht töten, du sollst nicht stehlen, du sollst kein falsches Zeugnis ablegen; ehre deinen Vater und deine Mutter. Er sagte: Dies alles habe ich gehalten von Jugend an. Als Jesus das hörte, sagte er zu ihm: Eines fehlt dir noch. Verkaufe alles, was du hast, und verteile es unter die Armen, und du wirst einen Schatz im Himmel haben, und komm und folge mir! Der aber wurde sehr traurig, als er das hörte, denn er war sehr reich. Jesus aber sah ihn an und sprach: Wie schwer kommen die Begüterten ins Reich Gottes! Ja, eher geht ein Kamel durch ein Nadelöhr als ein Reicher ins Reich Gottes. Die das hörten, sagten: Wer kann dann gerettet werden? Er sprach: Was unmöglich ist bei Menschen, ist möglich bei Gott“ (Lukas 18,18–27).

Der erste Teil dieser Erzählung stellt den Dialog zwischen Jesus und einem vornehmen Reichen dar, der aber nicht näher beschrieben, gar benannt wird. Jesus fordert ihn auf, sich von all seinem Besitz zu trennen und ihm zu folgen. Doch diese Berufung bleibt erfolglos, der Reiche kann sich weder von seinem Vermögen trennen noch dazu entschließen, Jesus zu folgen. Und als Jesus dies sieht und versteht, macht er in der Folge verschiedene Aussagen über die Heilsmöglichkeit der Reichen beziehungsweise über den Lohn für den Verzicht auf Besitz.

Die Metapher vom Kamel und dem Nadelöhr drückt die praktische Unmöglichkeit für Reiche aus, ins Reich Gottes eingehen können. Sie ist drastisch und radikal. Umso mehr überrascht die Frage der Zuhörer, wer dann überhaupt zu retten wäre – wobei hier spekuliert werden darf, dass wohl einige „Reiche“ wie auch solche, die wenig besaßen, sich unter ihnen befanden. Hinter dieser Frage steckte der Gedanke, dass eigentlich jeder Mensch in irgendeiner Art und Weise an irdische Güter gebunden ist. Es kann aber nicht im Sinne Gottes sein, dieses per se als verwerflich zu sehen und gar als Grund des Ausschlusses vor jeglicher Heilsmöglichkeit. Und so verweist Jesus in seiner Antwort auf die Macht Gottes. Im Gegensatz zu uns Menschen ist für Gott alles möglich, auch dass er für die Reichen und Satten Bedingungen für ihr Seelenheil entstehen lassen kann, sofern sie beispielsweise die Armen gerecht behandeln, Spender und Förderer sind und die entsprechende innere religiöse Haltung haben.

Ein Beleg dafür, dass Gottes Macht imstande ist, einen Reichen zur Umkehr zu bewegen, wird eindrucksvoll in der Begegnung von Jesus mit dem Zöllner Zachäus deutlich. Dabei muss man wissen: Zöllner lebten damals am Rande der Gesellschaft, da sie für die verhassten Römer die Steuern eintreiben mussten.

> „Und er kam nach Jericho und zog durch die Stadt. Und da war ein Mann, der Zachäus hieß; der war Oberzöllner und sehr reich. Und er wollte unbedingt sehen, wer dieser Jesus sei, konnte es aber wegen des Gedränges nicht, denn er war klein von Gestalt. So lief er voraus und kletterte auf einen Maulbeerfeigenbaum, um ihn sehen zu können; denn dort sollte er vorbeikommen. Als Jesus an die Stelle kam, schaute er nach oben und sagte zu ihm: Zachäus, los, komm herunter, denn heute muss ich in deinem Haus einkehren. Und der kam eilends herunter und nahm ihn voller Freude auf. Und alle, die es sahen, murrten und sagten: Bei einem sündigen Mann ist er eingekehrt, um Rast zu machen. Zachäus aber trat vor den Herrn und sagte: Hier, die Hälfte meines Vermögens gebe ich den Armen, Herr, und wenn ich von jemandem etwas erpresst habe, will ich es vierfach zurückgeben. Da sagte Jesus zu ihm: Heute ist diesem Haus Heil widerfahren, denn auch er ist ein Sohn Abrahams. Denn der Menschensohn ist gekommen zu suchen und zu retten, was verloren ist“ (Lukas 19,1–10).

Die Aussage von Zachäus, die Hälfte seines Vermögens – und aufgrund seines Fehlverhaltens das ungerecht erworbene Vermögen sogar in vierfacher Höhe – zurückzuerstatten, erscheint im Zusammenhang mit den damaligen herrschenden gesellschaftlichen Bedingungen beachtenswert zu sein. Es war nicht üblich, Abgaben in dieser Höhe, geschweige denn Spenden seiner Einkünfte oder Besitzes, für die Allgemeinheit und Gesellschaft zur Verfügung zu stellen.

Bedeutsam ist, dass Zachäus alles daransetzt und auch kein Risiko scheut (wagemutig klettert er auf den Maulbeerfeigenbaum), Jesus zu sehen. Vielleicht treibt ihn die Neugier, vielmehr aber auch das Gefühl, die Person sehen zu wollen, von der er sich Vergebung und Errettung erhofft. Und wenig später ist er sofort bereit, nicht nur Jesus in seinem Haus aufzunehmen, sondern auch sich von einem beträchtlichen Teil seines Vermögens zu trennen.

Die Worte Jesu „Zachäus, los, komm herunter, denn heute muss ich in deinem Haus einkehren" in Verbindung mit „Heute ist diesem Haus Heil widerfahren, denn auch er ist ein Sohn Abrahams" legen eindrucksvoll nahe, dass das Heil und die Errettung „Reicher" grundsätzlich möglich sind. Hierzu bedarf es jedoch nicht nur des Mutes, der Mühen der Abkehr und letztlich des Verzichts, sondern die volle Hinwendung zu Gott, die zum Heil führt und durch Jesus konkret erfahrbar und fühlbar wird. Und so kann diese Geschichte vom Zöllner Zachäus nicht nur als ein Hinweis des rechten Umgangs mit dem Vermögen betrachtet werden, sie bietet auch Hoffnung, Trost und Zuversicht, denn in der Hinwendung Zachäus zu Jesus Christus zeigt sich, was es tatsächlich bedeutet, „vor Gott reich zu werden".

2. Soziale Gerechtigkeit in der heutigen Zeit

Armut ist mittlerweile für einen Großteil der Menschheit leider ein Normalzustand. Global gesehen muss man wohl davon ausgehen, dass ein Großteil der Menschheit, also Milliarden von Menschen, nicht bloß in Armut, sondern tatsächlich in absolutem Elend lebt. Es scheint, dass trotz des Fortschrittes (oder gerade deshalb) Unterdrückung, Elend und Armut in der Welt noch zunehmen, und zwar im gleichen Ausmaß, wie das Vermögen der wenigen Superreichen wächst. Krisen wie zuletzt die Corona-Pandemie verstärken diese Ungleichheit weiter, die Schere zwischen Arm und Reich öffnet sich dadurch noch weiter: „Wer hat, dem wird gegeben."

Eine Verteilungsgerechtigkeit ist in weiter Ferne, die ganze Welt ist voller Ungerechtigkeit – eine Ansicht, die bei vielen von uns herrscht. Der Sozialethiker Jörg Alt beispielsweise ruft zum Widerstand gegen diese verhängnisvolle Entwicklung auf. Doch Ungerechtigkeit ist nicht wirklich etwas Neues oder Ungewöhnliches, schon seit Menschengedenken erleben und empfinden Menschen sich als ungerecht behandelt in Bezug auf die Verteilung materieller wie immaterieller Güter. Selbst die Bibel ist ein Zeugnis von herrschender Ungerechtigkeit, die zwischen einzelnen Menschen, Völkern oder Gruppierungen verursacht und von Menschen individuell unterschiedlich stark erlebt wird. Ungerechtigkeit bedingt seelisches Leiden, was umso tragischer ist, weil jeder Mensch sich nach Gerechtigkeit und Seelenfrieden sehnt. Das Gefühl, fair und gerecht behandelt zu werden, ist ein tief verwurzeltes menschliches Grundbedürfnis.

Versuch einer Definition

Aber was versteht man unter dem Begriff Gerechtigkeit, welche auch teilweise als soziale Gerechtigkeit oder Verteilungsgerechtigkeit synonym bezeichnet wird? Es würde hier sehr weit gehen, die zahlreichen Artikel und Arbeiten aus den verschiedenen wissenschaftlichen Bereichen wie Philosophie, Psychologie, Soziologie oder Theologie zur Bedeutung des Begriffes „Gerechtigkeit" heranziehen zu müssen, um eine allgemeingültige Erklärung und Definition präsentieren zu können. Schlägt man den Begriff nach, findet man u. a. folgende Definition: „Der Begriff der sozialen Gerechtigkeit bezieht sich auf gesellschaftliche Zustände, die hinsichtlich ihrer relativen Verteilung von Rechten, Möglichkeiten und Ressourcen als fair oder gerecht bezeichnet werden können."

Soziale Gerechtigkeit wird als Begriff in den politisch-öffentlichen und gesellschaftlichen Debatten sehr häufig verwendet. Hierbei wird er ähnlich wie im alltäglichen Sprachgebrauch trotz unterschiedlicher Definitionen und Auffassungen häufig lapidar verwendet, und zwar primär, wenn es darum geht, Ungerechtigkeiten zu beklagen beziehungsweise Gerechtigkeit zu fordern. Es bleibt also weiterhin unklar und vage, was die Qualität und das korrekte Maß von sozialer Gerechtigkeit sind, zumal beides seit jeher vielschichtig bedingt ist.

Viele Menschen neigen dazu zu glauben, dass sie in einer gerechten Welt leben, in der jeder das bekommt, was er verdient, und umgekehrt.

Dieser Glaube ist von entscheidender Bedeutung, um überhaupt Vertrauen zu anderen Menschen aufbauen und die eigene Existenz inmitten einer Gesellschaft auch als sinnvoll betrachten zu können. Somit ist der Glaube an Gerechtigkeit existenziell, denn ohne diesen würden viele der menschlichen Bemühungen zwecklos und ohne Sinn für die Zukunft erscheinen. Dies erklärt auch, warum Menschen bei erlebter Ungerechtigkeit teils mit starkem seelischem Leiden reagieren. Allerdings sind wir Menschen nicht alle gleich, und so kann der eine mit Ungerechtigkeit besser und konstruktiv umgehen als der andere, der möglicherweise verzweifelt. Andere wiederum bedienen sich diverser psychischer Abwehrmechanismen, um mit diesem unangenehmen Gefühl des „Ungerecht-behandelt-Werdens“ einigermaßen fertig werden zu können. Eine gängige Strategie, vor allem wenn man keine Möglichkeit sieht, Ungerechtigkeiten zu verhindern oder zu beheben, ist die „Verdrängung“, wie sie von Sigmund Freud mit zum ersten Mal beschrieben wurde. Dabei redet man sich ein, dass es keine Ungerechtigkeit gibt oder, noch perfider, man kehrt das Ganze um, um sich und andere zu überzeugen, dass der ungerecht Behandelte dies verdient habe und selber dafür verantwortlich sei.

Durch die Abwertung des anderen, also des „Opfers“ von Ungerechtigkeit, versucht man sich selbst aufzuwerten und sich narzisstisch (selbstliebend) auf die „Gewinnerseite“ zu stellen. Schließlich fühlt man sich diesem, dem Gedemütigten, dem Verlierer oder – modern ausgedrückt – dem „Looser“, dem Ausgegrenzten, ja nicht zugehörig. Wer will denn schon heutzutage als „Opfer“ gelten? Daher kann die tiefe Sehnsucht des Menschen nach Gerechtigkeit nicht zwangsläufig zu einem gerechten Miteinander führen. Im Gegenteil, sie kann sogar zu mehr Ungerechtigkeit in der Welt, also Auf- und Abwertung zwischen uns allen, beitragen. Das hängt auch damit zusammen, dass das heutige Menschenbild sich an ganz anderen, zumeist oberflächlichen Kriterien und Maßstäben hinsichtlich eines fairen, gerechten und „guten Lebens“ orientiert. Erfolg und Leistungsfähigkeit, perfektes Aussehen usw. nach dem wie in der Werbung gezeigten Prinzip der Statussymbole („Mein Haus, mein Auto, meine Yacht“), aber auch „Markenklamotten“, „Geschmack“, „Ingroup“ werden hierbei zumeist als erstrebenswert erachtet, unabhängig davon, ob dies für die Mehrheit von uns überhaupt realistisch oder gar nützlich ist. Daher überrascht es nicht, dass immer mehr Menschen, die das alles nicht haben oder haben können, unter Versagensängsten und dem Gefühl der Minderwertigkeit leiden und „ins Abseits" geraten. Dabei wird oft übersehen, dass jeder von uns in diese Lage geraten kann und dass irgendwann sogar einmal die ganze gesellschaftliche Ordnung zusammenbrechen könnte. Derzeit werden viele Menschen der sogenannten Mittelschicht von vielen, auch finanziellen Sorgen geplagt. Sie sind verunsichert und fragen sich, wohin das alles führen wird.

Es ist menschlich, bei Schwierigkeiten und Problemen die Schuld bei anderen zu suchen, zu klagen und zu lamentieren sowie letztlich Lösungen von anderen zu erwarten. Den Weg des geringeren Widerstandes zu wählen, scheint – nicht nur in der Gegenwart – eine gängige Verhaltensweise unserer Gattung zu sein. Daher ist es wichtig, sich immer und immer wieder darauf zu besinnen, was jeder Einzelne von uns in seinem kleinen Wirkungsbereich für ein gerechtes Miteinander leisten kann.

Für manchen stellt hierzu die Bibel mit ihren Geschichten von Armut und Ungerechtigkeit, aber auch von Hoffnung und Liebe, eine Orientierung dar. Es sollte jedoch betont werden, dass die Bibel mitnichten als ein Ratgeber-Buch angesehen werden sollte, aus dem man irgendwelche Handlungsanleitungen oder Rezepte für ein gerechtes Miteinander ableiten könnte. In den von Menschen aufgeschriebenen Texten und Geschichten der Bibel, in denen sich Leiden und Freude, Höhen und Tiefen des menschlichen Daseins abspielen, bietet sich die Chance – wenn wir bereit sind, diese zu ergreifen –, sich durch die Spiegelung aller möglichen menschlichen seelischen Zustände als Mensch zu finden und seinem tiefen Inneren zu begegnen. Vielleicht liegt auch darin das Besondere der Bibel – das „Berührt-Werden" –, was der eine als Göttliches versteht, während es für den anderen ein geniales menschliches Werk ist.

Unabhängig davon gibt es keinen Zweifel darüber, dass die Bibel in erster Linie ein Buch für die Armen und Schwachen, die Ausgegrenzten und Gedemütigten ist. Ihre Erfahrungen, Anliegen und Sehnsüchte ziehen sich wie ein roter Faden durch das gesamte Werk hindurch. In der Bibel erfahren sie Gerechtigkeit, „Gottes Gerechtigkeit". Diese ist klar definiert und verständlich als die „rettende Zuwendung Gottes" zugunsten des von ihm erschaffenen Menschen in einer Heilsperspektive. In der Bibel findet sich die soziale Gerechtigkeit, nach der wir uns alle sehnen, denn Gott erweist sich den Bedürftigen, die in Not sind, den

Armen und Witwen, den Kranken und Ausgestoßenen als gerecht und erhört und errettet sie aus ihrem Leiden. Und in der Person seines Sohnes Jesus Christus stellt er uns Menschen ein Modell vor, von dem sich abschauen lässt, wie man menschlich fair und gut mit anderen umgehen sollte. In seinem in der Bibel dokumentierten Leben und Wirken zeigt Jesus, indem er die Botschaft des Evangeliums vor allem den Armen und Schwachen bringt, Gottes Gerechtigkeit und den Sinn von Gerechtigkeit unter den Menschen.

So zeigt die Bibel jedem gläubigen Christen vielfach, dass Gerechtigkeit nicht nur ein vages, abstraktes Konstrukt ist, sondern tatsächlich in der Praxis wahrhaft gelebt werden kann.

Wege zur sozialen Gerechtigkeit

Der gegenwärtige Zustand der Menschheit wird von vielen von uns, vor allem von jungen Leuten, äußerst kritisch betrachtet. Gerade jetzt benötigen wir mehr Menschen und Institutionen, die Optimismus, Hoffnung und Zuversicht für ein faires, gutes Miteinander und eine sichere Zukunft vermitteln können. Es liegt nahe, hierbei an die Kirchen zu denken, die wesentlich dazu beitragen könnten, notwendige Prozesse für eine soziale Gerechtigkeit in unserer Gesellschaft mitzugestalten.

Auch wenn wiederholt Kritik laut wird, dass die Kirchen hierbei auf breiter Spur versagen, weil sie mit der Aufarbeitung ihrer eigenen Probleme und Unzulänglichkeiten beschäftigt sind und ihnen die Gläubigen in Scharen davonlaufen, so gibt es einige Kirchenmänner/-frauen, die ihren Dienst am Menschen mit aufrichtiger Hingabe und Ernsthaftigkeit ausüben. Dennoch erscheint es mehr als eine einfache Notlösung, den Kirchen und ihren Vertretern allein die Verantwortung dafür in die Schuhe zu schieben. Auch die Politik oder besser gesagt, all jene, die für die politischen Entscheidungen und die dadurch so bedingten und geschaffenen Rahmenbedingungen zuständig sind, sind hier stärker in die Verantwortung zu ziehen. Es bedarf einer realen Sozialpolitik, die nicht nur mit Phrasen und Plattitüden aufwartet, sondern nachhaltig umgesetzt wird, um ein Gleichgewicht zwischen den ökonomischen, auseinanderstrebenden Entwicklungen herzustellen und soziale Gerechtigkeit erfahrbar zu machen. In diesem Sinne sollten Solidarität und Mitmenschlichkeit wieder in den Mittelpunkt rücken und zunehmen, nicht nur um gesellschaftlich Ausgegrenzten und sozial Benachteiligten wieder respektvoll begegnen zu können, sondern um insgesamt „Menschenliebe" in unseren zwischenmenschlichen Kontakten und Beziehungen spürbar zu kultivieren. Hier könnten Kirchen, Vereine wie auch – im positiven Sinne – die (sozialen) Medien eine verstärkende Rolle spielen.

Es wäre sicherlich von Vorteil, hier einen Schritt individuell und gesellschaftlich zurückzutreten, um darüber nachzudenken und gegebenenfalls auch unangenehme einschneidende Entscheidungen zu treffen. Die Hoffnung auf und Sehnsucht nach Gerechtigkeit in der Gesellschaft nach einem friedvollen und fairen Miteinander sind ubiquitär auf der ganzen Welt zu finden, unabhängig von kulturellen oder sonstigen Unterschieden, die uns Menschen eigen sind. Daraus ließe sich ableiten, dass wir jederzeit wachsam miteinander umgehen sollten, um Ungerechtigkeit, Ausgrenzung, Not und Elend zu verhindern. Etwas weniger „Ich", stattdessen ein stärkeres „Wir" könnte zu einer gerechteren Verteilung der Güter, die ja niemandem allein gehören, führen und so das Leben auf dem Planeten friedvoller gestalten. Jeder sollte gemäß seinen Leistungen und Verdiensten behandelt werden, während es selbstverständlich sein müsste, dass jeder als Basis eine ausreichende Lebensgrundlage von Wohnung, Wärme, Internet und Nahrung besitzen sollte, wie dies der amerikanische Philosoph Harry Frankfurt schon mal gefordert hat. Das ist ein eher gesellschaftlich-politischer Weg zu etwas mehr sozialer Gerechtigkeit in der Gegenwart.

Auch der Glaube kann, vielleicht nicht bei jedem, einen Weg dazu aufzeigen. Schließlich lassen sich therapeutische Lösungen bei Leid aufgrund von Armut oder Ungerechtigkeiten genauso erarbeiten wie bei Leid inmitten von Wohlstand. Die Wege zu einem Gleichgewicht, innerlich wie äußerlich, sind vielfältig.

Christlicher Weg

Gott ermutigt, aus Liebe zu helfen und zu geben, und er überlässt jedem die Freiheit, in welcher Form und in welchem Ausmaß er dies macht.

Dabei ist nicht nur das Helfen von in Not geratenen Menschen von Bedeutung, vielmehr wird jeder Einzelne ermutigt, materiell und immateriell zu tun, was in seiner Macht steht, selbst wenn es vielleicht auf den ersten Blick wenig oder unzureichend erscheint.

In der Bibel, und zwar in den Evangelien, finden sich bezüglich des Gebens Hinweise, dass die „vollkommene" Loslösung von materiellen Gütern das Ideal wäre, um letztlich auch das Seelenheil zu erlangen und ins Reich Gottes zu gelangen. „Sich-selbst-Hingeben", sich die Armut selbst auferlegen – wie es Jesus und seine Jünger getan haben, die auf jeglichen Besitz verzichteten und dieses Ideal der Armut predigten – sind wohl wahr eine große Tugend und christliche Haltung.

Im Evangelium nach Lukas, des Theologen der Armut schlechthin, ist der Maßstab ein radikaler: Es geht nicht nur um das Loslassen und sich Lossagen von Besitz, sondern das Darbringen der Gabe seiner selbst. Auch wenn die Bibel wiederholt betont, dass eine „Gott wohlgefällige Religion" unbedingt auch die Liebe zum Mitmenschen erfordert, darf dies keineswegs eindimensional betrachtet werden. Die Liebe zu Gott und die Liebe zum Menschen gehören zusammen, aber ein erlösender, rettender Glaube besteht nicht darin – wie manche im Laufe der Jahrhunderte gedacht haben –, dass man die Selbsthingabe Jesu am Kreuz nachahmt, sondern dass man vertraut, dass Christus für unsere Sünden am Kreuz gestorben ist.

Zu einer solchen Gabe, dieser absoluten Hin-Gabe wie von Jesus, auch des eigenen Lebens, seien wir mal ganz ehrlich, sind wohl die allerwenigsten von uns bereit und fähig. Diese Haltung zur „Armut" sollte allerdings auch nicht strikt und wörtlich verstanden werden, denn wenn alle arm wären und nichts besäßen, wäre ja niemandem mehr das Geben möglich. Zu geben bleibt eine besondere und vornehme Aufgabe. Die Schreiber der Bibel waren nicht so naiv zu glauben, dass man die Unterschiede zwischen Menschen auslöschen, „wegzaubern" könnte oder Gegensätze sich nivellieren oder ausgleichen ließen. Zudem können Reichtum und Wohlstand auch als Gottes Werk betrachtet werden. Denn Armut kann nur als solche festgestellt werden, wenn es Reichtum als ihren Gegenspieler gibt. Eine Liste solcher Paarungen ließe sich durchaus weiterführen. So kann das Gute beispielsweise in seiner Bedeutung erst richtig wertgeschätzt werden, wenn ihm das Böse gegenübergestellt wird. – Für Gläubige ist alles von Gott gemacht, und Gottes Werk ist rechtens. Reichtum und Wohlstand sind per se nicht böse oder unrecht, solange sie rechtens und ohne anderen Schaden zuzufügen erworben wurden.

Gottes Gerechtigkeit schließt die Reichen nicht aus, daher werden sie ermahnt und aufgefordert, mit ihren Reichtümern kritisch, besonnen und verantwortlich umzugehen.

Damit verbunden ist auch die Aufforderung, von seinem materiellen Vermögen (z. B. in Form von Spenden), aber auch von seinen immateriellen Gütern (z. B. in Form von Zeit und Liebe) an Bedürftige und Leidende abzugeben – eine Bereitschaft, die aus den biblischen Texten für das zeitgenössische christliche Verständnis gut abgeleitet werden kann. Gott will für alle Menschen Gerechtigkeit schaffen, wo Ungerechtigkeit und großes Leid herrschen. Und er will Liebe zwischen den Menschen schaffen, wo Gewalt und Hass herrschen. Das ist zweifellos ein schwieriges Unterfangen, insbesondere in der komplexen heutigen Zeit mit den weltweiten wirtschaftlichen und kriegerischen Rahmenbedingungen. Die Bedeutung von Gottes Wirken für Liebe und Gerechtigkeit und unser Bemühen darum treten aber dadurch noch stärker in Erscheinung.

Obwohl sich keine einfachen und eindeutigen praktischen Anleitungen zur Verhinderung von Armut, Elend und Kriegen aus der Bibel ableiten lassen, so kann ein jeder aus dem Glauben an Gottes Gerechtigkeit und Liebe die Kraft und Sicherheit schöpfen, füreinander einzustehen. Denn indem wir uns gegenseitig mit Respekt und Zuwendung begegnen und fair miteinander umgehen, drücken wir Gottes Gerechtigkeit und Liebe aus.

Alternativer Weg

Was machen Menschen, die nicht an Gott glauben oder auf der Suche sind nach etwas Höherem, einer wie auch immer gearteten höheren schöpferischen Kraft oder Instanz? Auch diese Menschen haben ein Urbedürfnis nach Gerechtigkeit, sei es im kleinen familiären Kreis oder im Hinblick auf die globale gesellschaftliche Lage. Auch diese Menschen verfügen, sei es aus evolutionsbiologogischer oder entwicklungspsychologischer Sicht, natürlich über die Kraft der Liebe: die Liebe zum eigenen

Nachwuchs, die Liebe zur eigenen menschlichen Gattung wie auch die Liebe zu sich selbst sowie die Solidarität mit den Schwachen und Armen. Je nach individuellem spirituellem Verständnis und politischer Haltung könnte so auch jeder Mensch, ob Christ, Muslim, Agnostiker oder Suchender usw., aus der Liebe heraus zur sozialen Gerechtigkeit beitragen. Voraussetzung hierfür wäre die Bereitschaft, zwischen den notwendigen, den nützlichen und den überflüssigen Gütern zu unterscheiden und loslassen zu können. Respektvolles Miteinander und ehrliche, wahre Zuwendung, die sich manchmal schwer in Worte fassen lässt, sowie alles, was sich in den Augenblicken des Kontakts und der Begegnung teilweise unbemerkt abspielt, sind wichtig für die Erfahrung, „geliebt" zu werden. Den anderen in seinem „Sein", ob arm oder reich, offen und ohne Wertung zu begegnen, sollte wieder selbstverständlicher werden. Hierfür bedarf es nicht unbedingt einer Zugehörigkeit zu einer Religion oder einem Glauben. Durch eine dem Menschen zugewandte Haltung kann das Teilen und Abgeben „von etwas, das man mehr hat" besser gelingen. Dabei ist ein achtsames Umgehen mit sich selbst und den anderen entscheidend. Ebenso – wie auch in der Psychotherapie oft eingeübt – spielt das „bewusste Innehalten" eine Rolle, um sich darüber klarzuwerden, was im Leben wichtig ist und welchen Sinn es hat.

... und therapeutisch

Für die Wirksamkeit psychiatrisch-psychotherapeutischer Behandlungen ist die Erfahrung eines Menschen, in seinem „So-Sein" angenommen, „geliebt" zu werden und nicht allein zu sein, von entscheidender Bedeutung. Dies fördert innere Kräfte im Sinne einer Selbstwirksamkeit, die sich wiederum stärkend auf den Selbstwert und die Eigenliebe auswirken. In der Therapie kann auch das Gefühl entstehen, dass sich jemand kümmert und dem Betroffenen dadurch ein Stück weit Gerechtigkeit widerfährt. Aus diesem Gefühl kann dann eine Haltung des aktiven Engagements und der Verantwortung für sich und andere erwachsen.

Wie kann nun diese Haltung therapeutisch eingeübt und genutzt werden? Dies gelingt unserer Meinung nach nur durch ständiges inneres und äußeres Relativieren. Man sollte sich nicht immer mit anderen vergleichen. Jeder von uns sollte sich überlegen, was zum Leben wirklich gebraucht wird. Eine richtige Selbsteinschätzung und ein entsprechendes Verhalten sind dabei hilfreich. Der eher Arme sollte nicht ständig schauen, was er nicht hat, sondern auf das, was er hat und kann. Es schwächt ihn eher, wenn er neidisch und verlangend auf den vermeintlichen Glitzer der Güter des eher Reichen schaut, anstatt zu sehen, was er mit seinen Kräften und Mitteln Gutes bewirken kann. Damit macht er sich nur das eigene Leben schwer oder wird eventuell aus Gier und falscher Habsucht kriminell.

Auch der Reiche kann krank werden und sterben. Auch er ist nur ein Mensch und es wird ihm seelisch nichts bringen, wenn er jeden Tag Kaviar isst. Der Reiche muss nach „seinem Lazarus“ Ausschau halten. Wo lebt dieser in der Nachbarschaft? Was kann er ihm geben, dass er keine Not leiden muss? Es braucht kein Luxusgut sein, eine Einladung zu einem guten Essen in der Begegnung miteinander kann kostbarer sein.

Dies in der Therapie anzusprechen, könnte den Armen wie den Reichen entlasten und beiden dabei helfen zu wachsen. Das Fördern gemeinsamer Werte würde also eine innere Umkehr bedeuten, wodurch das Materielle in den Hintergrund treten würde, denn am Ende des Lebens kann man nichts mitnehmen. Wie sagt man so treffend: „Das letzte Hemd hat keine Taschen.“

3. Die arme und doch reiche Frau W.

So gesehen ist Frau W. trotz des Mangels und der finanziellen Sorgen bei genauer Betrachtung nicht wirklich nur zu bemitleiden. Natürlich würde man ihr mehr Möglichkeiten und ein leichteres, finanziell sorgenfreies Leben wünschen. Aber trotz ihrer prekären wirtschaftlichen Lage und ihrer Einsamkeit sowie Traurigkeit ist sie nicht tief verzweifelt. Selbst wenn sie in Depressionen verfällt, die als psychische Erkrankung einen erschwerenden Faktor darstellen und ihre Lebensqualität reduzieren, so ist sie eher zu bewundern. Denn gerade, weil es ihr schlecht geht (materiell wie immateriell), ist ihr ehrenamtliches Engagement umso höher zu schätzen, als es ohnehin bei jedem Ehrenamt der Fall ist. Frau W. gibt aus Liebe und spendet das, was sie kann. Sie investiert Zeit, Zuwendung,

Beistand und ihre Lebenserfahrung, um anderen damit zu helfen. Sie tut Gutes für ihre Mitmenschen, steht verzweifelten, ratlosen Eltern bei, tröstet sie, spielt und lacht mit den erkrankten Kindern. In ihrem Geben ist sie aufrichtig und bedingungslos wie die arme Witwe im Lukasevangelium, die alles, was sie hatte, spendete und sich so ganz in die Hand Gottes gab. Frau W. ist sich bewusst, dass Gott ihr beisteht, ihr Zuversicht und Mut gibt, nicht völlig über die eigene angespannte Lebenssituation zu verzweifeln. Ihr tiefer und selbstbewusster Glaube ist es auch, der es ihr erlaubt, im Zwiegespräch mit Gott über ihre Sorgen und Probleme zu hadern und sich zu beklagen. Trotz allem spürt sie die Liebe Gottes, und diese gibt sie beim Ausüben ihres Ehrenamtes an diejenigen weiter, die noch mehr als sie selbst des Beistands bedürfen.

Als unbezahlbares Gut erhält Frau W. Dank und Liebe zurück. Durch ihr barmherziges, gerechtes Handeln lebt Frau W. das fleischgewordene Wort Gottes (Johannes 1,14), wie es im Leben und Wirken Jesu Christi offenbart wurde. Für diese Gnade ist sie zu beneiden, vor allem von Zweiflern, die das Naheliegende und Gerechte manchmal nicht vermögen zu sehen. Doch trotz ihrer oberflächlich armen und schwierigen Lage scheint sie im Segen und in der Gunst Gottes viel reicher zu sein als der Tor, der sich für Tausende von Euro einen Eisbecher mit Goldstaub gönnt, „weil er es kann“, ohne zu bedenken, dass am Ende alles ins Klo gelangt. Dabei könnte man mit dem ganzen Geld so viel mehr Gutes tun und vielen Menschen wie Frau W. auch mit einer einzigen Kugel Eis eine große Freude bereiten. Beim nächsten heißen Sommertag gibt es für Frau W. und uns auf jeden Fall ein Eis …

Abschließend

Wahre Gerechtigkeit ist auf Erden kaum zu erfahren. Die Menschen sind und bleiben unterschiedlich. Sozialrevolutionäre Ansätze, die sich auf Jesus und seine Botschaften im Neuen Testament beziehen, verkennen, dass das „Reich Gottes“ durch uns selbst nicht hergestellt werden, sondern nur durch ihn errichtet werden kann. Vielleicht ist dieses auch keine real-physikalische, sondern eine symbolische Größe, die im Glauben dazu dient, bestimmte innere Weichenstellungen zu schaffen. Nämlich, dass Besitz und Reichtum perspektivisch, wenn es um Seelenheil und Seelenfrieden geht, nur einen geringen, eigentlich keinen Wert besitzen und nur hinderlich für die geistlich-religiöse Erfüllung sind und dass die Armen diesbezüglich die wirklich Reichen sind, sofern sie auf Gott vertrauen sowie in und mit christlicher Liebe leben. Dies bedeutet jedoch keineswegs passives Abwarten, sondern tagtägliche Hingabe und Engagement im unmittelbaren Umfeld. Wenn jeder von uns dies tatsächlich tun würde, dann würde die Ungerechtigkeit weniger werden und das Himmelreich gefühlt ein Stück näherkommen. Also noch mal: „So werden die Letzten Erste sein und die Ersten Letzte“ (Matthäus 20,16).

Jeder von uns benötigt Wertschätzung und Respekt, Anerkennung und Liebe, und ein jeder von uns, der dies erlebt, ist in der Lage, es weiterzugeben. Dieses Geben aus Liebe, in dem sich die Liebe und Gerechtigkeit Gottes ausdrückt, wird, wie es in den Seligpreisungen des Lukasevangeliums heißt, im jenseitigen Leben belohnt. Dies kann als Trost für all das Leiden in dieser Welt verstanden werden, aber auch als Ermutigung und Zuversicht, an das Gute des von Gott erschaffenen Menschen zu glauben und nicht zu verzagen.

Ungerechtigkeit hat viele Gesichter, ihr entgegenzutreten, ist nicht einfach. Es gibt kein wirklich erprobtes, effizientes oder gar etabliertes politisches Programm, geschweige denn gesellschaftliches System, das alle Menschen gleichwertig und sozial gerecht betrachtet und behandelt. Diese Erkenntnis, verbunden mit dem Wissen über die Anstrengungen und Mühen für ein gutes und gleichberechtigtes Miteinander, führt bei vielen Menschen zu einer Passivität oder sogar fatalistischen Gleichgültigkeit, nach dem Motto: „Wen interessiert's, ob der Obdachlose auf der Parkbank erfriert, Hauptsache ich habe ein Dach über dem Kopf.“

In dieser emotionalen Apathie und Ohnmacht zeigt sich schließlich die Schwachheit und Unvollkommenheit des Menschen. Sich diese Schwachheit bewusst zu machen und sie nicht ständig wegzuschieben, seine Gedanken zu reflektieren und nicht nur als absolute Wahrheit und Gewissheit hinzunehmen, darin besteht auch eine Hoffnung und Möglichkeit zur Veränderung. Auch wenn das „Große und Ganze“ nicht von einer einzelnen Person verändert werden kann, so kann doch jeder Einzelne durch kleine Taten die Welt ein Stück besser und gerechter machen. Das oft zu lesende Zitat des inhaftierten und zum Tode verurteilten Theologen Dietrich Bonhoeffer ist ein eindrückliches Beispiel dafür: „Gott lässt sich aus der Welt herausdrängen ans Kreuz, Gott ist ohnmächtig und schwach in der Welt und gerade und nur so ist Gott bei uns und hilft uns."

Wissenschaftliche Untersuchungen haben gleichwohl gezeigt, dass wahrgenommene Ungerechtigkeit Menschen, die an eine gerechte Welt glauben, eher dazu veranlasst, ihre Einstellungen zum Leben zu hinterfragen und aktiver sowie sinnstiftender in ihrer Lebensgestaltung zu handeln, insbesondere im Hinblick auf ein prosoziales Verhalten. Voraussetzungen dafür sind jedoch nicht nur der Glaube an Gott und an eine von und durch ihn geschaffene gerechte Welt, sondern auch Offenheit, Sensibilität und Respekt gegenüber anderen. Eine religiös-christliche Vorstellung von sozialer Gerechtigkeit ist bedingt durch das Achten der Würde eines jeden Menschen, die sich von der Gottes-Ebenbildlichkeit ableiten lässt. Nach Ansicht des evangelischen Theologen Michael Welker bedeutet Offenheit die „Bereitschaft, sich durch andere Lebenszusammenhänge zur Selbstkritik und zu eigener Veränderung zugunsten größerer Gerechtigkeit herausfordern zu lassen". Mit offenen Augen und Herzen können wir anderen und uns selbst gut und gerecht begegnen.

5. Wenn alles zu viel ist – Burn-out, totale Erschöpfung und Resilienz

DER PROPHET ELIJA

„Denn Gott hat uns nicht einen Geist der Verzagtheit gegeben, sondern den Geist der Kraft und der Liebe und der Besonnenheit.“

2. Timotheus 1,7

Erschöpfung, Müdigkeit, das Gefühl von Ausgebranntsein bis hin zu einem depressiven Zusammenbruch sind allzu menschliche Reaktionen. Im Streben nach einem guten Leben, privat wie beruflich, geraten viele oft in ein Hamsterrad, sodass Burn-out und Depression daraus resultieren. Wir wissen heute, dass Beschleunigung, ständige Verpflichtungen, Stress und der in unserer modernen Welt allgegenwärtige Leistungsdruck weit verbreitet sind und zur totalen psychischen und körperlichen Erschöpfung führen können. Fast alle von uns laufen mit einem schwachen und unausgeglichenen Selbst herum. Wir kennen keine klaren strukturierenden Rituale und Traditionen mehr und sind fern von einem früheren Rhythmus und dem Einklang mit Natur und Gott. Als Folge des „Sich-Aufreibens“ und der Zermürbung und des immer „Steil-am-Wind-Segelns“ kann sich letztlich, wenn keine Gegenmaßnahmen ergriffen werden, eine völlige Verzweiflung und Erstarrung ausbilden. „Erschöpfung“ als psychische Störung, die sich z. B. in Form von Melancholie bei den alten Griechen zeigte, gab es schon immer, ebenso entsprechende therapeutische Versuche wie den Äskulap'schen Heilschlaf oder die japanische Morita-Therapie.

Auch in der Bibel finden sich eindrückliche Beispiele für Burn-out und Depression, wie sie etwa bei Elija, Moses, Josef und sogar Jesus vorkommen. Das zeigt, der Zustand der Erschöpfung ist kein neues Phänomen, ihn gibt es seit Menschengedenken. Dennoch könnte man, wie der Schweizer Psychiater und Theologe Samuel Pfeifer, annehmen, dass die totale Erschöpfung bis hin zur Depression eine typische Krankheit der Moderne darstellt. So wird Burn-out heute – und damit ein Stück weit auch die vielen heutigen Spielarten der Depression – als ein modernes narzisstisches Problem der verwöhnten, in Frieden und Konsum großgewordenen Generationen diskutiert.

Letztendlich haben Burn-out und Erschöpfung vor allem mit Selbstzweifeln auch an den eigenen Schwächen und Stärken, Aufgaben und Lebensbedingungen zu tun, zu denen eben auch der Glaube und die Religion gehören. So ist die eigentliche Plage unserer Zeit: eine innere Leere, bedingt durch Zweifel an allem, auf orientierungsloser Suche nach „etwas Glück" verloren in einer haltlosen Welt, in der man getrieben und gehetzt durch das Alltägliche droht, nie zu ein wenig Ruhe und Erholung zu kommen. Diese existenzielle Problematik, die viele Menschen heute erleben, mündet nicht selten in einer tiefen Sinnkrise, die durch Kraftlosigkeit und Ausgebranntsein gekennzeichnet ist.

Ein Mann mit dem Rücken zur Wand

„Mein Name ist Arno, ich bin Mitte 50 und kann einfach nicht mehr." Ein vorgealterter Mann, der trotz erkennbarem Übergewicht schlaksig und leicht ungepflegt wirkt, lässt sich nach dieser kurzen Vorstellung völlig erschöpft wie „ein nasser Sack" in den Stuhl fallen. Seine Bewegungen wirken fahrig und eine gewisse Anspannung und Unruhe gehen von ihm aus. In dem Untersuchungszimmer breitet sich eine Atmosphäre aus Erwartungsdruck, vorsichtiger Distanz und dem Bedürfnis, endlich „loszulegen" sowie „Dampf abzulassen", aus. Unaufgefordert legt der an sich irgendwie sympathisch rüberkommende, aber offenbar sehr belastete Mensch los und lässt sich im weiteren Verlauf seiner Ausführungen kaum noch unterbrechen:

„Ich bin seit 30 Jahren Lehrer aus Leidenschaft. Die Arbeit mit den Schülern hat mir immer was gegeben, und ich habe mit ihnen viel gemacht, manche haben das auch anerkannt. Die Atmosphäre im Kollegium ist meist okay, die neue Schulleitung nervt, aber ich habe mich damit arrangiert und kann ihr als alter Hase auch ganz gut helfen. Ich bin an einer Gesamtschule in Neukölln. Das verstehen Sie sicherlich sofort: Da ist Land unter, die Situation ist eine totale Fehlentwicklung, kaum einer spricht Deutsch als Muttersprache und das Interesse der Schüler an

Bildung ist gleich null. Warum sie überhaupt in die Schule kommen, ist mir schleierhaft. Vielleicht wegen den Kontakten und den Gaunereien? Das fängt schon früh an bei den Schülern …

Meine Fächer sind, besser gesagt waren, da ich die kaum noch wie früher unterrichten kann, Geschichte, Politik und Biologie. Tolle Fächer, was man da alles in Theorie und Praxis machen könnte, gerade in einer Stadt wie Berlin. Aber nur gegen Widerstand und viel Geschrei kriege ich ein bisschen von dem geforderten Stoff durch. Die Klausuren und Tests dürfen dann nicht zu schwer sein, sonst bekommt die Schule von der Aufsicht Schwierigkeiten wegen zu hoher Durchfallquoten. Meiner Meinung nach tut man den Schülern keinen Gefallen damit, eine Karriere von Durchschummeln und Nichtstun ist damit vorprogrammiert. Mir drückt das seit Jahren sehr auf der Seele. Ich bin eigentlich recht idealistisch gestartet, hatte tausend Ideen und habe ganz viel gemacht, auch noch in der Freizeit, die eigentlich bis auf die Ferien nie vorhanden war. Aber jetzt fällt mir alles nur noch schwer, ich entwickele Aversionen gegen meinen Beruf. Allein wenn ich nur an Schule denke oder darüber im Fernsehen berichtet wird, könnte ich nur noch kotzen.

Privat läuft alles zufriedenstellend. Ich habe eine tolle Familie, gute Freunde. Eigentlich kann ich mich nicht beklagen, aber die berufliche Misere hat sich auch auf mein Privatleben ausgewirkt. Ich fühle mich ständig irgendwie schlapp und „depri", nur noch leer und ausgebrannt. Schlafprobleme quälen mich seit Jahren, meine Stimmung ist unten, morgens komme ich kaum noch aus dem Bett, sofern ich überhaupt dort liege. Viele Nächte wandere ich in der Wohnung herum, und ich schaffe es nicht mehr, mich zu konzentrieren. Denn da ich viele Sachen, gerade mal das Nötigste, vor allem die Unterrichtsvorbereitungen, auf den letzten Drücker mache, muss ich das meistens irgendwie in der Nacht davor erledigen. Also mit viel Kaffee, das ist natürlich Raubbau und dumm.

Auch körperlich macht sich all das bemerkbar. Ich hatte 'nen heftigen Herzinfarkt vor zwei Jahren, sollte eigentlich auch abnehmen und Sport machen, sagte der Arzt. Ich komme aber vom Rauchen wie auch der Sauferei nicht los. Vor allem, wenn es mir besonders dreckig geht. Ich bin in der Schule bereits dreimal zusammengebrochen, hatte Heulkrämpfe und totale Panik. Ich hab nur noch geschrien. Die Kollegen haben dann den Notarzt gerufen.

Und dann passierte es, dass fingierte obszöne Bilder einer Kollegin über die die Smartphones der Schüler weitergereicht wurden. Die arme Frau wusste nicht mehr ein noch aus. Es war klar, wer dahintersteckte. Mich hat das empört und ich habe ihn zur Rede gestellt. Der hat mich beschimpft, seine älteren Brüder, ziemliche Muskelprotze, haben mich dann später auf dem Parkplatz abgefangen und mir doch recht intensiv ein paar Schellen angedroht. Deren Eltern, eigentlich dumm wie Stroh, haben es aber hingekriegt, sich offiziell bei der Schulaufsicht über mich zu beschweren, da musste ich mich auch noch vor mehreren Gremien dafür rechtfertigen, dass ich die Kollegin in Schutz nehmen wollte. Ein Spießrutenlauf."

Hier hält er einen kurzen Augenblick inne, trinkt einen Schluck Wasser und atmet tief durch. Auch für uns eine willkommene Pause, die Gedanken zu ordnen, doch schon setzt er unverändert hastig an und fährt mit dem Erzählen fort:

„Dann kam die Sache mit der Verführung Minderjähriger während einer entsetzlichen Klassenfahrt in die Lüneburger Heide. Es war eine absolut haltlose Anschuldigung. Zum Glück waren Kolleginnen sind in der Nähe gewesen. Ich wurde überall angegriffen und hieß nur noch der „Grapscher". Da war ich lange krankgeschrieben. Als ich zurückkam, blieb es erst mal ruhig, bis die besonders schlimme Gruppe aus einer der Klassen irgendwie herausfand, wo ich wohnte. Dann begann der Terror zu Hause. Meine Tochter ist nach Australien gegangen und ich vermisse sie sehr. Meine Frau versucht mich zu unterstützen, aber sie versteht nicht, warum ich nicht endlich mal auf den Tisch haue, damit all das aufhört. Aber genau das kann ich nicht. Ich habe es ja versucht, doch dann wurde es noch schlimmer: noch mehr Gerüchte und Androhungen. Als meine Frau neulich den Wagen nicht mehr bremsen konnte und ich dachte, die Bremsschläuche seien durchgeschnitten worden, da bin ich völlig durchgedreht. Wieder kam der Notarzt, ich hatte einen Puls von 180, Blutdruck 220 zu 140. Ich wurde ins Krankenhaus gebracht und später in die Psychiatrie eingewiesen. Dort wurde eine schwere Depression diagnostiziert, weswegen ich nun in Behandlung bin.

Ich bin jetzt zu Hause, aber ich kann nicht mehr zur Schule gehen. Sobald ich nur daran denke, bekomme ich totale Panik, Atemnot, einen Flash und Schmerzen. Ich muss dann sofort was zur Beruhigung einnehmen, dabei versuche ich schon ganz viel in Richtung Yoga und Meditation. In der Nacht habe ich oft Albträume mit Bildern aus den letzten Jahren. Freude kommt bei mir kaum noch auf. Eigentlich mache ich nebenbei Musik. Doch ich habe da keine Motivation mehr für, es macht mir keinen Spaß mehr.

Ich weiß im Moment wirklich nicht, wie ich jemals wieder „auf den Damm" kommen soll, so geht es nicht mehr weiter. Die Familie leidet, und jetzt ist mein alter Vater auch noch bettlägerig geworden und wird immer dementer. Ich versuche, mich um ihn zu kümmern, da meine Schwester sich abgeseilt hat, aber 24 Stunden am Tag bei ihm zu sein, ist absolut belastend, und ich bin nur noch platt, erschöpft und ausgebrannt.

Gedanklich bin ich aber oft an der Schulfront. Das ist pervers, oder? Ich martere mich selbst damit, dass ich es einfach nicht mehr schaffe, dort hinzugehen. Ich habe sogar Schuldgefühle, dass die Kollegen für mich einspringen müssen. Eine Ersatzkraft gibt es für mich nicht, zu so einer Brennpunktschule will ja keiner. Ich war noch mal für einen Tag und ein paar Stunden da, aber da bäumte sich in mir alles auf, wie eine ganz starke wächserne Kraft, die ich nicht überwinden kann. Da ist vieles zerrüttet. Mir bleibt nur die Hoffnung, dass dieses Terrorgefühl auf Dauer weniger wird …"

1. Elijas Müdigkeit, Jesu Erschöpfung und Josefs Resilienz

Ein eindrückliches Beispiel einer psychischen Erschöpfung im Sinne des Burn-outs findet sich nach Ansicht des oben schon erwähnten Till Magnus Steiner im Alten Testament, genauer gesagt in der Person des Propheten Elija. Dieser zeigt Symptome der Ermattung und des Ausgebranntseins aufgrund von Verfolgung, aber auch Zweifeln an der eigenen Aufgabe und Mission. Dieser Zustand, auch als „Elija-Müdigkeit" bekannt, wurde ursprünglich im Zusammenhang mit der Erschöpfung von Geistlichen betrachtet. Die Frage danach, wie man grundsätzlich aus einem solchen Ausgebranntsein seelisch wieder gestärkt herauskommen kann, führte zur Erforschung der „Resilienz", also der Fähigkeit, auf Belastungen und Veränderungen mit Anpassung seines Verhaltens zu reagieren. Dies gilt insbesondere auch für Menschen in der „dunklen Nacht“, wenn durch erschütternde Ereignisse oder Zweifel der Glaube an Gott und damit die Zuversicht und Hoffnung für das eigene Leben zu schwinden drohen.

Die Geschichte von Elija

Die Geschichte des Propheten Elija nach dem 1. Buch der Könige 17–19 lässt sich folgendermaßen zusammenfassen: Elija war ein Israelit ohne Grundbesitz im Ostjordanland im 9. Jahrhundert v. Chr. Er kündigte eine jahrelange Dürre für das ganze Land an, da sein Land dem Gott Baal huldigte, der als Herrscher über Regen und Fruchtbarkeit galt. Aus Angst vor Verfolgung durch König Ahab, der überall nach ihm suchen ließ, um ihn zu töten, floh Elija in ein Tal östlich des Jordans, wo er auf wundersame Weise von Raben ernährt wurde. Andernfalls wäre er wohl in der Dürre dort umgekommen. Danach wanderte er weiter in den heutigen Libanon und wurde dort von einer armen Witwe aufgenommen. Mit der von Elija erbetenen Unterstützung durch Gott wurden die Vorräte der Witwe an Mehl und Öl immer wieder aufgefüllt. Nachdem ihr Sohn an einem Fieberdelirium verstarb, erweckte Elija ihn durch ein Wunder von den Toten. Später wurde Elija aufgefordert, sich Ahab zu zeigen, worauf beide sich einander die Schuld an der langdauernden Dürre gaben. Sie vereinbarten daher, eine Probe zu machen, um die Macht ihrer beiden Götter, Baal und Jahwe, auf dem Berg Karmel vor dem ganzen Volk zu prüfen. Um den wahren Gott zu ermitteln, sollte jeweils ein Stier zerteilt, auf Holz gelegt und das Feuer vom Gott des jeweiligen Propheten entfacht werden. Während die Priester des Baals stundenlang beteten und nichts passierte, betete Elija einmal zu Jahwe und Feuer vom Himmel „verzehrte das Brandopfer und das Holz“. Dadurch erkannte das Volk, dass nur Jahwe der wahre Gott ist. Daraufhin setzte der Regen wieder ein, und die Periode der Trockenheit war beendet.

Elija musste jedoch weiterhin fliehen, da nun die Königin Isebel, die Frau von Ahab, ihn wegen seiner schrecklichen Prophezeiung für ihre Familie hinrichten lassen wollte. Er floh nach Be’er Scheva im Süden.

Dort wurde er von einem Engel gebeten, zum Berg Horeb zu wandern, wo Gott ihm in Form eines Windhauchs erschien und ihm weitere Aufgaben gab. Im Zusammenhang mit diesen Aufgaben traf er erneut auf König Ahab, dessen Tod er ja prophezeit hatte. Und da dieser sich nicht Jahwe, dem wahren Gott, zugewandt hatte, starb er. Elija sollte nun erneut umgebracht werden, aber Gott vernichtete alle Angreifer im Feuer. Am Ende wurde Elija in einem Sturmwind in den Himmel entrückt, was zu der Annahme führte, dass Elija nicht gestorben sei, sondern lebendig in den Himmel aufgenommen worden war.

Eljia wird nach Moses, dem man nach 2. Mose 18 („Warum musst du ganz allein da sitzen … vom Morgen bis zum Abend? ... Du machst dich zu müde, …“) ebenfalls Anzeichen seelischer Erschöpfung und Depression attestieren könnte, als einer der wichtigsten Propheten der Bibel angesehen. Über Jahrhunderte wurde gehofft, dass Elija zurückkehren und den künftigen Messias mitbringen würde. Diese Erwartung, auch als „Elija-Erwartung“ bezeichnet, war um das Jahr 0, also zu Jesu Geburt, besonders ausgeprägt. Im Neuen Testament trifft Jesus in seiner sogenannten „Verklärung“ auf dem Berg Tabor Elija und Moses. Einige Zeitgenossen sahen in Jesus den wiedergekehrten Elija, da einige der Heilungen Jesu den in der Bibel überlieferten Wundertaten Elijas ähnelten. Man könnte von einer Kontinuität, wenn nicht gar Überbietung dieser sprechen. Bei der Kreuzigung von Jesus missverstanden bekanntlich einige der anwesenden Juden seinen aramäischen Schrei mit dem Anfang von Psalm 22,2 („Eli, Eli“) als Ruf nach Rettung durch Elija („Der ruft nach Elija“, Markus 15,34).

Elijas Müdigkeit

Elijas Müdigkeit ist ein psychischer Zustand, den wir heute als Erschöpfung oder „Burn-out“ bezeichnen würden. Seine Ermüdung wird in der Folge des Wettstreits um den „wahren Gott“ zwischen Baal und Jahwe geschildert. Ahab und Isebel trachten weiterhin nach seinem Leben, zumal alle Baal-Priester auf Geheiß von Elija umgekommen sind. Obwohl er den Triumph des Sieges erlebt und immer wieder die Wahrheit prophezeit hat, wird er erneut angegriffen, verfolgt und zur Flucht gezwungen. Dies geschieht vermutlich, weil die Menschen sich vor der Wahrheit fürchten und sie abwehren. So ist er wieder auf der Flucht, dieses Mal in den Süden und weit in die Wüste hinein, wo er in große Bedrängnis gerät. „Und als er dort war, setzte er sich unter einen Ginsterstrauch und wünschte sich den Tod, und er sprach: Es ist genug, Herr, nimm nun mein Leben, denn ich bin nicht besser als meine Vorfahren. Dann legte er sich hin, und unter einem Ginsterstrauch schlief er ein" (1. Könige 19,4–5). Doch anstatt in dieser für ihn aussichtslosen Lage zu sterben, kommt ihm erneut Gott zur Hilfe und weist ihm den Weg:

> „Aber plötzlich berührte ihn ein Bote und sprach zu ihm: ‚Steh auf, iss!' Und als er hinsah, sieh, da waren an seinem Kopfende ein geröstetes Brot und ein Krug mit Wasser. Und er aß und trank und legte sich wieder schlafen. Der Bote des Herrn aber kam zum zweiten Mal und berührte ihn und sprach: ‚Steh auf, iss, denn der Weg, der vor dir liegt, ist weit.' Da stand er auf und aß und trank, und durch diese Speise wieder zu Kräften gekommen, ging er vierzig Tage und vierzig Nächte lang bis zum Gottesberg Horeb" (1. Könige 19,5–8).

Dort angekommen, zeigt sich Gott ihm schließlich nicht in einem gewaltigen Erdbeben oder Feuer, sondern im „Flüstern eines sanften Windhauchs" (1. Könige 19,12), um ihm aufzutragen, seinen Weg fortzusetzen und im Namen Gottes zu wirken.

Nach seinem großen Sieg für Jahwe erlebt Elija also seinen persönlichen Tiefpunkt mit erneuter Bedrohung und Flucht in die Wüste, was seinen fast sicheren Tod bedeutet. Er verfällt in Verzweiflung und hat den Wunsch zu sterben. Er glaubt, er sei nicht besser als seine Vorfahren und würde den hohen Anforderungen an sich selbst nicht mehr genügen.

Till Magnus Steiner fasst dies in einem lesenswerten Artikel, der später in einem Buch erschien, so zusammen: „Der Anspruch, das leisten zu können, was keiner zuvor geleistet hat, endet in der Selbstaufgabe. Elija ist erschöpft und ausgebrannt … Elija ist ein Prophet, das heißt im biblischen Sinne, dass seine Person völlig in seiner Aufgabe aufgeht. Hierbei stoßen seine Kräfte an die Grenzen der eigenen Kompetenz und der Misserfolg wird zur Krise, die in die Isolierung führt. Er zerbricht auch an dem Bild, das er von sich selbst hat. In dieser Situation äußert Elija den Todeswunsch. Er hat sich aufgegeben und er selbst kann sich nicht mehr helfen. (…) Völlig am Boden zerstört, bedarf es einer Stütze, die Elija wieder aufrichtet. In der Erzählung ist es ein Engel, der die göttliche Therapie für Elija beginnt."[16]

Aus Steiners Sicht ist es die heilsame Aufforderung „Steh auf, iss, denn der Weg, der vor dir liegt, ist weit", dass sich jemand um ihn kümmert, unterstützt und ihn darin bestärkt, das, was ihm weiterhin wichtig ist, fortzusetzen. Dieser jemand, nämlich Gott, offenbart sich ihm im „Flüstern eines sanften Windhauchs", er zeigt sich also in einem Akt der Fürsorge, Verantwortung und Beruhigung, den Elija so dringend benötigt. Dieses ruhige, leise Unscheinbare – nicht der Donner oder das Feuer wie sonst – zeigt hier die helfende Stärke Gottes. Oder wie es Steiner ausdrückt: „Das Schwache wird zum Bild Gottes. Diese Fürsorge ist der Ausgangspunkt für die Rückkehr Elijas in seine Tätigkeit als Prophet. Elija wird wieder zum Werkzeug Gottes, aber dem Einzelkämpfer stellt Gott einen zweiten Propheten … zur Seite. Der Prophet ist in seiner Aufgabe nicht mehr allein, ihm wird eine Hilfe zur Seite gestellt."

Damit würden in dieser biblischen Geschichte, so Traugott Schall in seinen Ausführungen zu „Erschöpft – müde – ausgebrannt", therapeutische Strategien entwickelt, wie man Erschöpfung, Überforderung und Burn-out gut begegnen kann:

„1.) Elija darf von der Arbeit ausruhen.
2.) Er erfährt Fürsorge durch andere.
3.) Er wird in die notwendige Distanz zu seiner Arbeit geführt.
4.) Die Gotteserfahrung bietet ihm eine neue Weltsicht.
5.) Die neuen Aufgaben, die sich ihm stellen, sind schaffbar.
6.) Elija wird nicht alleingelassen, an seiner Seite steht fortan ein Helfer."

Wie wir es auch in anderen Bibelgeschichten immer wieder sehen, lautet hier die entscheidende Botschaft: „Du bist nicht allein, du bist geborgen im Mitmenschen und in Gott." Elija wird nicht alleine in der tödlichen Hitze der Wüste zurückgelassen. Gott sorgt für ihn durch Essen, Schlaf und Gespräch, während er ihn auf der 40-tägigen Wanderung durch die Einsamkeit der Wüste hin zu seinen weiteren Aufgaben führt. Übrigens kümmert sich Gott später auch um den in der Wüste fastenden Jesus während seiner Versuchungen: „Und er war vierzig Tage in der

Wüste und wurde vom Satan versucht. Und er war bei den wilden Tieren, und die Engel dienten ihm" (Markus 1,13).

Die Wüste ist für beide ein Ort der Selbstprüfung und des Wiedererstarkens. Menschenlos ist sie ein Kontrast zum bisherigen Leben, bietet viele innere und äußere Herausforderungen. Sowohl Elija als auch Jesus wurden in der Wüste bestärkt in ihrer weiteren Mission, zur „Stimme eines Predigers in der Wüste" (gemäß Jesaja 40,3) zu werden, also zu jemandem, der das Wort Gottes verkündigt umgeben von Nichtgläubigen.

Jesu Erschöpfung

Bei jemandem, der erschöpft ist und sich im „Burn-out" befindet, geht es um Stärkung und Wiederaufrichten. Symbolisch dafür dient in der Elija-Geschichte das „Essen". Burn-out hat etwas mit „Aushungern", aber auch mit „Verdursten" zu tun. Schon Moses schlug einst auf den Felsen und Wasser trat heraus für das in der Wüste herumirrende Volk Israel. Dies erinnert an eine weitere Bibelgeschichte über Dürsten und Trinken, und zwar die von Jesus und der Samariterin Photina, so ihr Name in der griechischen Überlieferung, als er diese auf seinem „Jakobsweg" traf:

> „Er musste aber durch Samaria hindurchziehen. Nun kommt er in die Nähe einer Stadt in Samarien namens Sychar, nahe bei dem Grundstück, das Jakob seinem Sohn Josef gegeben hatte. Dort war der Brunnen Jakobs. Jesus war müde von der Reise, und so setzte er sich an den Brunnen; es war um die sechste Stunde. Eine Frau aus Samaria kommt, um Wasser zu schöpfen. Jesus sagt zu ihr: ‚Gib mir zu trinken!' Seine Jünger waren nämlich in die Stadt gegangen, um Essen zu kaufen. Die Samaritanerin nun sagt zu ihm: ‚Wie kannst du, ein Jude, von mir, einer Samaritanerin, zu trinken verlangen? Juden verkehren nämlich nicht mit Samaritern.' Jesus antwortete ihr: ‚Kenntest du die Gabe Gottes und wüsstest, wer es ist, der zu dir sagt: Gib mir zu trinken, so würdest du ihn bitten, und er gäbe dir lebendiges Wasser.' Die Frau sagt zu ihm: ‚Herr, du hast kein Schöpfgefäß,

und der Brunnen ist tief. Woher also hast du das lebendige Wasser? Bist du etwa größer als unser Vater Jakob, der uns den Brunnen gegeben hat? Er selbst hat aus ihm getrunken, er und seine Söhne und sein Vieh.' Jesus entgegnete ihr: ,Jeder, der von diesem Wasser trinkt, wird wieder Durst haben. Wer aber von dem Wasser trinkt, das ich ihm geben werde, der wird in Ewigkeit nicht mehr Durst haben, nein, das Wasser, das ich ihm geben werde, wird in ihm zu einer Quelle werden, deren Wasser ins ewige Leben sprudelt.' Die Frau sagt zu ihm: ,Herr, gib mir dieses Wasser, damit ich nicht mehr Durst habe und hierherkommen muss, um zu schöpfen'" (Johannes 4,4–15).

In dieser Geschichte wird der Bezug zum Alten Testament auf Jakob und seinen Sohn Josef, die Urväter des israelitischen Volkes, deutlich. Es wird aber auch in dieser Geschichte der Messias als Gesalbter angesprochen, was im Hinblick auf das Überwinden von Schwäche für das Seelenheil wichtig ist: „Die Frau sagt zu ihm: ,Ich weiß, dass der Messias kommt, den man den Gesalbten nennt; wenn jener kommt, wird er uns alles kundtun.' Jesus sagt zu ihr: ,Ich bin es, ich, der mit dir spricht.'" (Johannes 4,25–26).

Später, zu Beginn seiner Passion, erfährt Jesus bei Jerusalem seine sichtbare „Salbung" mit kostbarstem Öl durch eine „Sünderin" (Lukas 7,36–50), aber auch schon bei den Samaritern wird er am Ende der Brunnen-Geschichte als Christus und „Retter der Welt" (Johannes 4,42) betrachtet.

Interessant ist, dass die sechste Stunde in dieser Geschichte als die Stunde der vollkommenen menschlichen Erschöpfung dargestellt wird, die Jesus später am Kreuz als Verlassenheit erlebt. Gegen jegliche Erschöpfung und psychische Qual wird in dieser Geschichte am „Brunnen" die Quelle des lebendigen, jeglichen Durst für immer löschenden Wassers – was für die Verheißung des ewigen Lebens steht – benannt. Daneben wird aber auch das Essen kurz angerissen: „Ich habe eine Speise zu essen, die ihr nicht kennt. (…) Meine Speise ist es, den Willen dessen zu tun, der mich gesandt hat, und sein Werk zu vollenden" (Johannes 4,32,34). Und es ist auffallend, dass Photina hier wie viele andere Frauengestalten in der Bibel aufgrund ihrer Männerbeziehungen als „Sünderin" geschildert wird. Aber das weist darauf hin, dass gerade die am

Rande der Gesellschaft Stehenden, also z. B. die „gefallenen" Frauen, für und von Jesus besonders ansprechbar waren. Frauen, nicht unbedingt immer die Mütter, standen Jesus bekanntlich ohnehin nahe. Da sie im Herzen „rein" geblieben beziehungsweise zur Umkehr bereit sind, sind sie es – neben der kulturellen Gewohnheit –, die auch im geistlichen Sinne Notleidende am besten zu unterstützen vermögen. Deswegen werden sie von Jesus erhöht. Sie stehen dafür, dass selbst die Armen und Schwachen, wozu per se damals die Frauen gehörten, bereit sind zu helfen, auch wenn sie selbst fast nichts haben.

Angesichts der biblischen Wichtigkeit des Brunnens als Sinnbild für Stärkung und Barmherzigkeit betrachtet Lev Gillet, auch bekannt als „ein Mönch der Ostkirche", die Müdigkeit und Erschöpfung Jesu in dieser Geschichte: „Was bedeutet diese Ermüdung auf der Suche nach den Menschen? Am Jakobsbrunnen wird zweifelsohne in großem Ausmaß die physische Ermüdung des Erlösers auf dem langen Marsch auf dem von der Sonne brennenden Weg ersichtlich. Aber Jesus sucht noch heutzutage. Wie kann er also noch müde sein? Die physische Ermüdung kann ihn nicht mehr erreichen. Und auch nicht die moralische Ermüdung, wenn man unter dieser Ermüdung oder Mattigkeit einen Zustand von Niedergeschlagenheit, von Überdruss, von Kapitulation vor der Anstrengung, von vollkommener innerer Erschöpfung versteht. Es gibt nichts von dem in Jesus, dem Besieger des Bösen und des Todes. Aber vor unseren wiederholten und kränkenden Weigerungen empfindet er eine Ohnmacht."[17] Daher, so Gillet, sagt Jesus dann am Kreuz: „Mich dürstet!" (Johannes 19,28). In der Symbolik von Durst und Trinken würde ihm dürsten „nach dem Blick von Glauben und Liebe angesichts derer er das Leiden angenommen hat." Alle mögen ihm zu trinken geben, so wie er auch in der geistlichen Übernahme all derjenigen, die sich zu ihm bekennen, ihren Durst „in Ewigkeit" löscht.

In Zeiten von Ermüdung und Erschöpfung, in jeder Krise, benötigt der Bedrohte Stärkung, die „Gabe" von etwas, das alles Verlangen stillt, nämlich Gesundheit, Unterstützung, Hoffnung, Perspektive, Vergebung und die Aussicht auf das Heil durch die Liebe. Damit ist in diesem Bild der Begegnung mit Photina das heilsame Wasser, also Jesus als Quelle aller Freude und Liebe gemeint, die allen Erschöpften, Überforderten und an Burn-out Leidenden wieder Kraft und Stärke gibt.

Wasser symbolisiert die heilige Reinheit des Geistes und des Glaubens. Jesus ist der Retter und Erlöser der Welt, der allen Erschöpften Heilung und Heil bringt. An dieser Bibelstelle wird deutlich, „dass Gott Geist ist, und die zu ihm beten, müssen in Geist und Wahrheit beten" (Johannes 4,24). Die Nahrung für die Seele ist also etwas Geistiges, nämlich Gott selbst, was den Menschen in seiner Ermüdung und Erschöpfung ganz erfüllt und wieder „wie neugeboren" leben lässt.

Dies spiegelt sich auch im Anfang des Johannesevangeliums wider: „Im Anfang war das Wort, der Logos, und der Logos war bei Gott, und von Gottes Wesen war der Logos" (Johannes 1,1). Und Gott mit dem heiligen Geist verkörpert sich in Jesus Christus: „Und das Licht scheint in der Finsternis, und die Finsternis hat es nicht erfasst … Er war das wahre Licht, das jeden Menschen erleuchtet, der zur Welt kommt … Und das Wort, der Logos, wurde Fleisch und wohnte unter uns, und wir schauten seine Herrlichkeit" (Johannes 1,5,9,14). Johannes fasst die Rolle von Jesus auf der Erde dann noch mal präziser zusammen: „Seht, das Lamm Gottes, das die Sünde der Welt hinwegnimmt … Ich habe den Geist wie eine Taube vom Himmel herabkommen sehen, und er blieb auf ihm" (Johannes 2,29,32). So bekennt der Evangelist Johannes, dass Jesus Gottes Sohn ist, denn er ist es, „der mit heiligem Geist tauft" (Johannes 2,33), also mit Wasser, das stärkt für alle „Ewigkeit".

Es ist also die geistig-religiöse Nahrung, nämlich Jesus selbst und der Glaube an ihn und seinen Vater, die alle Sünden, das heißt auch Leiden und Burn-out, lindert und wegnimmt. Dabei praktizierte Jesus, wie Samuel Pfeifer erkannte, für sich und seine Jünger ebenfalls Grundregeln von Schutzmaßnahmen gegen Burn-out: „Obwohl er seinen göttlichen Auftrag hatte und sich mit intensiven Gefühlen investierte, nahm Jesus immer wieder Zeit zum Ruhen, zur Stille und zum Gebet. Das Wegfahren mit dem Boot ist beinahe ein Symbol für diese bewusste Distanzierung von den drängenden Aufgaben und den Erwartungen der Menschen."[18] Und Samuel Pfeifer führt wichtige weitere Punkte des Stressabbaus an: „Er feierte mit den Menschen und ermutigte seine Jünger – entgegen den asketischen Pharisäern –, mit Freude zu essen und zu trinken", also etwas, das wir schon von Kohelet und seiner Lebensfreude kennen.

Resilienz bei Josef

Auf der anderen Seite finden sich in der Bibel auch positive Beispiele von Resilienz im Sinne einer psychischen Widerstandskraft. Also dass jemand, der maximal belastet ist, damit so weit gut umgehen kann, dass er nicht sein seelisches Gleichgewicht verliert und psychisch krank wird. Hier lässt sich z. B. Josef aus dem Alten Testament, aus dem 1. Buch Mose, anführen.

Josef wird von seinem Vater sehr geliebt und begünstigt, woraufhin seine Brüder ihn, nachdem er ihnen von seinen Träumen erzählt hatte, in denen sie sich vor ihm verneigen sollten, nach Ägypten in die Sklaverei verkauften. Dort ist er lange, zuweilen auch im Gefängnis, aber aufgrund seiner außergewöhnlichen Fähigkeiten, insbesondere der des Traumdeutens, wird er ein wichtiger Mann am Hofe des Pharaos und wird sogar zum Agrarminister, der eine Hungersnot abwendet. Später kommen seine Brüder nach Ägypten. Er stellt sie auf die Probe, aber sie bestehen seine Prüfung. Dies führt zur Versöhnung und zum Nachzug der ganzen Familie, die das zukünftige Volk Israels bilden wird.

Josef erfährt also die Unterstützung und den Schutz durch Gott und kann daher als ein positives Beispiel genannt werden. Obwohl seine Lebensgeschichte keine einfache war, gerät er nicht in einen Burn-out. Trotz all der Schwierigkeiten, dass er vom verhassten Bruder zum Sklaven gemacht und zu Unrecht eingesperrt wurde aufgrund eines „Verführungsversuchs" durch seine Dienstherrin, hatte er die Resilienz, ein ganzes Land und sogar seine eigene Familie (selbst seine Brüder, die ihn gekränkt, verraten und verkauft hatten) am Ende zu retten. Woher hatte Josef diese innere Stärke, für andere da zu sein?

In Zeiten der Krisen, der eigenen Bedrängnis und Schwachheit, von sich wegzuschauen und sich auf größere Ziele und die Mitmenschen zu konzentrieren, zeichnet offenbar einen seelisch starken Menschen aus. Josef war ein Mann, dem es sogar gelang, seinen Einfluss im Gefängnis zur Entfaltung zu bringen: „Aber der Herr war mit Josef. Er machte ihn beliebt und verschaffte ihm die Gunst des Gefängnisaufsehers. So gab der Gefängnisaufseher alle Gefangenen, die im Gefängnis waren, in Josefs Hand; alles, was es dort zu tun gab, das tat er" (1. Mose 48,21–22). Josef verstand es, aus jeder Situation das Beste zu machen. Dies lässt sich mitunter auf die in ihm wohnende Zuversicht zurückführen, die durch die starke Liebe seines Vaters und die Unterstützung durch Gott genährt wurde. Auch „Urvertrauen" in sich selbst ließe es sich nennen, was jemanden wie Josef lebenslang psychisch stabil halten lässt. Thomas Mann vermutete in seinem Roman über Josef und seine Brüder bei ihm im positiven Sinne eine gesunde Portion „Selbstliebe", aus der sein „gewinnendes Wesen" und seine stete Zuversicht auch in aussichtslosen Situationen gespeist worden sei. Auch wäre zu diskutieren, dass er eventuell Resilienz von klein auf in der Familie ausgebildet hatte, da er ständig unter den anderen Brüdern leiden musste.

Als Gegenbeispiel zu Josef lässt sich sicherlich Elija sehen, der ja aufgrund seiner Erschöpfung sein Leben aufgeben wollte. Die Geschichten von Elija wie auch von Jesus zeigen, dass das Gefühl, erschöpft und ausgebrannt zu sein, allzu menschlich ist. Aber man kann sich auch vor dem Zustand einer totalen Erschöpfung schützen – dafür finden sich in der Bibel entsprechende Geschichten und Hinweise auf Resilienz, wie sie in der Person von Josef anzutreffen sind.

Ein erster Schritt dazu ist das Besinnen auf eigene Schwächen und Kräfte. Ein wichtiger zweiter Schritt wäre, sich an dem rechten Maß, der „goldenen Mitte", in allen Dingen und Aktivitäten zu orientieren. Und nicht zuletzt ist es entscheidend, rechtzeitig Pausen und Erholung einzuplanen.

2. Erschöpfung und ihre vielen Gesichter

Seelische und körperliche Erschöpfung sind dem Menschen also von jeher eigen. Er hat sich in seinen Aufgaben und Belastungen oft schon maßlos überfordert. Früher als Bauer oder Jäger für den Unterhalt einer großen Familie zu sorgen, war ein hartes Los. Sich gegen Fremde und Feinde zu verteidigen auch. Hinzu kamen Naturkatastrophen mit den entsprechenden Folgen für den Menschen wie auch Gewaltakte, die teils ganze Völker vernichteten. Darüber hinaus gab es die persönlichen Katastrophen wie Krankheit und Tod, Hunger und den Verlust von beruflichen oder privaten Möglichkeiten. Da damals technische oder andere Hilfsmittel zur Bewältigung der Aufgaben und Belastungen fehlten, starben viele Menschen oder sie reagierten eben auch mit Depression oder Irrsinn auf die extremen Belastungen, die ihr Leben gefährdeten.

Über die gesamte Menschheitsgeschichte gab es also vermutlich Erschöpfung im Sinne von Burn-out, jedoch in unterschiedlichen Erscheinungsformen und mit verschiedenen Bewältigungsstrategien. Oft stand die Erschöpfung aber nicht so wie heute im Fokus der allgemeinen Öffentlichkeit, sondern „man sprach nicht darüber". Betroffene wurden häufig ausgegrenzt, gesellschaftlich als „Schwächlinge" dargestellt und – wenn sie Glück hatten – von der Familie aufgefangen und in Obhut genommen, da keine sonstigen nachhaltigen Unterstützungsmöglichkeiten vorhanden waren. Gelegentlich wurden diese „psychisch Sensiblen" als z. B. Seher oder Ähnliches erhöht, aber oft wurden sie nur als „Narr" oder „Idiot" sozial ausgeschlossen.

Eine religiöse Betrachtung der Erschöpfung

Man müsste gerade die Schwachen, Sensiblen und Feinfühligen ernst nehmen, denn sie nehmen etwas wahr, was andere noch nicht oder höchstens indirekt spüren. Sie erkennen nämlich, dass etwas mit uns und unserem Leben nicht in Ordnung ist. Nach dem griechisch-orthodoxen Verständnis ist jede Erkrankung des menschlichen Organismus die Folge einer „Sünde", also vor allem ein Problem der Seele, was damit eher der Auffassung des Neuen Testaments als der des Alten Testaments von „Krankheit" entspricht. So führte vor fast 700 Jahren der byzantinische Theologe Gregor Palamas aus: „Da der Herr wusste, dass die Krankheit des Körpers eine Folge der Krankheit der Seele, das heißt der Sünde ist, heilte er zuerst die Seele des Gelähmten, indem er ihm seine Sünden vergab, und heilte erst anschließend seinen Körper."

Dieser „psycho-theo-somatische" Zusammenhang als Ausdruck der Verbindung von Geist, Körper und Seele wurde von dem bekannten christlichen Prediger Johannes Chrysostomos aus dem 4. Jahrhundert in vielen seiner Schriften vertieft: „Es ist die Sünde, die unseren Körper verkrüppelt und Krankheiten hervorruft ... Wenn unsere Seele leidet, sind wir in der Regel unempfindlich gegenüber ihrem Schmerz, aber wenn etwas mit dem Körper nicht stimmt, auch wenn es nur eine Kleinigkeit ist, tun wir alles um ihn zu heilen, weil wir die Auswirkungen durch den Schmerz spüren." Nach dieser Auffassung würde Gott den Zusammenhang zwischen Sünde und Krankheit ganz „bewusst", das heißt aus religiösen und „erzieherischen" Gründen schaffen. Daher würden Menschen, die ihre Zuflucht nicht in Gott suchen, „ängstlich und gequält" sein und viele „körperliche und geistlich-seelische Krankheiten entwickeln", und es wäre zu erwarten, dass in unserer Zeit, die durch das Streben nach einem leichten Leben und einem bequemen Lebensstil gekennzeichnet ist, Krankheiten und Leiden dramatisch zunehmen, wie es der Priestermönch Gregorios Sorovakos zusammenfasst.[19]

Wenn Krankheiten also als Folge von Sünden betrachtet werden, dann könnten sie für den gläubigen Menschen gleichzeitig auch Heilmittel sein, da er durch diese zeichenhaft erkennt, dass er sich um seine Seele kümmern und das Schlechte in ihr beheben sollte. Die Krankheit kann also eine Katharsis („sich von den Sünden reinwaschen"), aus der er geistlich-seelisch gestärkt und befreit hervorgeht. Dann kann auch sein Körper genesen. In der Ostkirche geht es also um die „geistliche Auseinandersetzung mit der Krankheit", denn danach ist Gott ein liebender Vater, der den gläubigen Menschen unterweist, sich seiner Vorsehung zu überlassen, da Gott „der alleinige Arzt der Seele und des Körpers" ist. Der Ausspruch „Denn wen der Herr liebt, den weist er zurecht, und er ist ihm zugetan wie ein Vater dem Sohn" (Sprüche 3,12) würde in einer solchen Situation gelten.

Wenn dann also ein Christ krank sei, „spürt er ein größeres Verlangen, durch das Gebet Zuflucht bei Gott zu finden", denn „das Gebet hilft uns, mit unserer Krankheit richtig umzugehen. Die richtige und geistliche Auseinandersetzung mit der Krankheit liegt in der Geduld", denn sie ist, wie Priestermönch Gregorios Sorovakos ausführt, eine Prüfung des Glaubens und der Demut gegenüber Gott und der Schöpfung. Krankheit sei ein Zeichen, dass Gott den Gläubigen nicht verlassen hat und bei ihm ist.

Damit deutet sich also eine vielleicht etwas radikale Sicht auf die Medizin an, die aber auch wichtig für diese sein könnte, wenn der Sinn der religiösen Auseinandersetzung mit den „Defiziten" einer Krankheit und „Behinderung" konstruktiv in einem größeren Ganzen im Sinne der Teilhabe als „Kind Gottes" an der Schöpfung sichtbar wird. Und zu einem solchen Leben, das von Gott getragen wird, gehören Störungen notwendigerweise dazu, weil sie für die Menschen heilsam sein könnten. Hierzu schreibt der orthodoxe Mönch Paisios, der lange auf dem Berg Athos im letzten Jahrhundert gelebt hat: „Wer geistlich krank ist, der leidet!"

In dieser geistlich-religiösen Sichtweise könnten auch die besten Heilmittel gegen Burn-out und Depression liegen, das Eintauchen in Gott und den Heiligen Geist, also die Taufe im Erlöser Jesus Christus und die Überwindung von Krankheit und Tod im Glauben an seine und unsere Auferstehung.

Eine medizinische Betrachtung der Erschöpfung

Erschöpfung im Sinne des „Burn-out" und die damit verbundenen Symptome können bei jedem Menschen auftreten. Obwohl sie in allen Bevölkerungsgruppen vorkommen, scheinen sie insbesondere Menschen in helfenden und sozialen Berufen häufiger zu betreffen.

„Burn-out" wurde im Sinne einer eigenständigen Erkrankung zuerst in den USA beschrieben, mittlerweile ist es vor allem auch in Deutschland und Europa ein geläufiger Begriff für eine schwere seelisch-körperliche Erschöpfung. Medizinisch-psychiatrisch betrachtet wird Burn-out aber eher als Ausdruck einer depressiven Erkrankung, zumal neben dem Gefühl der Erschöpfung Veränderungen von Stimmung, Antrieb, Konzentration, Appetit und Schlaf ebenfalls vorhanden sind. Die Depression gilt mittlerweile als Volkskrankheit, an der fast jeder Vierte einmal im Laufe seines Lebens erkrankt. Jeder Achte verstirbt daran durch Suizid oder weist durch die körperlichen Folgen eine reduzierte Lebenserwartung auf.

Burn-out ist eine für den Organismus ungünstige Anpassungsreaktion als Folge von kurzzeitigem oder langanhaltendem Stress in beruflichen und persönlichen Lebensbedingungen. Dementsprechend ist ein Burn-out durch viele Faktoren bedingt und tritt auf, wenn eine Belastung allzu hoch, dauerhaft oder unausweichlich erlebt wird und weder durch eine Bewältigung noch durch Erholungszeiten hinreichend gemildert oder ausgeglichen werden kann.

Ein Burn-out entwickelt sich in mehreren Stufen: Anfangs besteht noch der Zwang, sich zu beweisen und über die eigenen Leistungsgrenzen hinauszugehen. Dann folgen das Vernachlässigen eigener Bedürfnisse und Phasen von Energiemangel und Erschöpfung, gefolgt von sozialem Rückzug, Zynismus und körperlichen Symptomen. Die Entwicklung kann schließlich zu psychischen Veränderungen führen, im Sinne von Depressionen, Angst und Sucht bis hin zu Suizidalität.

Vielfach hat Burn-out etwas mit der Arbeit zu tun, wobei hierzu natürlich auch ehrenamtliche Arbeit sowie Tätigkeiten in der Familie und Haushalt zählen können. Neben der Arbeitslosigkeit, vor allem der Langzeitarbeitslosigkeit, wirken insbesondere viele arbeitsplatzbezogene Belastungsmomente als Stressfaktoren. Zu den entscheidenden auf der Arbeit zählen: hohe Verantwortung, häufige Störungen, Zeitdruck, mangelnde Information, unklare Anforderungen, schlechte Arbeitsbedingungen, ungünstige Arbeitszeiten sowie eine angespannte Arbeitsatmosphäre insbesondere mit Kollegen und Vorgesetzten. Verschiedene personenbezogene und situative Faktoren der Organisation begünstigen dieses Geschehen. Dazu gehören die Unfähigkeit, Erwartungen und Ansprüche an die eigenen Fähigkeiten anzupassen, das Ignorieren der eigenen Belastbarkeitsgrenzen, oft verbunden mit herben Enttäuschungen, sowie das Zurückstellen persönlicher Bedürfnisse und Interessen für das vermeintliche Hauptziel wie Karriere und Leistung, begleitet von der Angst vor Kündigung.

Situative Risikofaktoren sind unter anderem Aufgabenmerkmale wie dauerhafte Arbeitsüberbelastung, mangelnde Autonomie oder negative Rückmeldung. Aber auch allgemeine Organisationsmerkmale wie Rollenkonflikte und -unklarheiten, zu viele bürokratische Tätigkeiten und Arbeitsplatzunsicherheit oder Sozialmerkmale wie fehlende Unterstützung von Vorgesetzten, Kollegen, Freunden oder dem Lebenspartner können Burn-out hervorbringen und auch verschlimmern.

Ähnliches gilt auch für Mobbing: Mobbing ist wiederholtes, mindestens über sechs Monate gehendes, mindestens ein Mal die Woche stattfindendes Drangsalieren, Schikanieren, Ausgrenzen etc. einer Person am Arbeitsplatz. Dabei ist das Streuen von Gerüchten und das Vorenthalten von Informationen besonders häufig, wobei die Täter oft die Kollegen sind und nicht unbedingt die Vorgesetzten.

Stress ist zweifellos ein notwendiges Phänomen, um eine Leistungssteigerung zu erzielen. Wenn jedoch ein zunehmendes Ungleichgewicht zwischen den Anforderungen und den eigenen Ressourcen auftritt, dann entsteht „pathologischer" Stress. In der Folge kann dieser zu einem Burnout, zu erlebtem Mobbing und zum Beispiel auch zu Workaholismus (Arbeitssucht), aber auch zu körperlichen Erkrankungen wie Bluthochdruck, Diabetes und chronischen Rückenschmerzen führen.

Zweifeln in psychischen und Glaubenskrisen

Das von jedem von uns gekannte Zweifeln an der Wahrnehmung von sich und anderen kann im Rahmen von psychischen Krisen und Erkrankungen pathologisch gesteigert und sehr quälend sein. Das ständig bohrende Zweifeln an allem und jedem zermürbt; die Welt, meine Welt, ich selbst gehen verloren, und dies ist natürlich mit immer stärkerer Angst und Verzweiflung bis hin zur totalen Erschöpfung verbunden. Der berühmte Glaube an sich und die eigenen Werte fehlt und das kann zusammen mit anderen Erfahrungen auch zur Sinn- und weltanschaulichen Krise führen mit der Frage, wo ich überhaupt verankert bin. Eine solche weltanschauliche Erschöpfung kann sich ausdrücken in einer Glaubenserschöpfung, die sogenannte „dunkle Nacht" oder „geistliche Trockenheit", wie es der Mediziner Arndt Büssing und der Kapuziner-Pater Thomas Dienberg beschreiben. Eine solche religiöse Glaubenskrise kann ebenfalls mit Ermüdung und Erschöpfung einhergehen.

In der Tat gibt es eine Schnittmenge zwischen dem Erleben von Phasen „geistlicher Trockenheit" als Ausdruck einer spezifischen Form der religiösen Verunsicherung einerseits und einer durch Selbstzweifel bedingten depressiven Gestimmtheit, emotionaler Erschöpfung sowie Verlust einer Lebensstimmigkeit andererseits. Allerdings muss betont werden, dass Überforderung und Erschöpfung sowie „geistliche Trockenheit" noch keine klinischen Diagnosen und eigenständigen Erkrankungen sind, aber sie können mit der Krankheit Depression einhergehen. Das Erleben solcher geistlichen „Wüsten- und Dürrezeiten", daher auch immer wieder in der Bibel das „Dürsten", das „Wüstenmotiv" und die zentrale Bedeutung des „heiligen Wassers", ist im Grunde nicht pathologisch. Nicht jede Phase von Glaubenszweifeln ist eine Depression und nicht jede Depression ist Ausdruck einer „dunklen Nacht der Seele" im Sinne eines inneren Reinigungs- und Läuterungsprozesses. Viele religiöse Menschen machen die Erfahrung, dass Gott als Hoffnungsinstanz auf ihre Gebete nicht zu reagieren scheint, dass Gott ihnen fern ist, wie sehr sie sich auch um ihn bemühen, und dass sie sich von Gott, auf den sie ihr Vertrauen gesetzt haben, sogar ganz und gar verlassen fühlen. Sie fühlen sich dabei im Sinne der Überforderung durch alles und jeden geistlich leer und ausgeschöpft, weil sie mehr investiert haben, als zurückkam, weil ihre Sehnsucht ins Leere läuft, und diese „Leerstelle" als Burn-out schmerzt. In der depressiven Verfinsterung gibt es keine Hoffnung auf eine Veränderung zum Besseren, auf die Zuwendung Gottes, sodass als Ausweg nur bleibt, nicht mehr auf Gott im Sinne der Bestrafung für mangelnde Zuwendung zu hoffen und schließlich den Glauben an ihn zu verlassen.

Im Gegensatz dazu ist aber in der „dunklen Nacht" die hoffende Sehnsucht nach Gott der entscheidende Moment. In diesem Prozess ist Gott der Handelnde, der den oder die Suchende an sich zieht. Es ist nicht mehr der Gott des Alten Testaments, der hin und wieder Zeichen gibt, der Gott des Neuen Testaments geht auf die Menschen zu. Aber dieser Prozess bedarf seiner Zeit, man muss ihn durchleben. Das geduldige Ausharren ist eine der wesentlichen Strategien, um mit diesem Erleben umgehen zu können. Hierzu bedarf es des radikalen „nackten" Glaubens, wenn nichts anderes mehr übrig bleibt: dass es auch wieder anders wird, dass die Beziehung wieder gelingen wird und damit alles, was zu Überforderung und Erschöpfung geführt hat, weniger wird und aufhört. Und dieser Prozess sollte nicht leichtfertig abgekürzt werden; die sich auftuende Leere darf nicht mit leerem Irgendwas und purer Ablenkung gefüllt werden, denn das sei die „wichtigste Wüstenlektion überhaupt. Leere zulassen, ohne das Vertrauen auf die Fülle zu verlieren", so Büssing und Dienberg. Diese dunklen und trockenen Phasen gehören zur Entwicklung eines reifen Glaubens dazu, bei dem sich das „falsche Bild", das man sich von Gott gemacht hat, auflöst. Sie können bei jedem auftreten. Es kann dann entlastend sein, seine Schwierigkeiten im Glaubensleben, seine Enttäuschungen und seinen Frust in der Gottesbeziehung benennen zu können. Das macht es nicht einfacher, verbindet aber Menschen im gemeinsamen Schicksal der alltäglichen und religiösen Belastungen in der Suche nach Erlösung im Glauben und bei Gott.

Selbstzweifel, Zweifeln im Allgemeinen und das Nachdenken haben mit Unwägbarkeiten zu tun, oft auch mit Ratlosigkeit, aber nicht mit absoluten Wahrheiten. Dennoch kann allein das gedankliche Abwägen, das Erörtern und das Sortieren und Eingrenzen von Denkmöglichkeiten, gedankliche Sicherheiten und für den Einzelnen befriedigende Erklärungsmodelle aufzeigen und damit tröstlich wirken. So könnte bei Betroffenen das Durchbrechen des Teufelskreises des ständigen Zweifelns und der permanenten Kette des Infragestellens durch die Konzentration auf wenige gedankliche Alternativen und ihre Ordnung beruhigend wirken. Durch das Herausarbeiten klarer und eindeutiger Denkmöglichkeiten, die es Betroffenen ermöglichen, ihre Sachverhalte zu überdenken, zu präzisieren und zu verdichten, kann eine relativierende Klarheit geschaffen werden. Dies erleichtert den Ausstieg aus dem ständigen Gefühl, für alles und jeden verantwortlich zu sein, vermeidet Überforderung und reduziert damit das Risiko für einen Burn-out. Es ist von existenzieller Bedeutung, Lebens- wie Glaubenskrisen zu bewältigen, um wieder Energie und Zuversicht zu gewinnen und damit wieder eine innere seelische Grundlage zu schaffen.

Erschöpfung kann also beides sein: Krise wie auch Chance für eine wiedergewonnene und eventuell auch verbesserte Perspektive. Denn mit der dann gewonnenen seelischen Stabilität kann das eigene Leben in jeder Richtung neu aufgebaut und angegangen werden. Einige Lebenskrisen sind allerdings so tiefgreifend, dass sie einer professionellen psychotherapeutischen Begleitung bedürfen. Glaubenskrisen können ebenfalls so belastend sein, dass sie einer psychotherapeutischen und geistlichen Begleitung als einer doppelten Seelsorge sowie Einordnung bedürfen. Auch wenn dabei jeder Betroffene Stärkung, also die „Gabe" von „etwas dazu" benötigt, so ist es wichtig zu erkennen, welche individuellen Bedürfnisse tatsächlich gestillt werden sollten, um mehr Gelassenheit, wieder mehr Ruhe und letztlich Seelenfrieden zu bekommen.

Wichtig ist dabei zu verstehen, was man auf individueller Ebene und in Bezug auf die realen Rahmenbedingungen, z.B. der Arbeitsorganisation, verändern kann. Zunächst gilt es natürlich, das Problem, beispielsweise eine zu hohe Arbeitsbelastung, zu erkennen und zu benennen. Anschließend ist es wichtig, Prioritäten zu setzen, die Kontrolle zurückzugewinnen, Arbeitsaufgaben auch einmal nicht zu übernehmen und Pausen zu machen. Dies sind psychotherapeutisch geprägte Empfehlungen, damit manifeste psychische Störungen, aber auch körperliche Erkrankungen schnell und effektiv, eventuell sogar schon präventiv erkannt und behandelt werden können. Oftmals helfen einfache Maßnahmen wie eine gute Beratung bezüglich der Lebensführung, Entspannungstechniken und therapeutische Methoden den Betroffenen dabei, ihre psychische und körperliche Gesundheit erfolgreich wiederzuerlangen und aufrechtzuerhalten.

Therapeutisch – seelsorgerisch wie auch psychotherapeutisch – sind bei Burn-out und Depression die Handlungsempfehlungen recht ähnlich, wie sie bereits bei den Maßnahmen, die Gott gegenüber Elija ergriff, beschrieben wurden. Diese Empfehlungen sind:

1. Suche dir rechtzeitig Hilfe, warte nicht zu lange.
2. Konsultiere einen Arzt.
3. Bitte den Arzt, dir alle Informationen und Empfehlungen zu geben, die er jedem Patienten mit derselben Krankheit normalerweise gibt.
4. Gib dein Bestes, um den Empfehlungen des Arztes bezüglich Krankschreibung, Diät, Medikation etc. zu folgen. Falls du keine bekommst, sei mutig und frage ausdrücklich danach.
5. Informiere deine Familie und deine Freunde, wie es dir geht (meistens fühlen sie ja sowieso, dass etwas nicht stimmt).
6. Informiere auch deine Kollegen, selbst wenn du nicht fehlst oder ausfällt.
7. Frage dich ernsthaft, was dich krank macht. Gibt es etwas an deinem Arbeits- und Lebensstil, das geändert werden könnte oder sollte?

Gemeinschaft und Erschöpfung

Es zeigt sich jedoch insgesamt, dass nicht nur bei den einzelnen Menschen und Betroffenen, sondern grundsätzlich mit einem radikalen „Herumreißen des Ruders“ politisch, wirtschaftlich und kulturell angefangen werden muss. „Jeder nach seinen Fähigkeiten, jeder nach seinen Bedürfnissen", diese Formulierung im „Kommunistischen Manifest" von Marx/Engels war und ist keine Illusion. Dies zeigt sich auch in im Sinn einer Kommune organisierten alten Stammesgesellschaften oder religiösen Urgemeinden wie Qumran, wie es ausführlich Reinhard Kratz darstellt. Kein Wunder, dass sich Friedrich Engels an seinem Lebensende neben dem Urchristentum mit den Anfängen menschlicher Gesellschaften in „Der Ursprung der Familie, des Privateigentums und des Staats" beschäftigt hat. Wenn jeder nach seinen Möglichkeiten beitragen kann und nicht zwingend alles tun muss, dann können Überforderung und Erschöpfung im Grunde nicht auftreten.

Radikal-theologisch könnte dies eine Erneuerung unseres Zusammenlebens bedeuten, bei der nur noch die Gesetze Gottes in der Gemeinschaft der Gläubigen und ihrer Familien, die ja als Kirche den Leib Christi bilden, gelten würden. Dies mag weit von aller Realität und gegenwärtiger Weltlage entfernt sein, sollte aber als menschliche Einstellung zum persönlichen Leben als Ebenbild Gottes im Sinne von Inkarnation, Liebe und Mitleiden stets als Forderung an uns alle präsent sein. Dies wäre als Ziel und Perspektive dann die wirkliche „Vergöttlichung" („Theiosis") des Menschen, wie es Archimandrit Georgios aus der griechisch-orthodoxen Perspektive beschrieben hat. Dabei spielt „Demut" als Quelle der wirklichen, das heißt religiösen Weisheit eine große Rolle. Der heilige Paisios führte dazu aus: „Selbst der weiseste Gedanke, den ich denke, selbst die klügste Lösung, die ich finde, ist nichts als größte Torheit, wenn Egoismus darin enthalten ist. (…) Göttliche Erleuchtung besitzen nicht etwa die Weisen dieser Welt und die Intellektuellen, sondern nur jene, die unerschütterlichen Gottesglauben, Einfachheit im Denken und Wesen, Demut und kämpferische Gesinnung innehaben, empfangen die Weisheit von oben."

Damit wird erneut die bereits beschriebene christliche Umkehr aller bisherigen Anschauungen angesprochen: Die vermeintlich Reichen und Klugen der Welt würden ihren Glauben erschüttern und ihre Seele mit Fragen und Zweifel erfüllen. Die vermeintlich Einfachen, Armen und Schwachen sind die wirklich Starken, sie sind die Dankbaren und Ehrfürchtigen und damit Gott in ihrem gläubigen Gespür für seine menschliche Präsenz nahe.

Erschöpfung ist also immer auch gesellschaftlich bedingt. Sie kann eine Folge wirtschaftlicher Schwierigkeiten sein, aber auch ein Ausdruck mangelnder weltanschaulicher Verankerung, wobei diese nicht notwendigerweise religiöser Natur sein muss. Nur in einer wahrhaft und für alle stimmigen Gemeinschaft tritt die Überforderung und Erschöpfung des Einzelnen zurück, da er immer auf einer gemeinsamen Grundlage aufgefangen wird.

3. Nicht nur der Lehrer ist erschöpft

Der Fall unseres Lehrers Arno, der „mit dem Rücken zur Wand steht", veranschaulicht das oben Geschilderte sehr gut. Er ist unendlich müde und ähnlich wie Elija in einer aussichtslosen Lage. Am liebsten würde er nur noch schlafen und nie wieder aufwachen. Doch Jesus zeigte am Brunnen – ebenfalls erschöpft – eine andere Möglichkeit auf. Der Kontakt zu seinen religiösen Wurzeln, sozusagen zum Ursprung des Lebens, kann alle Niedergeschlagenheit und Antriebslosigkeit überwinden. In dieser Verbindung und Geborgenheit sind Menschen geschützt und immun gegen die Herausforderungen des Lebens. Selbst schwerste Erschöpfung kann dadurch relativiert werden und weniger belastend sein. Denn das, was heute modisch „Burn-out" heißt, tritt nicht nur zurzeit häufig auf, sondern ist auch Grund für viele weitere Krankheiten, Arbeitsausfälle und Frühberentungen. Es drückt vermutlich die Unfähigkeit des modernen Menschen aus, auf alltäglichen Stress nicht anders als mit einem Zustand von extremer Erschöpfung zu reagieren.

Burn-out ist im klassischen Sinne keine Erkrankung, sondern ein Problem der Lebensbewältigung. Es handelt sich um eine körperliche, geistige und emotionale Erschöpfung, die durch eine Überbelastung entsteht. Stress trifft auf eine verminderte Belastbarkeit sowie verstärkte Zweifel, und Bewältigungsversuche verlaufen „im Sande". Man bricht wie Arno unter der Last zusammen und resigniert. Natürlich hat sich vieles in heutigen Zeiten in Gesellschaft wie persönlichem Leben verändert, so auch die Chancen auf Erholung und das Lernen von mentalen Strategien gegen Überforderungen. Dennoch sind Regenerationskräfte und Resilienz insgesamt zurückgegangen und werden immer weniger gefördert.

Etwas sarkastisch ausgedrückt, wie es beinahe auch unser Lehrer Arno hätte sagen können: Wenn die Kindheit bereits von einem einzigen Elterntaxi geprägt ist, die Bologna-Reform das Studium zur Burger-ähnlichen Häppchenware gemacht hat, die Freizeit nur noch mit „schneller, weiter, ausgefallener" gestaltet wird, freie Tage und Urlaub in einem einzigen Bungee-Jump oder im Rausch der Partydrogen vergehen, Smartphone, iPad usw. zur Hirnanhangsdrüse der IT-Nomaden werden und und und, dann weiß man, dass einfach nur noch Ausruhen, Langsamkeit und Muße „out" sind.

Burn-out und viele andere psychische Leiden werden in Kauf genommen, weil man denkt, man selbst wird „so etwas" schon nicht bekommen, was wiederum eine Unterschätzung und Stigmatisierung der Seele und ihrer Probleme darstellt. Der Sieg des Kapitalismus ist mittlerweile ubiquitär; die Literatur zur Frage, ob dieser allein durch seine Beschleunigung aller Lebensprozesse krank und depressiv macht, füllt viele Regale. Solange man jedoch bewusst „Opfer" in Kauf nimmt, hat menschliche Kultur verloren. Nur eine Gemeinschaft, in der alle mitkommen und keiner durch Aufgeben und Ungerechtigkeit verloren geht, kann vor dem Auge der Schöpfung bestehen.

Die Möglichkeiten, sich zu erholen, schwinden. Menschen, die sich engagieren, sich „voller Leidenschaft" in das Leben stürzen, können eben auch aus großer Höhe abstürzen. Oft handelt es sich dabei um Idealisten, die in sozialen und gesundheitlichen Berufen tätig sind, wie unser Lehrer Arno. Ihm war das nicht alles egal, er „mischte sich ein", wollte verbessern, bis er immer wieder ausgebremst wurde.

Früher wurden viele Menschen von Familie, alltäglichen Ritualen, Rhythmen und Idealen aufgefangen, obwohl diese Zeiten vermutlich weitaus arbeitsamer, anstrengender und lebensgefährlicher waren. Aber es gab oft auch eine Bindung in der Nachbarschaft, in Vereinen in den (Kirchen-)Gemeinden. Natürlich gab es auch Schwierigkeiten, Zaudern und Konflikte, das alles konnte auch zu einem wirklich tiefgehenden seelischen, oftmals auch weltanschaulichen Burn-out führen. Jedoch waren die Religion und der Glaube stets präsent. An jeder Ecke gab es eine Kirche, Gottesdienste fanden mehrfach täglich statt. All das half über die vielen persönlichen Entbehrungen, harte Arbeit auf dem Land oder in den Fabriken ein wenig hinweg und bot Unterstützung.

Seelenruhe suchen und finden

Heute sind wir bindungs- und orientierungslos. Wir sind noch stärker – und oftmals erkennen wir das nicht – im Hamsterrad eines kommerzialisierten Alltags unterwegs. Wir sind angekettet und nur scheinbar frei, um in der Regel hart zu arbeiten und zu konsumieren, um dann noch mehr zu arbeiten, um uns wiederum noch mehr leisten zu können. Stress im Sinne von „Eustress“ ist eigentlich immer gut, er vermittelt ein Gefühl von Stärke und Aktivität.

Belastender ist der sogenannte „Dysstress“. Er geht damit einher, dass Erholung immer seltener stattfindet und die letzten Energiereserven aufgebraucht werden. Hier wird die Kunst des bewussten Abschaltens, des Krafttankens, des klugen Nein-Sagens und Pause-Machens notwendig, wenn nicht lebensrettend. Man kann Yoga, Qigong usw. machen, aber das ist nicht unbedingt notwendig. Man kann auch einfach mal nichts machen und vier Gänge zurückschalten. Oder man kehrt auf alteuropäische Weise auf das Herz-Jesu-Gebet zurück, das auf dasselbe hinausläuft. Im Beten und Leben muss man auf sich und seine Seelenruhe („Hesychia“), aber auch die der Mitmenschen achten. Dazu noch mal der kluge Paisios: „Wenn du danach trachtest, das Herzensgebet zu erlangen, so musst du den Schmerz des anderen zum deinigen machen. (…) Die innere Verwandlung und das Herzensglück, das die Seele erfährt, wenn sie einem Mitmenschen ein Almosen schenkt oder ihm eine Gefälligkeit erweist, wie gering sie auch sei, vermag auch der größte Herzspezialist nicht zu verschaffen, selbst wenn man ihm einen Sack voll Dollarscheine gäbe.“ – Das ist wahre Barmherzigkeit, die die eigene Seele vergrößert und erweitert.

Es kommt also auf den Takt und die Balance an. Manchmal ist ein Schritt zurück besser als zwei nach vorne, bei denen man am Ende workaholic-mäßig zusammenbricht. Auf sich und andere achten, zu einem Ausgleich der verschiedenen Lebenssphären kommen, seine Bedürfnisse und Wünsche runterfahren, damit kann man auch leben, eben auf einem „niedrigeren“ Niveau.

Wichtig ist jedoch, egal auf welchem Niveau, auf sich zu achten, das Leben zu genießen und sich bewusst zu machen, dass es auch schnell vorbei sein kann. Das wünschen wir unserem Lehrer und allen Betroffenen.

Hoffentlich erfahren Arno und die vielen anderen quer durch die Gesellschaft – vom Priester bis zum Postboten – nie wieder dieses vollständig existenzielle Ausgebranntsein, das zu dem Gefühl führt: „Es ist genug, Herr, nimm nun mein Leben!“ (1. Könige 19,4). Denn oftmals ist das körperliche und geistige Nicht-mehr-Können schon schlimm genug, aber wenn die Seele wie tot ist, das geistlich-religiöse Fundament und die Liebe nicht mehr fühlbar sind, dann droht der Mensch innerlich bezüglich seines Seelenheils und äußerlich durch Sucht, Suizid und Tod verloren zu gehen. Dass Gott ihn dann auffängt – keiner falle tiefer als in seine Hand – und wieder aufrichtet, ist dann der Inhalt von Glaube und Hoffnung.

Abschließend

Ob im Alten Testament (Elija), im Neuen Testament (Jesus) oder heute, Erschöpfung und Ermüdung sind Zustände, die in der Lebensgeschichte eines jeden Menschen irgendwann auftreten. In solchen Zeiten kann eine geistlich-religiöse Besinnung auf das Wesentliche im Leben zur Resilienz beitragen. Dadurch können auch die größten Belastungen und Überforderungssituationen ausgehalten und bewältigt werden. Ohne einen solchen Ausgangspunkt dürfte es schwierig sein, das eigene Verhalten und Handeln unter den gegenwärtigen Rahmenbedingungen der Arbeitswelt, die von Stress, Beschleunigung, Zeitmangel und Leistungsdruck gekennzeichnet sind, sowie im Privaten, wo hohe Scheidungs- und Trennungsraten, unzureichende Pflege- und Betreuungsangebote für Kinder und Eltern die mittlere Generation besonders belasten, ausgeglichen und mit innerer Gelassenheit zu gestalten. Wenn dann noch äußere Schwierigkeiten und Katastrophen wie Pandemie, Klimawandel, Kriege und Bedrohungen der Lebensgrundlagen durch Umweltverschmutzung, Energiekrisen und Überbevölkerung hinzukommen, „steigt der Druck im Kessel“ individuell und gesellschaftlich, was dann zu dem Gefühl führt: „Ich kann nicht mehr, meine Batterie ist alle.“

In solchen Phasen steigt das Risiko, dass die totale Erschöpfung zur Krankheit wird, nämlich zur Depression, die dann behandlungsbedürftig ist. Resilienz kann durch die innere Haltung und Einstellung geändert werden. Religiöser Glauben kann hier als äußerst wichtig und hilfreich angesehen werden. Insbesondere im Christentum spielt die geistliche Nahrung einschließlich Wasser/Wein beim Abendmahl und der Eucharistie eine zentrale Rolle. Diese wird im Rahmen der Liturgie eingenommen – so Helmut Hoping – als „gestaltgebende Form der Kirche als Leib Christi und Volk Gottes". Sie erquickt die Seele und das Leben und befreit diese von den alltäglichen Belastungen und Trübsal.

Vielen Stellen in der Bibel handeln vom Überwinden der Belastungen und der ständigen Stärkung des Glaubens der Menschen. In diesem Zusammenhang wird im Johannesevangelium häufig die Speisung, also Essen und Trinken, angesprochen. Brot, Wein und Wasser vermehren sich durch das göttliche Wirken Jesu, wie es gerade notwendig ist. Seine Gaben geben dauerhafte Kraft gegen jegliche Überforderung und Erschöpfung, was den Gläubigen durch das Leben in ihm zuteilwird.

Die Erfahrungen vergangener Kulturen sind hierbei anregend. Das solidarische Gegenseitigkeitsprinzip war unmittelbar und präsent, denn nur so konnte der Einzelne überleben. Erst die ungeheuren technischen Möglichkeiten haben den Menschen von seiner sozialen Bedingtheit und der Ressource der Gemeinschaft entfremdet. Denn trotz aller Entbehrungen in damaligen einfachen Gesellschaften halfen dort alle zusammen mit, jeder nach seinen Möglichkeiten. Die – auch aus der Not geborene – Verbundenheit und der Zusammenhalt in Familie, Stamm und Gemeinden waren groß, oft waren sie auch getragen von gemeinsamer Machtform und Kult. Gerade Religion und Glaube, bei denen man sich zur ritualisierten Beziehungsaufnahme zu Gott oder den Göttern zusammenschloss und ritualisiert traf, hatten einen sehr verbindenden Charakter. Beten stärkte die Gemeinschaft. Gemeinsam zusammen zu sein, bedeutete nicht einsam zu sein. Wo vieles gemeinsam getragen wurde, wurde auch ein jeder aufgefangen. In solch einer Gemeinschaft brennt man nicht aus, sondern die seelische Balance wird intra- wie interindividuell gehalten beziehungsweise immer leicht und schnell wiederhergestellt.

Natürlich gab es auch erhebliche Schattenseiten, der Wert und das Leiden des einzelnen Lebens wurden angesichts der ohnehin mühsamen und gedrückten Lebensbedingungen nicht als allzu hoch angesehen. Die heutige Situation und empfindsamere Befindlichkeit sind sicherlich ehrlicher und können zu einem authentischen und transparenten Umgang mit psychischer Überforderung und individuellem Leiden führen. Dies sollte jedoch präventiv – ähnlich wie in den früheren Formen des friedlichen menschlichen Zusammenlebens – auch auf einer gesellschaftlichen Ebene gemeinschaftlich angegangen werden. Denn nicht der Einzelne brennt aus, sondern wird – um im Bild zu bleiben – von seiner Umgebung angezündet. Daher sollte dieses Feuer durch Familie, Nachbarschaft und Gesellschaft gemeinsam schnell gelöscht werden. Religiöser Glaube und der Zusammenschluss in Gemeinden dürften hier auch präventiv erheblich helfen.

Dies ist im Wesentlichen auch die heutige psychotherapeutische Einstellung bei der Behandlung von Burn-out, Depression und vielen anderen modernen psychischen Störungsbildern. Der Patient ist im therapeutischen Kontakt immer in Gemeinschaft. Dabei geht es nicht darum, dieses dem Patienten vorzuspielen, sondern um das Erreichen einer authentischen therapeutischen mitmenschlichen Beziehung, in der sich der Patient, aber auch der Therapeut, beginnt, sich stimmig und aufgehoben zu fühlen.

Wichtig wäre es, dass jeder von uns ein inneres „Barometer" für Belastung und Erschöpfung gerade in diesen „verrückten Zeiten" entwickelt, in denen sich viele Menschen so häufig und stark unter Druck und Anspannung befinden. Oftmals „hecheln" wir irgendwelchen Idealen und Phantasmen hinterher, denen wir versuchen, gerecht zu werden, ohne zu überprüfen, ob diese überhaupt zu uns passen. Heute sind viele von Erschöpfung, Burn-out und Depression betroffen, da der Zeit- und Leistungsdruck oft deutlich zugenommen hat und die Möglichkeiten für die eigene „Psychohygiene" und Entspannung immer weniger werden.

Mit einem solchen Barometer gelänge es sicherlich, rechtzeitig die „Reißleine zu ziehen", aber auch feinfühlig auf die Belastungsgrenze des Gegenübers zu achten. Gegenmaßnahmen gegen Burn-out sind insbesondere vor einem therapeutischen Hintergrund gut möglich und bringen wieder mehr Gelassenheit, Entlastung und Lebensfreude. Denn Gott wolle das Leben des Menschen und seine Vollendung, so Benediktinerabt Johannes Eckert: Der Christ sei einer, der immer wieder aufstehen würde, weil er an jemanden glaube, der auferstanden sei. Daher ist es urchristlich, alle und alles als zusammengehörig zu betrachten, sodass auch die täglichen Tätigkeiten ein wertvoller Teil des hiesigen Lebens darstellen. Oder wie es eine unserer Großmütter immer wieder sagte: „Und wenn das Leben schön wart gewesen, da war es Mühe und Arbeit gewesen" (Psalm 90,10).

6. Genervt von allem und jedem – Von alltäglicher Aggression und viel Frust

JESU GEDULD

„Darum fange bei dir selbst an und lass dich. Je mehr die Menschen nach außen gehen, um so weniger finden sie Frieden. Sie gehen wie jemand, der den Weg nicht findet. Je weiter er geht, umso mehr verirrt er sich. Was soll er also tun? Er soll sich selbst erst einmal lassen, dann hat er alles gelassen."

Meister Eckhart, Reden der Unterweisung[20]

Für viele Menschen ist der Alltag heute geprägt von stressigen Situationen mit Genervtsein, Überforderung und Konfrontationen. Es überwiegt eine ständige innere Anspannung, insbesondere ein Gefühl von „Dauerärger" durch Dumm- und Gemeinheit im beruflichen und privaten Umfeld. Viele von uns kämpfen täglich mit Nervosität, Stress, Druck und vor allem diesem „Sich-ständig-gegenseitig-Anmachen". Immer mehr Menschen klagen über eine „Verrohung der Sitten" und bringen ihre Ohnmacht darüber zum Ausdruck.

Interessanterweise gibt es nur wenig fundierte Erkenntnisse über die möglichen und tatsächlichen Gründe für diese angespannte und manchmal sogar aggressive Stimmung in der heutigen Gesellschaft. Gelegentlich hört man lapidare Bemerkungen wie „der ist aggro" oder „psycho" usw. und suggeriert damit, es sei wohl das individuelle Problem eines Einzelnen. Die Realität ist jedoch eine andere. Obwohl nahezu jeder von uns viel über alltägliche „Nerverei" und Aggression sagen könnte, entsteht der Eindruck, dass viele von uns eher verweichlicht seien und sich auf die nun mal stattgefundenen gesellschaftlichen Umwälzungen nicht anpassen können. Zwischenmenschliche Auseinandersetzungen in ihrer maximalen Ausprägung gleich als „Survival of the fittest" oder als Krieg zu bezeichnen, scheint Teil der menschlichen Natur zu sein.

Also was soll das „Rumgeheule" über Aggressivität? Den Ellbogen einzusetzen, einfach durchzumarschieren, Platzhirschgehabe und Durchsetzungskraft in jeder Situation und bei jeder Gelegenheit – das ist heute angesagt. Zum Teil prallen hier auch Kulturen aufeinander.

Es kann vorkommen, dass man selbst – zumeist kopfschüttelnd – inmitten einer Auseinandersetzung mit einem seiner Mitmenschen steht und völlig ratlos ist, wie es überhaupt dazu gekommen ist, dass man beschimpft und unmenschlich wie ein „Stück Scheiße“ behandelt wird. Noch unverständlicher sind Berichte über Bilder von Menschen, die in Ausübung ihrer Arbeit eigentlich zum Wohle anderer – wie Rettungsdienst, Pflegepersonal, Polizei und Feuerwehr usw. – von anderen nicht nur behindert, sondern mittlerweile auch tätlich angegriffen werden. Da sind Beschimpfungen „unter der Gürtellinie“ noch das kleinste Übel. Wenn Menschen in sozialen Berufen solche Erfahrungen machen, dann kann es vorkommen, dass sie irgendwann den Glauben an das Gute im Menschen verlieren. Die Folge ist Rückzug; man will sich nicht mehr für andere „opfern“ und verweigert sich aus Selbstschutz der Gemeinschaft. Dies zeigt sich nicht nur in Personalmangel und Nachwuchssorgen in diesen Bereichen, sondern auch in der Gesellschaft als Ganzes.

Dauerstress, der in der Begegnung mit der modernen Welt und solchen „Zeitgenossen“ vielfach beschrieben wird, kann zwar „harmlos“ bleiben und mit einigen guten Tipps und kleinen Veränderungen zufriedenstellend und nachhaltig bewältigt werden, aber er kann auch zu längerfristigem Verlust des psychischen Wohlbefindens und zu teilweise schweren körperlichen Erkrankungen führen wie beispielsweise dem Magengeschwür als klassische Folge des ständigen Ärgerns.

All die negativen Auswirkungen eines sich gegenseitig „schwermachenden“ Lebens könnten vermieden werden, wenn eine „Re-Orientierung“ auf das Wesentliche eines guten und respektvollen Miteinanders erreicht wird. Gemeinsame Werte von gesellschaftlichem Frieden und Wertschätzung müssten dafür viel stärker etabliert werden. Doch wo sind heute die nachhaltigen Vorbilder in Politik, Sport und Kultur? – Wir können nur selbst den Versuch unternehmen, immer wieder erneut Verhaltensweisen des Runterregulierens, der Entspannung und Gelassenheit einzuüben, dafür im unmittelbaren täglichen Umfeld werben und sie selbst geduldig anwenden. Wenn Frust und Resignation überhandnehmen, haben sowohl wir selbst als auch die menschliche Gemeinschaft, die für uns alle als eine anständige erstrebenswert ist, verloren.

„Wir sind sooo angefressen"

Ein Paar, beide Mitte 40, kommt aufgebracht zum Termin. Ulrike ist vom Typ her dynamisch-impulsiv, Jürgen eher mürrisch. Beide wirken abgekämpft. Der tägliche Ärger, die ständigen Nickligkeiten, kleine und große Gemeinheiten hätten sie wohl zermürbt. Man stehe schon müde auf, quäle sich durch den Tag und falle abends todmüde ins Bett. Bei Treffen mit Bekannten oder anderen Menschen gäbe es immer wieder nur Stress, kleine Boshaftigkeiten und Bemerkungen, sodass man sich irgendwie immer schuldig fühle und sich für alles rechtfertigen müsse. Es sei für sie mittlerweile nervig und belastend, dass viele sich ihnen gegenüber ruppig, abweisend, unfreundlich verhalten würden. Es würde sehr schnell geschimpft werden, Beleidigungen aller Art wären an der Tagesordnung. Dies sei, zwar glücklicherweise, keine körperliche Gewalt, aber oft nahe dran, denn oft fühle sich das verbale Angehen mit Drohungen, aber auch sich Querstellen, Abblocken, Ausbremsen usw. so an wie schallende Ohrfeigen.

Allein der Weg mit dem Auto zur Klinik sei für sie beide eine Zumutung gewesen. Drei Beinahe-Zusammenstöße, gefühlt zwanzig Leute, die entweder nicht fahren können oder rabiat und riskant um einen herumkurven. Ständig würde oder könne man fluchen. Die letzte Parklücke vor dem Haus sei auch von so einem superlangsamen Opa weggeschnappt worden.

Auf der Arbeit gäbe es nur Stress, alle seien mufflig. Er, Jürgen, habe momentan belastende Arbeitsprobleme, würde von Kollegen gemobbt werden und das nur, weil er nicht immer zusammen mit den anderen irgendwelche krummen Dinger drehen würde. Isoliert sei er mittlerweile, Kollegen schneiden ihn, geben ihm keine Infos, er rennt ins Leere, wird vom Chef dann angemacht usw. Das zerre an seine Nerven.

Sie als Erzieherin halte es mit den Eltern kaum noch aus, da sie anstrengend und ziemlich anspruchsvoll seien. Immer wieder würde gemeckert werden. Das Einzige, was ihr die Kraft für die Arbeit geben würde, seien die Kinder. Aber die Arbeit würde aufgrund des Personalmangels immer stressiger, die Kinder würden ihr mittlerweile leidtun. Keiner fühle sich für die Misere zuständig, Verantwortlichkeiten würden hin- und hergeschoben. Am Ende sei man ohnehin an allem selbst schuld, man könne es einfach keinem mehr recht machen. Mit „so einem dicken Hals" würde sie immer nach Hause kommen. Aber dort wartet die schwierige magersüchtige Tochter. Sie verweigere alles, hat so eine „Reckslaune" und lässt ihren ganzen Frust an ihnen ungebremst raus. Auch würde sie es ausnutzen, dass sie als Eltern sich oft uneins seien. Jürgen würde immer A, Ulrike meist B sagen. Jürgen sei oft ihr gegenüber unfair, voller Vorwürfe, sie ihm zu zickig. Absprachen und mal in Ruhe was überlegen, würde nicht gehen. Alle seien momentan ziemlich angespannt. Die ganze Familie würde am „Durchdrehen" sein. Auch mache man sich noch um den jüngeren Sohn große Sorgen, er würde im Grunde untergehen.

Eigentlich müsste es ihnen doch gut gehen, man hätte ja super Voraussetzungen: nettes Haus, zwei Jobs, im Grunde genug Geld, nette Nachbarn, ein paar gute Freunde. Gemütlichkeit und Entspannung hätten sie aber schon lange nicht mehr gehabt. Aber das alles wäre eigentlich keine echte Überforderung, man habe früher noch viel mehr und das mit guter Laune geschafft. Aber die ganze Entwicklung vor Ort und in der Welt würde einen nur noch runterziehen. Die Leute im Supermarkt, die einem in die Hacken fahren, die sich an der Kasse vordrängeln, die rummotzen, das sei im Grunde überall der Fall. Dann das Handy, dauernd Leute, die immer was von einem wollen, egal ob Freunde oder die vom hiesigen Tanzverein, zumal sie beide im Vorstand seien. Mitglieder, Interessierte, Handwerker, was auch immer, alle würden sich bei ihnen melden, als ob sie für alles und jedes zuständig wären, vom indonesischen Walzer bis hin zur Toilettenbeleuchtung.

Um jeden müsse man sich kümmern, nicht nur innerhalb ihrer eigenen Familie, sondern auch um seine dominante Mutter oder ihren ewig besorgten Vater. Jürgen würde oft zu seiner Mutter „flüchten", obwohl es da für ihn auch schrecklich sei. Seine Mutter sei ja selbst krank, zugleich überfürsorglich und tyrannisch. Ulrike renne häufig wie irre durch den Wald, nennt das Jogging und ärgert sich über die sie „jagenden Köter".

Der Druck nehme zu, alle seien genervt und aggressiv. Dreistigkeit überall. Die allgemeinen Sorgen kommen noch dazu, steigende Preise, Kriegsangst, Corona habe alle nur noch „kirre" gemacht. Die Unfreundlichkeit und das gegenseitige Misstrauen hätten über die Jahre eindeutig zugenommen. Man würde ständig so eine Grundanspannung spüren, die sogenannte „Normalität" wäre dahin, gut schlafen könne man ohnehin nicht mehr. Oft würden sie denken, das sei also ihr Leben bis zum Ende, irgendwie allein, keine Zeit für Erholung, jeglicher Kontakt nur mit Vorsicht, da Hinterabsichten und mehr existierten. Es bliebe nur noch „weitertreten im Hamsterrad oder die anderen Hamster beißen zu im überfüllten Käfig". Alles wäre so hässlich geworden. Selbstverliebt wären viele, Hauptsache ICH, und eine Überheblichkeit würde herrschen, viele denken, sie seien wie Gott. Sie beide jedoch wüssten, das könne nicht richtig sein.

Sie würden noch „glauben" und hin und wieder in die Kirche gehen, mit Bauchschmerzen allerdings, denn diese wäre für sie nach Missbrauchsvertuschung, dem eklatanten Priestermangel und ohne klare Position hinsichtlich Pandemie und Krieg diskreditiert. Sie hatten gehofft, dass zumindest die Kirchen einen Ausweg aus dem alltäglichen gegenseitigen Kreislauf des Genervtseins mit so etwas wie Nächstenliebe darstellen würden. Aber alle belauern sich und Hauptsache, man boxt sich selber nach vorne. Oder suchen Deckung vor der schlechten Welt zu Hause und schotten sich mit der Familie ab. Wenn das der Dauerzustand würde, dann „Prost Mahlzeit". Denn dort in der Familie ist es ja auch nicht immer nur nett, sondern es gäbe einen Haufen von Problemen von Streit, Gewalt, Missbrauch, Sucht usw. Dies alles würde keinen Spaß mehr machen und nur noch schlechte Laune für alle dauerhaft bedeuten. Wenn alle von allem genervt sind, wodurch könnte so etwas Hoffnung auf gute Begegnungen und Freude miteinander überhaupt zustande kommen? Die Spannung steigt einfach in der Gesellschaft. Da würde, so Ulrike und Jürgen am Ende des Gespräches, vermutlich nur noch das Immer-wieder-Lernen und Herbeiführen von Gelassenheit helfen. Sie überlegten, sich von der Haltung Jesu wieder inspirieren zu lassen.

I. Jesus – menschgewordener Gott

In der Tat hat Jesus vorgelebt, wie man mit schwierigen Mitmenschen, mit dem Genervtsein anderer und dem Murren von vielen umgehen kann. Er zeigte seine Zerbrechlichkeit, aber auch seine Eindeutigkeit und Entschiedenheit. Beides machte offenbar den Menschen Jesus aus, woraus sich für seine Mission aus gereifter Überzeugung seine authentische

Gebrochenheit und gelassene Sanftmut entwickelten, die ihn bis heute für so viele zum Vorbild werden lassen. Man könnte mit Henri Nouwen sagen, dass eine besondere Sensibilität Fluch und Segen sein kann, aber auch eine wertvolle Ressource des Glaubens im Sinne von „verwundet, um zu heilen" darstellen kann.

Die moderne Seele ist geprägt von verdichteten und beschleunigten Verhältnissen sowie den Herausforderungen von „Globalität, Lokalität, Digitalität" zwischen Überbevölkerung, Migration, Atomkraftgefahr, Naturzerstörung, Künstlicher Intelligenz (KI), Pandemie, Gewalt und Krieg in Europa und diesen Herausforderungen kaum noch gewachsen, wie es kürzlich der Philosoph Bernhard Waldenfels ausdrückte.

Gelassenheit und Sanftmut

Im Markusevangelium, dem vermutlich ältesten Text über Jesus, lässt sich eine Reihe von Geschichten und Ereignissen zur sanft-geduldigen Gemütsart und Gelassenheit Jesu anführen. Markus wird unter anderem von dem katholischen Theologen Walter Simonis als der sogenannte „Lieblingsjünger" von Jesus angesehen, auf den sich beispielsweise die koptisch-orthodoxe Kirche in Ägypten direkt beruft. Im zweiten Kapitel dort werden mehrfach die sogenannten „Pharisäer" angeführt, damals führende gesetzestreue Schriftgelehrte und Priester des Judentums, die sich über verschiedene Aktivitäten und Verhaltensweisen von Jesus und seinen Jünger immer wieder beschwerten. Doch Jesus trat ihnen stets mit großer Ruhe und Gelassenheit entgegen, abgeklärt und innerlich gefestigt. Dabei spielte auch der Aspekt, nicht immer den gegenwärtigen gesellschaftlichen Erwartungen, also der „political correctness", zu entsprechen, eine gewisse Rolle. Er versuchte, den Menschen entgegen allen Traditionen und Widerständen Gutes zu tun:

> „Es saßen dort aber einige Schriftgelehrte, die dachten bei sich: Was redet der so? Er lästert! Wer kann Sünden vergeben außer Gott? Und sogleich erkennt Jesus in seinem Geist, dass sie solche Gedanken hegen, und spricht zu ihnen: Warum hegt ihr solche Gedanken? Was ist leichter? Zu dem Gelähmten zu sagen: Dir sind die Sünden ver-

geben, oder zu sagen: Steh auf, nimm deine Bahre und geh umher?" (Markus 2,6–9).

> „Und als die Schriftgelehrten unter den Pharisäern sahen, dass er mit den Sündern und Zöllnern aß, sagten sie zu seinen Jüngern: Mit den Zöllnern und Sündern isst er! Und als Jesus das hört, sagt er zu ihnen: Nicht die Gesunden brauchen den Arzt, sondern die Kranken. Ich bin nicht gekommen, Gerechte zu rufen, sondern Sünder. Und die Jünger des Johannes und die Pharisäer pflegten zu fasten. Und sie kommen und sagen zu ihm: Warum fasten die Jünger des Johannes und die Jünger der Pharisäer, deine Jünger aber fasten nicht? Da sagte Jesus zu ihnen: Können denn die Hochzeitsgäste fasten, solange der Bräutigam bei ihnen ist? Solange sie den Bräutigam bei sich haben, können sie nicht fasten" (Markus 2,16–19).

> „Und es geschah, dass er am Sabbat durch die Kornfelder ging, und unterwegs begannen seine Jünger, Ähren zu raufen. Und die Pharisäer sagten zu ihm: Schau her, warum tun sie, was am Sabbat nicht erlaubt ist? Und er sagt zu ihnen: Habt ihr nie gelesen, was David tat, als er Mangel litt und hungrig war, er und seine Gefährten? Wie er in das Haus Gottes hineinging zur Zeit des Hohen Priesters Abiatar und die Schaubrote aß, die niemand essen darf, außer den Priestern, und wie er auch seinen Gefährten davon gab? Und er sagt zu ihnen: Der Sabbat ist um des Menschen willen geschaffen, nicht der Mensch um des Sabbats willen. Also: Der Menschensohn ist Herr auch über den Sabbat" (Markus 2,23–28).

Auch die Heilung eines behinderten Mannes, wie sie im dritten Kapitel des Markusevangeliums berichtet wird, geschah an einem Sabbat. Dies führte dazu, dass die Pharisäer angesichts der Missachtung der Sabbatruhe beschlossen, Jesus zu töten, was letztlich zur Kreuzigung führte, da er ein „Frevler" und nicht der vermeintliche Messias sei sowie im Verbund mit dem „Fürsten der Dämonen" (Markus 3,22) stehe. Dennoch war Jesus überzeugt von der Richtigkeit seines Handelns: „Und er sagt zu ihnen: Ist es erlaubt, am Sabbat Gutes zu tun oder Böses zu tun, Leben zu retten oder zu vernichten? Sie aber schwiegen. Und voller Zorn schaut er sie einen nach dem andern an, betrübt über die Verstocktheit ihres Herzens …" (Markus 3,4–5). Und er versuchte immer wieder als ein „sanfter Lehrer" in vielen verschiedenen Gleichnissen (z. B. „Wie kann der Satan den Satan austreiben?" (Markus 3,23), also wie kann er seine Heilungen durchführen, wenn er zugleich der Satan wäre?), ihnen deutlich zu machen, dass er in reiner Absicht für alle Menschen handeln würde. Offenbar musste aber Jesus durch seinen Tod am Kreuz, durch die faktische Übernahme aller Sünden der Menschen, ein solches Fanal setzen. Immer wieder forderte er zur Vergebung auf und dass man sich vor irdischen Dingen und Gewalten nicht wirklich zu fürchten brauche. So konnte er selbst, während das Boot mit den Jüngern im Seesturm kämpfte, ihnen angstfrei und überzeugt entgegenhalten: „Und er sagte zu ihnen: Was seid ihr so furchtsam? Habt ihr noch keinen Glauben?" (Markus 4,40). Und ganz am Ende schon am Kreuz wieder sanft und verstehend über die Römer und Juden sagen: „Vater, vergib ihnen! Denn sie wissen nicht, was sie tun" (Lukas 23,34).

Bedächtigkeit und Ruhe

Jesu Umgang mit den Anforderungen durch die vielen täglichen Belastungen, den Stress und die Bedrängnis durch andere wird besonders deutlich in den Begegnungen mit großen Menschenmengen, da seine „Wundertaten" sich ja rumsprachen und viele, wohl Tausende, anzogen. So erlebten er und sein Kreis beispielsweise in Situationen wie der „Speisung der Fünftausend", wie sehr sie dies anstrengte und erschöpfte: „Und die Apostel versammeln sich bei Jesus. Und sie berichteten ihm alles, was sie getan und gelehrt hatten. Und er sagt zu ihnen: Kommt, ihr allein, an einen einsamen Ort, und ruht euch ein wenig aus. Denn es war ein Kommen und Gehen, und sie hatten nicht einmal Zeit zum Essen" (Markus 6,30–31). Doch eine Pause war ihnen nicht vergönnt, da viele Menschen ebenfalls dorthin pilgerten: „ … sie taten ihm leid, denn sie waren wie Schafe, die keinen Hirten haben. Und er fing an, sie vieles zu lehren. Und als die Stunde schon vorgerückt war, traten seine Jünger zu ihm und sagten: Abgelegen ist der Ort und vorgerückt die Stunde" (Markus 6,34–35). Die Jünger wurden zunehmend genervt angesichts der vielen

Tausend Menschen, während ihr Meister gelassen und ruhig blieb. Doch anstatt mal eine Pause zu machen, zu essen, zu schlafen – alles, was der „normale Mensch“ für ein gutes Regenerieren so braucht –, mussten sie auf sein Geheiß hin noch all den vielen Menschen Essen geben, das sich zudem durch Jesu göttliche Kraft in wundersamer Weise immer weiter vermehrte, bis alle satt geworden waren.

> „Gleich darauf drängte er seine Jünger, ins Boot zu steigen und vorauszufahren, hinüber nach Betsaida; er selbst wollte inzwischen das Volk entlassen. Und er nahm Abschied von ihnen und ging auf den Berg, um zu beten. Am Abend war das Boot mitten auf dem See und er allein an Land. Und als er sieht, wie sie sich beim Rudern abmühen – denn der Wind stand ihnen entgegen –, kommt er um die vierte Nachtwache auf dem See gegangen, und er wollte an ihnen vorübergehen. Als sie ihn auf dem See gehen sahen, meinten sie, es sei ein Gespenst, und schrien auf. Denn alle sahen ihn und erschraken. Doch sogleich redete er mit ihnen, und er sagt zu ihnen: ‚Seid getrost, ich bin es. Fürchtet euch nicht!‘“ (Markus 6,45–50).

Jesus musste seine Jünger also immer wieder beruhigen und unterstützen. Zudem versuchte er durch sein Beispiel vorzuleben, wie man mit Menschen – seien sie noch so viele und noch so „nervig“ – auf eine zugewandte, sanftmütige und liebevolle Art umgehen kann. Insbesondere machte er deutlich, dass man sich notfalls auch über traditionelle Denkweisen und Handlungsmuster hinwegsetzen muss, um grundsätzliche Verbesserungen an Menschlichkeit im Zusammenleben zu erreichen.

So finden sich im siebten Kapitel des Markusevangeliums lange Ausführungen von ihm zur kultischen Reinheit im Judentum, um diese ad absurdum zu führen:

> „Und wieder rief er das Volk herbei und sagte zu ihnen: ‚Hört mir alle zu und versteht! Nichts, was von außen in den Menschen hineingeht, kann ihn unrein machen, sondern was aus dem Menschen herauskommt, das ist es, was den Menschen unrein macht‘ … Und als er in ein Haus hineinging, weg aus dem Gedränge, befragten ihn seine Jünger über das Gleichnis. Und er sagt zu ihnen: ‚So seid auch ihr un-

> verständig? Begreift ihr nicht, dass alles, was von außen in den Menschen hineingeht, ihn nicht unrein machen kann? Denn es geht nicht ins Herz, sondern in den Bauch, und von dort in die Grube.‘ Damit erklärte er alle Speisen für rein. Er sprach: ‚Was aus dem Menschen herauskommt, das macht den Menschen unrein. Denn aus dem Innern, aus dem Herzen der Menschen, kommen die bösen Gedanken, Unzucht, Diebstahl, Mord, Ehebruch, Habgier, Bosheit, List, Ausschweifung, Missgunst, Lästerung, Hochmut, Unverstand. All dies Böse kommt aus dem Innern heraus und macht den Menschen unrein.‘“ (Markus 7,14–23).

Dies bedeutet natürlich im Umkehrschluss, dass nur im Bekenntnis zu Gott der Mensch im Inneren gut werden und so nach außen wirken kann, wobei äußere Gesetze oder Machtverhältnisse keine Rolle spielen.

Besonnenheit und Entschiedenheit

Ein weiteres Beispiel für das besonnene Handeln Jesu ist sein Schlichten von Streit, wie er es bei einem Rangstreit unter den Jüngern bewies:

> „Und sie kamen nach Kafarnaum. Und als er dann im Haus war, fragte er sie: ‚Was habt ihr unterwegs diskutiert?‘ Sie aber schwiegen. Sie hatten nämlich unterwegs miteinander darüber gesprochen, wer der Größte sei. Und er setzte sich und rief die Zwölf, und er sagt zu ihnen: ‚Wenn jemand der Erste sein will, dann soll er der Letzte von allen und der Diener aller sein.‘ Und er nahm ein Kind, stellte es in die Mitte, schloss es in die Arme und sagte zu ihnen: ‚Wer in meinem Namen ein Kind aufnimmt wie dieses, nimmt mich auf, und wer mich aufnimmt, nimmt nicht mich auf, sondern den, der mich gesandt hat‘“ (Markus 9,33–39).

Jesus arbeitete häufig mit paradoxen Umkehrungen, indem er das Niedrigste und Schwächste als das Beste und Größte darstellte. So sah er auch seine eigene Aufgabe und Mission: „Denn auch der Menschensohn ist nicht gekommen, um sich dienen zu lassen, sondern um zu dienen und sein Leben hinzugeben als Lösegeld für viele" (Markus 10,45). Seine Grundstrategie im Umgang mit Mitmenschen und Anfeindungen wird auch durch die folgende Maxime verdeutlicht: „Denn wer nicht gegen uns ist, ist für uns" (Markus 9,40). Die Frage bei ihm lautete immer: Was kann ich eigentlich verlieren, wenn ich es mal umgedreht betrachte? – Wie Jesus es ausdrückt, gibt es im Grunde nur etwas zu gewinnen.

Ein weiteres Beispiel für den Umgang mit Situationen, die Jesus offenbar genervt haben, ist die Basar-Atmosphäre im Tempel von Jerusalem, der er robust mit der sogenannten „Tempelreinigung" entgegentrat. Statt äußerliche Waren und Konsum sollten seiner Meinung nach dort an diesem heiligen Platz innere Einkehr und religiöse Konzentration herrschen: „Und sie kommen nach Jerusalem. Und als er in den Tempel hineinging, begann er, alle hinauszutreiben, die im Tempel verkauften und kauften. Die Tische der Geldwechsler und die Stände der Taubenverkäufer stieß er um und ließ nicht zu, dass man irgendetwas über den Tempelplatz trug. Und er lehrte sie und sprach: ‚Steht nicht geschrieben: Mein Haus soll Haus des Gebets heißen für alle Völker? Ihr aber habt es zu einer Räuberhöhle gemacht!'" (Markus 11,15–17).

Diese klare und entschiedene Haltung zugunsten des reinen Glaubens brachte ihm oft Bewunderung in der Bevölkerung ein. Jedoch ergab sich daraus andererseits bei den Bewahrern der Ordnung ein entschiedener Widerstand und der Wunsch, ihn zu bestrafen.

Auch heutzutage würde sicherlich jemand wie Jesus, der plötzlich in Glaubenshäusern „aufräumen" würde, Probleme bekommen. Dennoch zeigt das Beispiel Jesu, dass jeder für das konkret und unbeugsam einstehen sollte, was für ihn selbst wichtig und unabdingbar ist. Dabei kann es zwar zu Auseinandersetzungen und Anfeindungen kommen, aber gleichzeitig wird man auch Liebe und Solidarität erfahren. Beides sollte man akzeptieren, denn es ist auf jeden Fall besser, als alles immer nur passiv hinzunehmen. Ein klares, resolutes Auftreten kann polarisieren, aber es gibt dem Einzelnen in vielen alltäglichen Situationen Sicherheit und Entschiedenheit im Verhalten und verringert gleichzeitig das eigene Ohnmachtsgefühl.

Selbst vor und während der Kreuzigung blieb Jesus offenbar ruhig und gelassen. Er ertrug alle verbalen wie physischen Attacken: „Und einige fingen an, ihn anzuspucken und ihm das Gesicht zu verhüllen und ihn dann mit den Fäusten zu schlagen und zu ihm zu sagen:

- ‚Sag, wer war's!' Und die Gerichtsdiener empfingen ihn mit Schlägen" (Markus 14,65).
- „Dann ziehen sie ihm einen Purpurmantel an und setzen ihm eine Dornenkrone auf, die sie geflochten haben. Und sie fingen an, ihn zu grüßen: Sei gegrüßt, König der Juden! Und sie schlugen ihn mit einem Rohr aufs Haupt, spuckten ihn an, beugten die Knie und huldigten ihm" (Markus 15,17–19).
- „Und die vorübergingen, verwünschten ihn, schüttelten den Kopf und sagten: ‚Ha, der du den Tempel niederreißt und in drei Tagen aufbaust, rette dich selbst und steig herab vom Kreuz!' Ebenso spotteten die Hohen Priester untereinander mit den Schriftgelehrten und sagten: ‚Andere hat er gerettet, sich selbst kann er nicht retten. Der Messias, der König Israels, steige jetzt vom Kreuz herab, damit wir sehen und glauben.' Und die mit ihm gekreuzigt waren, verhöhnten ihn" (Markus 14,29–32).

Zu den Jüngern wurde er jedoch später, als er ihnen als Auferstandener erschien, deutlicher: „Zuletzt zeigte er sich den Elfen, als sie bei Tisch saßen, und tadelte ihren Unglauben und ihre Hartherzigkeit, weil sie denen, die ihn als Auferweckten gesehen hatten, nicht geglaubt hatten. Und er sagte zu ihnen: Geht hin in alle Welt und verkündigt das Evangelium aller Kreatur" (Markus 16,14–15). – Auch dies kann im Sinne von Klarheit und Geradlinigkeit beim Führen und Leiten gedeutet werden, indem man präzise und liebevolle Ansprache und Zuwendung gebraucht.

2. Von der Nörgelei zur Ruhe

Ein stressiger Alltag, der sich vor allem in Genervtsein, Nörgelei, Gereiztheit bis hin zu Aggression zeigt, scheint mittlerweile ein typisches Merkmal unserer Zeit zu sein. Auch wenn man selbst belastet, ständig genervt ist und es Streit gibt, da die anderen immer wieder auf Konflikte aus sind, sollte eine gelassenere Haltung umgesetzt und eingeübt werden. Dies ist wesentlich, um nicht aufgrund eines chronischen Zustands der Nörgelei, des Genervtseins, des permanenten Gefühls von Ärger in eine ständige innere Unzufriedenheit zu geraten. Solch ein Zustand beeinträchtigt das psychische Wohlbefinden und kann im schlimmsten Fall auch in eine psychische Störung, z. B. in eine längere chronische depressive Erkrankung, münden.

Jesus Christus kann da als Vorbild für eine gelassenere, ausgeglichene innere Einstellung und Haltung gesehen werden. Ihm nachzueifern, also „wie Jesus zu sein", könnte demnach bedeuten, einen unaufgeregten Umgang mit sich und anderen zu pflegen. Nur, wie kann diese innere Haltung der Gelassenheit gewonnen werden angesichts der sich weitverbreitenden Anspannung und Aggression in einer durch Krisen und Orientierungslosigkeit geschüttelten Gegenwart?

Erfahrene Therapeuten empfehlen oft, zunächst einmal sich selbst einzugestehen, dass man ein Problem hat. Es ist wichtig anzuerkennen, dass man bestimmte Situationen nicht verträgt, sich darüber ärgert, aus der Haut fährt usw. Vielfach wird dann geraten, sich erst mal zurückzuziehen (Stichwort „Spielepause"), zu verschnaufen, bis man sich beruhigt wieder in die auslösende Situation hineinbegeben kann. Der Abstand hilft zu relativieren und bringt Entspannung.

Es kann auch hilfreich sein, denjenigen Nörgler, der die schwierige Situation auslöst, auch mal eine Zeit lang zu meiden. Grundsätzlich geht es darum, Strategien anzuwenden, mit denen man sich rasch und unmittelbar „runterregulieren" kann. Das kann im Grunde alles sein, was als Gegenreiz weiterhilft, wie beispielsweise eine kalte Dusche nehmen, das Hören von Musik, Emotionen an einem Boxsack auslassen, um erst einmal aus der unmittelbaren negativen Emotion wie Wut und Ärger herauszukommen. Ganz entscheidend sind hierbei auch Entspannungstechniken. Das können Atemübungen, Muskelentspannung bis hin zu Yoga und Meditation sein.

Erst wenn der Ärger stärker und dauerhaft zu einer Krankheit wird, sollte man sich therapeutisch behandeln lassen und alternative mentale Vorgehensweisen, damit umzugehen, lernen. Von Jesus und aus seinem Wirken lassen sich aber auch Methoden ableiten, die unkompliziert und ohne viel Aufwand dazu genutzt werden können, eine innere Gelassenheit einzuüben, beispielsweise das klassische Gebet. Der evangelische Theologieprofessor Reinhard von Bendemann sieht dabei Jesus Christus als einen sehr guten Arzt an. Seine „Heilungen" sollten seine Mission als

„Heiler“ und „Heiland“ belegen, der den Menschen „Seelenheil“ und „Seelenfrieden“ bringt.

Das Beten

Jesus hat bekanntlich häufig gebetet und dabei seinen Vater angerufen. Auch Paulus hat später die Gläubigen zum „unablässigen“ Beten (1. Thessalonicher 5,7) aufgerufen. Besonders früh morgens, wenn die Stresshormone nachweislich „erwachen“, kann das Gebet z. B. auch im Kontext eines frühen Gottesdienstes zu innerer Ruhe für den Tag führen. Viele klösterliche Traditionen weltweit folgen dieser Weisheit. Darüber hinaus gibt es viele Hinweise, dass die Beschäftigung mit dem eigenen Gottesbild, ein tiefer Glaube und regelmäßiges Beten über den Tag sich positiv im Hinblick auf Behandlungserfolge bei Krankheiten auswirken können.

Im Kontext des christlichen Glaubens hat der griechische Metropolit und Theologe Hierotheos Vlachos eine „christlich-orthodoxe Psychotherapie“ entwickelt, in der neben Gesängen, Ikonenverehrung, Liturgie, Beichte und seelsorgerischer Begleitung das sogenannte „Herz-Jesu-Gebet“ eine entscheidende Rolle spielt. Ein psychisches Leiden wird hier als eine „metaphysische Schieflage“ der Seele aufgefasst, die primär durch die Kraft des Glaubens überwunden werden kann. Der Gläubige findet sich durch das Herz-Jesu-Gebet wieder gestärkt vor und kann so seine psychische Problematik wie das ständige Genervtsein vermindern. Der Mensch und seine Seele wären dann „geheilt“ und es kehrt Seelenruhe, das heißt Seelenfrieden, in ihm ein.

Gebete im Christentum dienen unter anderem dazu, Einklang mit sich und Gott zu schaffen und zu finden, wie es auch der orthodoxe Mönch Hilarion Alfejev betont. Ihre Rhythmisierung – vor allem auch musikalisch in Gesangsform – beinhaltet mystische wie meditative Elemente, verbunden mit Achtsamkeit und Entspannung. Im Gegensatz zu fernöstlichen Techniken beziehen sich christliche Gebete auf einen personalisierten Gott, dem man im inneren Dialog der Anbetung persönlich als DU begegnen kann. Hier geht es also keineswegs um „Entkörperung“ und „Erfahrungsverlust“ in einem leeren „kosmischen Wir“, wie es mal der Berliner Religionsphilosoph Klaus Heinrich im Hinblick auf das Leben in der gegenwärtigen Globalisierung ausgeführt hat.

Das Herz-Jesu-Gebet, auch Herzensgebet oder immerwährendes Gebet genannt, ist in sich wiederholend und lässt sich mehrfach am Tage immer wieder einsetzen. Es ist dadurch gekennzeichnet, dass ununterbrochen Jesus Christus angerufen wird: *„Herr Jesus Christus", „Jesus Christus", „Jesus", „Christus Jesus" oder „Herr Jesus Christus, Sohn Gottes, erbarme dich meiner".* Am Ende des Gebets erfolgen das „Amen" und das Bekreuzigen als Zeichen des christlichen Glaubens.

In der orthodoxen Tradition wird das Gebet unterstützt durch eine Gebetskette, die das nie endende Gebet symbolisiert. Diese dient aber auch als Hilfe zur Konzentration und für einen gleichmäßigen Rhythmus, der bestenfalls in der Frequenz von Atmung und Herzschlag geschehen soll, sodass sich völliges Eins-Werden mit sich, der Umgebung und der göttlichen Dimension einstellen kann. Die regelmäßige Praxis eines solch meditativen Gebets hat positive Effekte auf die seelische wie körperliche Gesundheit. So kann sich das Einüben des Herz-Jesu-Gebets positiv auf das Herz-Kreislauf-System auswirken und der Gebetsrhythmus kann helfen, die Atemfrequenz auf manchmal nur sechs Atemzüge pro Minute zu reduzieren, was die Konzentration und innere Ruhe, geistige Frische und Kreativität fördert.

Das Herz-Jesu-Gebet kann eine wertvolle Unterstützung bei psychischen Problemen sein. Darüber hinaus kann es insbesondere gläubigen Menschen die Erfahrung einer viel tieferen Bedeutung der inneren Beteiligung bei seelischer Veränderung im Alltag oder auch in der Krankheit ermöglichen. Denn es dürfte tiefere Sinnschichten des Menschen ansprechen. Durch das tägliche wiederholende Einüben entsteht ein permanenter Dialog mit einem Anderen und Höheren, es geschieht dadurch aber auch die Erforschung seiner selbst im Rahmen einer umfassenden Weltsicht.

Gebete helfen durch Dialog und Rhythmus, Reflexion und körperliche Erfahrung. Sie führen nicht nur zu einer „Beruhigung der Seele", sondern ermöglichen auch eine Auseinandersetzung in der Beziehung zu Gott als seelischer und intellektueller Kraftquelle in Krisenzeiten und bei ständigem Genervtsein. Sein regelmäßiges Beten hat Jesus sicherlich zu Gelassenheit in vielen Situationen, in denen andere überfordert und gestresst reagiert hätten, verholfen.

Jesu Heilmethode

Dauerstress und ein ständiges Ärgern über dies und jenes können sowohl zu körperlichen wie auch psychischen Erkrankungen führen, die chronisch, langandauernd ohne wirkliche Besserung, bestehen können. In solchen Fällen ist eine Therapie angezeigt. Diese kann durch einen verlässlichen Berater erfolgen, zu dem man Vertrauen und Sympathie aufbauen kann. Möglicherweise sind auch längere, breitumfassendere und tiefergehende Psychotherapien erforderlich. Aber hier kommt es unserer Meinung nach nicht nur auf die üblichen „gelernten" therapeutischen Verhaltensmuster der Behandler an, sondern auch auf die eigene ausgereifte Persönlichkeit und die gelebte Mitmenschlichkeit mit souveränem Umgang und Humor, die der Betroffene als „Fels in der Brandung" vertrauensvoll, jederzeit und bedingungslos an seiner Seite weiß.

Jesus hatte das alles. Viele unserer Beispiele aus dem Markusevangelium zeugen davon, und Beispiele seines Humors finden sich in vielen seiner Gleichnisse, man denke nur an „das Kamel und das Nadelöhr", wie Klaus Berger es umfangreich herausgearbeitet hat. Die wesentlichen Prinzipien seiner Heilungsmethoden bestanden aus persönlicher Begegnung, direkter emotionaler Ansprache und körperlicher Berührung meist in Form von Handauflegen. Obwohl im Neuen Testament in eher symbolischer Sprache niedergelegt, werden wichtige Wirkfaktoren seiner Heilung und seines Heilbringens deutlich, so beispielsweise eine starke und eindeutige Patientenführung, liebevolle und intensive Zuwendung, Gottesglauben und Gebet. Wichtig waren seine Person, seine Präsenz, seine sanfte eindringliche Art, aber auch seine „göttliche Kraft", die offenbar aktiv oder passiv auf den Kranken mittels Zuspruch und vor allem durch das Auflegen seiner Hand übertragen wurde. Dabei ist interessant, dass – biblisch nur angedeutet – sein Ziehvater Josef Jesus offenbar ein Vorbild war. Dieser nahm ihn als seinen nichtleiblichen Sohn an, lehrte ihn sein Tischlerhandwerk und scheint ihm in seiner Bescheidenheit und seinem Zurücktreten vor anderen Sanftmut und Geduld deutlich vorgelebt zu haben. So steht Josef, nach Papst Franziskus, für all diejenigen zum Beispiel in den Sozial- und Gesundheitsberufen, die für andere da sind: „Alle können im heiligen Josef, diesem unauffälligen Mann, diesem Menschen der täglichen, diskreten und verborgenen Gegenwart, einen

Fürsprecher, Helfer und Führer in schwierigen Zeiten finden. Der heilige Josef erinnert uns daran, dass all jene, die scheinbar im Verborgenen oder in der ‚zweiten Reihe' stehen, in der Heilsgeschichte eine unvergleichliche Hauptrolle spielen."[21] Entscheidend dabei sind der Glaube von Jesus an Gott, seinen eigentlichen Vater, und das Vertrauen des Hilfesuchenden an ihn und seine Fähigkeiten. Dabei wird auch deutlich, dass Jesus nur durch die Kraft und Gnade Gottes seine „Heilungen" bewirken konnte: „Ich aber wusste, dass du mich allezeit erhörst; doch um des umherstehenden Volkes willen habe ich es gesagt, damit sie glauben, dass du mich gesandt hast" (Johannes 11,42).

Aus der Heilmethode Jesu lassen sich Lehren für den Umgang mit Stress und psychischen Problemen ableiten: offen sich und anderen seine Bedürftigkeit zeigen, auf andere zugehen, Vertrauen in Gott und seine Fähigkeiten haben und die Zuversicht, dass durch ein bedachtes und ruhiges Vorgehen eine schwierige Situation bewältigt werden kann. Dies beinhaltet auch Beziehungsaufnahme mit den „Augen der Liebe", die stete Annahme der menschlichen Würde, Vergebung von Sünde und Schuld sowie Wiederherstellung der Gottesbeziehung als wichtigste Selbstheilungskraft.

Jesus betonte immer wieder bei seinen teils sehr außergewöhnlichen Heilungen, dass der Betroffene selbst und sein eigener Glaube es waren, die mit dazu beitrugen, dass sich sein Problem löste. Dabei stellt der Glaube an Gott auch einen Glauben an sich selbst als Gottes Ebenbild dar, was im Sinne der Selbstwirksamkeit entscheidend hilft.

Die Haltung, die Jesus bei seinen Heilungen zeigte, kann Selbstfürsorge und Psychotherapie sinnvoll erweitern und verbessern. Dies zeigt sich vor allem in der von Jesus praktizierten menschlichen Zuwendung bei der Behandlung, die mit der Ermutigung einhergeht, das eigene Leben wieder freudig zu ergreifen sowie angstfrei und selbstsicher neu zu gestalten. Allerdings bedarf es dafür einer Person, wie das Beispiel Jesu zeigt, die es schafft, tiefes Vertrauen zu erzeugen. Daher ist die Persönlichkeit des Arztes, Therapeuten, Seelsorgers ungemein wichtig.

Vor diesem Hintergrund sollte die Integration religiös-geistlicher Aspekte wie der Glaube an Gott und Gebet, Sympathie und Liebe, intensive und energetische Zuwendung zum Patienten in einer Behandlung von Bedeutung sein. Zumal im Neuen Testament Themen der sogenannten existenziellen Psychotherapie auftauchen, wie sie auch der bekannte Psychoanalytiker Irvin Yalom bearbeitet hat, wie beispielsweise Sterben, Entstellung, Wahnsinn, Einsamkeit, Krankheit und Sinnlosigkeit.

Zentral für die Heilmethode Jesu sind alle Formen seelischer und körperlicher Berührung, die „Zärtlichkeit Gottes", wie es der Franziskaner Stefan Federbusch auch gegenüber dem „Beziehungskiller Corona-Pandemie" ausdrückte. Der Gottesglaube des Leidenden selbst stellt den wesentlichen Wirkfaktor in der Gesundung durch die Begegnung mit Jesus dar. So hatte Jesus bei seinen „Heilungen" immer darauf hingewiesen, dass er allenfalls ein „Katalysator" wäre, der die Macht Gottes „als Macht der Liebe", wie es Joseph Ratzinger immer thematisierte, zu den glaubenden Menschen mit „Vertrauen in Gott und seinen Sohn" (Lukas 8,50) überbringen würde.

Insofern gehen seine Heilungen über passives Erfahren oder eine „reine Placebowirkung" hinaus, sondern bedeuten die Aktivierung eigener Ressourcen sowie von Kräften der Selbstwirksamkeit. Dies ist von großer Bedeutung für uns alle. Wenn wir glauben und uns christlich verhalten, dann tragen wir einen Teil der Kraft von Jesus in uns. Damit können wir uns selbst, aber auch anderen bei Stress und psychischer Belastung helfen, zur inneren Ruhe zu gelangen. Dabei ist die Tätigkeit des „Heilens" und Unterstützens deutlicher Ausdruck der Grundhaltung eines jeden christlichen Lebens mit der Barmherzigkeit gegenüber allen Menschen, vor allem aber den Ausgegrenzten der Gesellschaft, den Armen, Schwachen, Kranken und Behinderten, wie es Kardinal Walter Kasper eingehend ausführte.

3. Empfehlungen für unser genervtes Paar

Die Prinzipien, die aus den Heilungen von Jesus abgeleitet werden können, insbesondere die glaubensfeste Auseinandersetzung mit den eigenen seelischen Problemen, aber auch das Praktizieren des Herz-Jesu-Gebets sind für gläubige Menschen wie Jürgen und Ulrike gute Möglichkeiten, sich immer wieder psychisch auszubalancieren, die emotionalen Wogen zu glätten und für jede Alltagssituation die passende Antwort für den Seelenfrieden zu finden. Ein tägliches Einüben des Herz-Jesu-Gebets würde die beiden auch im schlimmsten Stress und Ärger über andere zur Beruhigung von Körper und Seele führen, indem sie Achtsamkeit praktizieren und alle negativen Gedanken und Impulse aus dem Geist leeren. Der Weg dorthin und die Technik sind religiös geprägt und erfordern Selbstkontrolle, Liebe, Aufmerksamkeit und spirituelle Kompetenz. In einem Zustand innerer Sammlung und des Seelenfriedens sollte das Herz offen und bereit sein, den göttlichen Impuls zu erfahren, ohne dabei über etwas anderes nachzudenken. Der Geist sollte sich nur auf die Worte des Gebets konzentrieren.

In der Praxis haben sich folgende Gesichtspunkte für den Vorgang der Versenkung und des Betens als hilfreich herausgestellt: Fokussierung auf einen Punkt im Raum, kein Umherblicken, gleichmäßige Atmung, rhythmisches Sagen der Sätze des Herz-Jesu-Gebets. Aufkommende Gedanken sollen beiseitegelegt werden, damit das Herz „rein und offen" bleibt und man unbeeinflusst in sich selbst hineinhorchen kann. Der Alltag tritt in den Hintergrund, ebenso die Schwierigkeiten des Lebens und mit anderen Menschen, alles fällt ab, die „Nerven" beruhigen sich wieder. Ein Genervtsein als Daueranspannung ist dann kaum noch zu spüren, der Schlaf normalisiert sich, der Ärger fällt ab und auch regelmäßige Ruhephasen werden als inneres Bedürfnis wieder genommen. So können Menschen wie Jürgen und Ulrike heute durch den Glauben an Gott und den regelmäßigen Gebrauch des Herz Jesu Gebets Gelassenheit und Haltung im Umgang mit ständigen Belastungen und Überforderungen gewinnen. Aber sie müssten dafür konsequent „dranbleiben".

Glaube statt Angst

Zum Thema des „täglichen und ständigen Genervtseins" unseres Ehepaares gehört auch die Bewältigung von Gefühlen wie Ärger und Wut, aber auch Unruhe, Anspannung und Angst. Jesus möchte den Menschen, die mit ihm leben wie Ulrike und Jürgen, Angst nehmen. „Fürchte dich nicht!" ist eine oft wiederkehrende Formulierung im Neuen Testament, die Jesus in vielen verschiedenen Kontexten und auch bei seinen „Heilungen" einsetzte. Denn nicht nur der psychische Stress im Alltag, sondern auch der Prozess der Heilung löst bei den Betroffenen zunächst

Furcht aus und erfordert Vertrauen und Liebe. Aber „Furcht ist nicht in der Liebe“ (1. Johannes 4,18), weil das Erleben der Liebe „durch ihre Verwurzelung im Unbedingten unter allen menschlichen Erfahrungen ausgezeichnet“ sei, wie der Philosoph Dieter Henrich noch kurz vor seinem Tod schrieb.

Jesus wirkte nicht nur verbal mit beruhigendem „Talking down“ auf die sich Ängstigenden oder Aufgebrachten ein, sondern linderte die Emotionen auch durch körpertherapeutische Berührung. Er fasste die Menschen an, auch wenn die Kranken entstellt und infektiös waren und die psychisch Leidenden einer starken sozialen Ausgrenzung unterlagen. Dabei ging es Jesus darum, Ärger und Angst in einen höheren mentalen Zustand, das heißt in den Glauben hinein, zu verwandeln. Dabei wurden Krankheiten, insbesondere die psychische Krise im Umgang mit Stress, eher als Ausdruck der persönlichen Zweifel im Glauben interpretiert. Das Wiedergewinnen von Glaubensfestigkeit mit der wieder gespürten Kraft von Gott und seinem Sohn brachte und bringt dann „Heil“ und „Heilung“ für die individuelle Seele.

Jeder Einzelne kann viel dazu beitragen, was als Ausdruck echter Selbstwirksamkeit angesehen werden kann. Inwiefern die Betroffenen und eventuell auch der „Seelenarzt“ daraus konkrete praktische Aspekte für den täglichen Umgang mit psychischen Krisen und Therapie ableiten wollen, bleibt eine Frage der persönlichen Einstellung. Der schon angesprochene Religionsphilosoph Romano Guardini, der selber unter Depressionen litt, wies den seelischen Störungen eine stärkere existenzielle Dimension als eine rein psychische Dysfunktion zu. Sie würden zu tief in die Wurzeln unseres menschlichen Daseins hineinreichen, „als dass wir sie den Psychiatern überlassen dürfen“.

Erst im religiösen Begreifen im Verhältnis zu einem Absoluten würde ein gutes Umgehen des Menschen mit seiner Psyche und eben auch seinen psychischen Belastungen und Abgründen als Teil seines Lebens gelingen.

Was würde also ein solcher aus dem Glauben kommender Seelenarzt dem psychisch niedergedrückten Ehepaar Jürgen und Ulrike raten? – Die Gemeinheiten der Menschen, das Genervtsein und das ständige „Sich-unter-Druck-Fühlen“ durch die Anforderungen vieler Aufgaben und vieler Menschen lassen sich nur begegnen mit der von Jesus so exemplarisch vorgelebten „Sanftmut", „Gelassenheit" und der „Erdung im Gebet". Therapeutisch gilt es, Verzweifelte dahingehend zu unterstützen, die eigenen Ängste immer wieder an den Hörnern zu packen. Sind diese aber gegenwärtig zu groß und nicht zu bewältigen, dann hilft es, wie ein Torero, den mächtigen „Stier" auch mal an sich vorbeilaufen lassen.

Für nicht-gläubige Menschen stellt sich die Frage, wie sie ihren Frust, ihr Genervtsein und anderes Negative überwinden können. Vielleicht sind diese psychischen Symptome auch ein Ausdruck ihrer Glaubensferne und ihrer Zweifel an den Grundfesten ihrer Existenz. Ihnen bleibt kein weltanschaulicher Orientierungsrahmen, sie glauben, sich in einem „übervollen Käfig" durchbeißen zu müssen. Dabei möchten sie selbst auch nicht schlecht behandelt werden, also ist es wohlverstandenes Eigeninteresse, Mitmenschen nicht zu nerven und zu schädigen. Auch sie gewinnen nichts, wenn sie anderen nicht gut begegnen. Spannungen sind alltäglich und treten überall und immer wieder auf. Ein nicht-gläubiger Mensch kann durch eine offene und zugewandte Haltung gegenüber anderen Menschen Stress und Konfrontationen reduzieren. Sich in ein Gegenüber gedanklich und emotional bestmöglich hineinzuversetzen und aus dieser Perspektive mal die Dinge zu beurteilen, dürfte dabei für alle das beste Verfahren sein, um Spannungen im Alltag zu minimieren.

Abschließend

Alltägliche psychische Veränderungen weisen einen Bezug zur spirituell-religiösen Erfahrungsdimension des Menschen auf. Ein Aspekt, der bislang wenig im eigenen Umgang mit seelischen Krisen und der Sorge um sich sowie in therapeutischen Prozessen berücksichtigt wurde. Bei Letzteren dürften die allgemeinen Gesichtspunkte der Heilungen von Jesus im Neuen Testament, zum Beispiel das Verankern in einer höheren Kraft wie dem Glauben an Gott und der unbedingten Nächstenliebe sowie das tiefempfundene Mit-Leiden mit jedem Menschen besonders wichtig sein.

Im christlich-orthodoxen Glauben gibt es eine lange Tradition des Einbeziehens von spirituellen und seelsorgerischen Elementen beim Umgang mit Stress und psychischen Belastungen, um dem Betroffenen zur „Seelenruhe", der „Hesychia", zu verhelfen. Selbst schwere psychische

Störungen können von Ansätzen der seelisch-spirituellen Konzentration und Ritualkraft wie dem Herz-Jesu-Gebet profitieren. Eine intensivere Auseinandersetzung damit könnte sich lohnen.

Dem alltäglichen Ärger, dem Stress in Verbindung mit den zahlreichen kleinen täglichen Nickligkeiten und Gemeinheiten, der Daueranspannung sowie demGenervtsein bei sich selber und bei den anderen sollte man mit klarer innerer Haltung begegnen sowie durch Solidarität und Zusammenhalt in seiner jeweiligen Gemeinschaft. Es ist erschreckend, was Menschen sich auf einer subtilen „unterirdischen" Ebene alles an Ausgrenzung, Benachteiligung und Demütigung antun. Selbst wenn es dafür nette angelsächsische Begriffe wie „Mobbing" gibt, stehen sie dennoch für tagtägliche Unmenschlichkeit und die zunehmende Verrohung des Umgangs miteinander. Der Umgangston wird rauher, Spannungen und Aggressionen liegen in der Luft, Ärger, Wut und Hass bilden sich viel schneller als noch im besser erinnerten „Früher". Der Grundpegel der Anspannung in nahezu allen Alltagssituationen scheint insgesamt gestiegen zu sein.

Diejenigen, die bei anderen Menschen Druck und Leiden erzeugen, unterliegen oft dem eigenen Narzissmus, mit allen Mitteln zu zeigen, dass sie besser sind als andere, sogar teils besser als Gott. So glaubt der Mensch, sein eigener Schöpfer zu sein. Dann ist der sogenannte „Homo Deus" bei „des Teufels Party" während der gegenwärtigen katastrophischen und apokalyptischen Zustände anmaßend und vermutlich final vor seinem Sturz an die Stelle Gottes getreten, wie es früh der Psychoanalytiker Horst Eberhard Richter und jüngst der Grazer Philosoph Peter Strasser formuliert haben.

Die Reaktion der „Opfer" dieser Misere, also der seelisch Leidenden, sich nämlich zurückzuziehen, keine weitere Blöße zu geben und Deckung vor dem „Täter" zum Beispiel in der Familie als Schutzburg vor der gar „schlechten Welt" zu suchen, ist natürlich keine Dauerlösung. Das alles führt zu psychischen Problemen wie Angst, Depression, Sucht, aber auch zum Versagen des Körpers. Wenn Aggressionen und Übergriffe zu einem Trauma führen, dann sind die Folgen für das Leben unabsehbar und oftmals zerstörend.

Insgesamt können ein fester Glaube und Selbstvertrauen auch bei allen Widrigkeiten und Belastungen helfen. Ohne Hoffnung und Zuversicht gibt es keinen Ausweg aus der Spirale der täglichen Aggressionen, sei es im Privaten oder bei der Arbeit. Nur eine klare innere Haltung, die Überzeugung von einer „besseren Welt“ und konsequente Mitmenschlichkeit können hier weiterhelfen.

7. Warum ausgerechnet ich? Antworten auf die Frage nach dem Leid

HIOB

„Es sang aus ihm. Er hatte die Gnade erfahren und die Freude. Auch über ihm wölbte sich Gottes breite, weite, gütige Hand … Sein Herz jubelte, und sein Körper musste tanzen.“

Joseph Roth, Hiob[22]

Viele von uns leiden, oft im Stillen. Manchmal sind es kleine Dinge in Familie und Beruf, unter denen wir leiden. Verhängnisse, von denen wir glauben, sie nicht lösen oder ändern zu können. Manchmal sind es manifeste körperliche und/oder seelische Erkrankungen. Bei manchen hängt das Leben schon früh an einem „seidenen Faden“, sie müssen bereits vor einem erreichten Alter gegen Sterben und Tod ankämpfen, bei anderen ist es oft einfach nur das „Zuviel“ und das Gefühl, es gibt keinen Ausweg aus der Sackgasse. Wir leiden alle darunter – trotz der seltenen schönen und teilweise auch beglückenden Momente – und fragen uns, warum dies so bei uns ist, während es bei unseren Nachbarn, Kollegen oder sogar Prominenten alles so gut und einfach aussieht. Natürlich spielt Neid eine Rolle, aber umso mehr reagieren wir mit Interesse und Mitgefühl, wenn wir erfahren, dass auch sie ihre eigenen Probleme haben. Das macht die anderen menschlicher und ermöglicht es uns, uns in der Gemeinschaft der Leidenden auch ein Stück weit gegenseitig zu stabilisieren.

Eine beispielhafte Geschichte über das Thema „Leiden“ ist das Buch Hiob im Alten Testament, das bis heute von Literaten, Philosophen und Theologen als *das* Sinnbild dafür wie auch für das spannungsreiche Verhältnis zwischen Mensch und Gott aufgegriffen und gedeutet wird. Es hat quer durch die Religionen und Menschheitsgeschichte eine große Wirkung erzielt, wie es unter anderem der Orientalist Navid Kermani eindrucksvoll als „metaphysische Revolte“ interpretiert hat. Ja, Hiob lehnt sich gegen Gott auf, weil dieser ihn aus dem Nichts, scheinbar grundlos, mit entsetzlichem Leiden geschlagen hat. Aber Hiob findet im Glauben letztlich wieder zurück zu Gott.

Nicht allein zu sein, sondern in Beziehung und Austausch mit einem anderen sein menschliches Leben und Leiden zu meistern, ist im Grunde die Quintessenz, modern gesprochen die „Take home message", dieses grundsätzlichen und zeitlosen Buches der Bibel.

Im Buch Hiob wird neben dem körperlichen Leiden auch explizit eine depressive Erkrankung geschildert. Die ausführliche Darstellung des Verlaufs dieses seelischen Leidensprozesses – von der Resignation über die Auflehnung gegenüber Gott hin zum wieder erstarkten Gottesglauben – ist beeindruckend. Therapeutisch scheint es nach dem Buch Hiob für die Behandlung von Leiden wichtig zu sein, dass nicht das Rational-Verstandesmäßige und Erklärende, sondern stärker das Emotional-Soziale für den Prozess der Verbesserung und Gewinnung von psychischer Stabilität entscheidend ist. Im Mittelpunkt sollte also bei allen körperlichen wie psychischen Erkrankungen die mitmenschliche und vertrauensvolle Beziehung stehen, z. B. die zwischen Arzt und Patient oder zwischen Familienmitgliedern, Freunden, Nachbarn. Dies sollte verstärkt in der heutigen Medizin wie auch Gesellschaft eine Rolle spielen.

Um Leiden jeglicher Art vorzubeugen oder zu lindern, dienen primär die Annahme der gesamten Person, liebevolle Zuwendung und medizinische sowie spirituelle Sorge um die Seele. Das Vermitteln von Geborgensein, Aufgehobensein und gleichzeitig die Selbstwirksamkeit des Leidenden zu stärken, sind wichtige Bestandteile sowohl seelsorgerischer als auch psychotherapeutischer Tätigkeit. Und so zeigt das Buch Hiob deutlich, dass neben den selbstverständlichen Grundprinzipien guten therapeutischen Handelns auch immer eine religiöse Bezugnahme hilfreich, wenn nicht sogar notwendig sein kann, um Leiden zu bewältigen.

Die Leiden der jungen Leni

Anfang zwanzig zu sein ist nie einfach. Doch die Geschichte von Leni, die als einziges Mädchen mit anderen Jungen in einer Patchworkfamilie aufwuchs, ist besonders belastend. Früh in Drogen verstrickt, früh zügelloser Sex, ständig krank und immer wieder von Blasenentzündungen geplagt.

„Nun bin ich magersüchtig, esse nichts und renne nur. Das Leben ist einfach mies, am liebsten möchte ich nicht mehr aufwachen. Ein paar Mal habe ich versucht, zu viele Tabletten zu nehmen, aber ich schaffe es nicht, offenbar habe ich doch immer noch zu großen Schiss davor."

Sie schaut verlegen auf den Boden, schweigt ein paar Minuten und setzt in einem Redefluss mit ihrer Lebensgeschichte fort: „Als Kind wurde ich immer wieder vom Nachbarsjungen missbraucht, aber ich erinnere mich kaum noch daran. Nie war jemand wirklich nett zu mir, ich meist zu anderen auch nicht oder nur kurz. Ich leide mal still, mal laut vor mich hin. Meistens bin ich down, heule, stehe nicht auf und schlafe dennoch nicht. Aber in mir kocht auch die Wut. Meine Mutter nervt mich ständig. Sie hatte damals gerade mal meinen Vater verlassen, da schon war der Neue da. Mein Vater hat viel gearbeitet, zog sich dann aber gekränkt zurück, als ob er keine Kinder hätte. Und nach kurzer Zeit hatte er eine neue Familie, mit einem neuen eigenen Kind. Diese Trauer, dass sich meine Familie unwiderruflich aufgelöst hat, prägt mich bis heute.

Viele Jahre habe ich mich wie blöde selbst aufgeopfert, habe mich für meine Mutter wie Brüder Tag und Nacht eingesetzt und habe versucht, die Familie irgendwie zusammenzuhalten. Niemand hat das gewürdigt, niemand hat mich als Person gesehen, sondern alle wollten noch mehr. Ich habe vor mich hin gelitten, viel geweint, mich immer wieder in mein Zimmer zurückgezogen. Auch jetzt noch leben alle fröhlich weiter, nur ich leide und leide, werde immer schwächer, ich will nur noch verschwinden.

Auch anderswo hab' ich mich überall kräftig engagiert, in der Regel nur für andere, in der Schule und zu Hause. Keiner hat es mir gedankt, niemand hat es gesehen, wo ich bleibe. Ich mach mich nur noch dünn und will verschwinden. Über zehn Jahre war ich immer wieder in Behandlung und im Krankenhaus, aber ich sehe das nur noch als Bestrafung. Niemand mag mich, alle, die ich mal kannte, haben sich zurückgezogen. Ich sehe nicht, wo für mich ein Platz im Leben sein könnte. Das Leben ekelt mich an, meines und das der anderen. Manchmal könnte ich einfach nur schreien. Die Tage sind schlimm für mich und die Nacht ist die Hölle. Gibt es irgendwo einen Ausweg aus diesem ständigen unerträglichen Leiden, bevor ich völlig zerbreche?“

Wie ein kleines dreijähriges trotziges Mädchen sitzt Leni vor uns, schutzbedürftig und zusammengekauert zum einen, aber gepierct und abgedreht zum anderen. Eine kleine unbedachte Bemerkung, die ihr nicht gefällt, und sie ist schnell auf 180. Das Wort „Tod“ hat sie sich auf die Finger ihrer linken Hand eingeritzt, auf die rechte „Hass“, was sie uns immer wieder unter die Nase hält. Die Handgelenke versteckt sie. Leni ist eine Kindsfrau, launisch und unberechenbar – auch in ihrem Charme.

„Natürlich frage ich mich“, fährt sie fort, „warum habe ausgerechnet ich so ein Scheiß Leben, während es bei vielen anderen, die ich kenne, viel leichter läuft? Ich bin einfach am Ende. Selbst das Kiffen oder die Pillen bringen nichts mehr. Jeder, dem ich mich anvertraue, verrät mich, vor allem die Männer sind schlimm. Ich gerate meist an so Vatertypen, zwanzig oder dreißig Jahre älter als ich. Für die bin ich so ’ne Lolita-Fantasie, und ich Bekloppte denke, das sei Liebe. Ich halte das nur noch besoffen aus, bis der Nächste kommt …

Warum hat mich damals niemand beschützt? Warum war ich so verängstigt und habe niemandem davon erzählt? Wahrscheinlich wird es keine Antworten auf all diese Fragen geben. Der Mensch ist böse, die Welt ist schlecht. Aber irgendwo mal Ruhe haben vor diesem ständigen inneren Achterbahn-Film, das fände ich gut.“

Wir kümmerten uns gerne um Leni, waren therapeutisch Vater und Mutter. Sie lebte viele Monate bei uns, und Schwester H., unsere Seelsorgerin, wurde ihr eine gute Freundin. Zusammen lasen sie mystische Texte von Edith Stein über das Kreuz, die Liebe und die Hingabe. Leni begann darüber zu malen und ihre Gefühle handwerklich auszudrücken. Ihre Seele begann zu heilen, sie nahm Gewicht zu, ging auf Distanz zu ihrer Familie und dem Haus ihrer Kinder- und Jugendzeit. Dann verließ sie uns wieder, gestärkt und auch irgendwie „demütig“. Monate später erhielten wir eine E-Mail von ihr aus dem Sinai: Sie warte jetzt nicht mehr länger darauf, dass ihr etwas zusteht. Sie habe jetzt echte Kraft und Freunde gefunden, sie schenke und empfange etwas zurück, alles sei jetzt gut.

I. Hiob und sein Leiden

Am Anfang der Geschichte wird Hiob durch den Satan zunächst durch den Verlust seines Besitzes (Rinder, Schafe usw.) und dann durch den Verlust seiner Kinder schwer getroffen. Hiob nimmt dies noch vergleichsweise „gelassen“ und „nicht verbittert“ hin und kommentiert es mit dem berühmten Satz „Der Herr hat gegeben, der Herr hat genommen, der Name des Herrn sei gepriesen“ (Hiob 1,21). Satan dreht dann buchstäblich die „Daumenschrauben“ enger, kündigt weitere Leiden an und prophezeit Hiob schwere körperliche Schädigungen, woraufhin aus Satans Sicht Hiob dem Herrn „ins Angesicht lästern“ und seine Gottesverehrung sein lassen würde, da er davon dann nichts mehr habe (Hiob 2,5). Hiob wird daraufhin mit „bösen Geschwüren“ von der Fußsohle bis zum Scheitel übersät. Damit kommt auch ein deutliches soziales Leiden über Hiob, da die gesamte Gemeinschaft, der er bisher souverän vorstand, ihn nun ausgegrenzt und als „Allerletzten“ behandelt. Seine Frau, der einzige Mensch, der ihm noch verblieben ist, schlägt ihm die Verfluchung Gottes und die Selbsttötung vor. Hiob dagegen entgegnet noch „weise“: „Das Gute nehmen wir an von Gott, und das Böse sollten wir nicht annehmen?“ (Hiob 2,10). Umso erstaunlicher ist aber anschließend die Klage Hiobs gegenüber seinen drei Freunden, die darauf bestehen, dass Schlimmes nur demjenigen widerfahren würde, der gesündigt habe, was aber Hiob nach bestem Wissen und Gewissen, wie er und wir alle bestmöglich in jeder Situation versuchen zu handeln, für sich ausschließen kann.

Seine Depression

In den nun folgenden Klagen Hiobs zeigt sich eine zunehmend deutlicher werdende Depression. Er verflucht die eigene Geburt und rebelliert offen gegenüber Gott. Alles sei dunkel und aussichtslos, und er fragt sich, warum man ihn überhaupt habe leben lassen. Eine Todessehnsucht und der Wunsch, sich selbst zu töten, charakterisieren diese Passagen. Er spricht von seinem unentwegten „Schreien“ und dass er „keinen Frieden, keine Rast, keine Ruhe“ mehr finden würde, was als innerer depressiver

Anspannungszustand gedeutet werden könnte. Auch das Symptom der Hoffnungslosigkeit könnte man hier mit angesprochen sehen: „Ich selbst kann mir nicht helfen, und Rettung ist fern von mir!“ (Hiob 6,13). Er wird noch konkreter und redet dann von „der Not meines Herzens“ sowie von dem „bitteren Leid meiner Seele“ (Hiob 7,11). Und er erwähnt auch in der Folge seine Schlafstörungen, ausgelöst durch Träume und vor allem schwere Albträume, sodass er sich nur seinen Tod wünschte.

Damit beginnt langsam eine diskrete Wende in Hiobs Haltung. Der große Überdruss über das Leben, der Ekel vor sich selbst, der verzweifelte Wunsch, dass es aufhören möge, verwandelt sich langsam in ein leicht aktives Verhalten, was die Klage und Anklage angeht. Hiob möchte nämlich den Grund seiner Verdammnis von Gott erfahren, warum er „vor Gericht“ stehen würde. Zum Ende des 10. Hiob-Kapitels spitzt er das noch zu: Warum hat Gott ihn überhaupt leben lassen? Wäre es nicht besser gewesen, er wäre gar nicht geboren worden? Sollte er etwa nur leben, um so einen großen Leidenszustand einschließlich des psychischen Leidens durchzumachen und elendig sterben zu müssen?

Zunehmend wird deutlich, dass die Strategie von Hiob, sich aus diesem tiefen Unglück zu befreien, darin liegt, sich wieder nach außen und an andere zu wenden, sich um Klarheit zu bemühen, die Gründe für seine Situation zu erfahren, sich verantwortlich zu verhalten, bis alles hoffentlich schlussendlich geklärt ist. Im Verlauf sind auch nicht mehr die Freunde Adressat seiner Reden, sondern Gott persönlich. Unmöglich ist ihm die Vorstellung, dass alles wieder gut sein würde (aus der Depression wieder herauszukommen und alles sei dann wieder normal), sondern er würde so oder so davon gezeichnet bleiben. Er spricht auch die körperlichen Leiden seiner Depression an: „Nur sein eigener Leib macht ihm Schmerzen, und nur um ihn selbst trauert seine Seele“ (Hiob 14,22).

„Mein Geist ist verstört, meine Tage sind ausgelöscht, mir bleibt nur das Grab“ (Hiob 17,1). In dieser Passage werden auch das Nicht-mehr-denken-Können, das Nicht-Funktionieren seiner geistigen Funktionen angesprochen. Im 19. Hiob-Kapitel werden dann vor allem die soziale Isolierung und der starke Rückzug sowie die Ausgrenzung dargestellt. All das endet mit einem interessanten Gedanken, nämlich dass Hiob hofft, dass seine Reden „für immer“ aufgeschrieben würden, um möglicherweise der Menschheit für immer zu dienen. Und Hiob spricht seinen größten Wunsch an, dass er – auch wenn er ohne Haut und ohne Fleisch sei, also nur noch Geist – „Gott schauen“ möchte (Hiob 19,26).

Damit wird im Grunde das Ende der gesamten Hiobsgeschichte vorweggenommen: Die Erlösung von den Schmerzen besteht aus der Schau von Gottes Herrlichkeit, seiner puren Anwesenheit. Es geht also nicht um das Geben von rationalen Erklärungen für das ganze Elend, sondern vielmehr um die tiefe emotionale Erfahrung. Beim Warten auf Gott lässt sich aber auch immer stärker eine gewisse Mutlosigkeit herauslesen. Es wird zunehmend deutlich, dass Gott in einem Bereich existiert, der völlig abgekoppelt ist von der menschlichen Sphäre, dass er Gnade erweist oder nicht, ganz wie es im dünkt. Irgendeine Form von Beeinflussung seitens der Menschen sei nach Hiob unmöglich, man kann allenfalls im Rahmen eines guten, wenn nicht gottesfürchtigen Lebens darauf hoffen, eines Tages diesen Gnadenerweis zu erlangen. Angesichts der Möglichkeit, dass Gott als vertrauter Dialogpartner für immer wegfallen könnte, also Hiob gänzlich auf sich selbst gestellt wäre, überfallen ihn Furcht und Schrecken.

Das eigentliche Übel

Alles andere, einschließlich der Dunkelheit und der Depression etc., sowie jegliches andere Leiden kann als vernachlässigbar angesehen werden. Das eigentliche Übel, das Hiob an den Rand seiner Existenz bringt, sind das Schweigen Gottes und die Leere.

Im Verlauf des Hiob-Buches geht er von Depression, heftiger Anklage und Rebellion zu einer etwas abgeklärteren und gelasseneren Betrachtung der Dinge und seines Schicksals über. Nur Gott würde die Weisheit kennen, da er alles geschaffen habe und den Anfang und das Ende von allem weiß. „Gottesfürchtigkeit“ bedeutet in diesem Zusammenhang als ein eher altmodischer Begriff das Befolgen seiner Gebote. Darüber hinaus ist aber damit auch das tiefe Vertrauen in Gottes Liebe und in seinen Geist als das „gut leben“ gemeint.

Im 30. Hiob-Kapitel beklagt Hiob vor allem die soziale Diskriminierung, Ausgrenzung durch Jüngere und früher sozial deutlich unter ihm Stehende. Interessanterweise wird das Grundproblem von Hiob – sein eigentliches Leiden und damit auch der Kern seines psychisch-geistigen Leidens – zunehmend deutlich: das Fehlen von sozialer Gemeinschaft. Die zentralen Probleme von Hiob sind die Ausgrenzung und speziell das Fehlen von Antwort und Beachtung seitens Gott, die Störung seiner Gottesbeziehung, wie es Martin Buber nannte. Damit wird das übelste Leiden des Menschen, insbesondere in seiner seelischen Dimension, deutlich: die Kommunikations-, Dialog- und Gesprächslosigkeit. Als soziale Wesen sind wir darauf angewiesen, in eine lebendige Gemeinschaft eingebettet zu sein, Ansprache zu haben und diese selbst zu geben, solidarisch zu sein und die Gemeinschaft mit den anderen zu spüren.

Dies gilt nicht nur in einem menschlich-physikalischen, sondern auch in einem transzendent-religiösen Sinne, bezogen auf eine höhere Macht wie z. B. Gott. Zwiesprache zu haben, im Dialog und Gebet mit Gott zu sein, ist existenziell, andernfalls „vergehen" wir. So kulminiert der Zustand von Hiob in dem, was er „Klage" und „Trauerlied" nennt, das heißt in Wut und Depression.

Hiob macht deutlich, worum es ihm im Dialog mit Gott geht: Er möchte explizit und verbindlich erfahren, warum ihn dieses in jeder Hinsicht umfassende Leiden trifft. Das heißt, erst wenn der Mensch sein Erklärungsmodell zu dem, was ihm widerfährt, gefunden hat, erst wenn er erfährt, warum er aus seiner Geborgenheit herausgerissen wird, gäbe es einen Weg, Leiden, egal welcher Art, für sich zu akzeptieren.

Hiob spricht hier also die Gerechtigkeit des „Leiden erfahren" an. Warum können Millionen andere so unbescholten und intensiv, aber nicht gottbezogen leben, während er so gestraft wird? Warum hat ausgerechnet ihn dieses Leiden getroffen? Warum gerade ich? – Eine Frage, die sich Millionen auch gegenwärtig Erkrankter, sei es körperlich oder psychisch, immer wieder stellen. Die Pointe des Buches Hiobs am Ende ist jedoch, dass es keine Antwort darauf gibt. Man kann höchstens zu der Akzeptanz finden, die Hiob zu Beginn geäußert hat: „Der Herr hat's gegeben, der Herr hat's genommen." Es ist Schicksal, ein Teil des Lebens, und nur daraus könne man seinem Leiden einen Sinn geben, auch wenn das sinnlos erscheinen mag.

Glaube ist bedingungslos und der Mensch kann von Gott keine Erklärung erwarten. Aber wenn *die* Erklärung nicht zu erwarten ist, dann bleibt, und das ist eine wesentliche Grundaussage des Buches Hiob, als das Entscheidende nämlich die Gemeinschaft, die soziale und emotionale Verbundenheit, das Dasein von anderen, das Dasein von Gott, mit denen der Mensch in Verbindung steht und die er spürt. Damit kann jegliches Leiden überwunden werden.

Gott spricht mit Hiob

Aber dann erscheint Gott dem Hiob und spricht mit ihm von Angesicht zu Angesicht. Dieses von Hiob sehnlichst erwünschte Gespräch soll nun die Erlösung vom Leiden und die Wiederherstellung vollständiger Gesundheit im körperlichen, sozialen, geistigen, seelischen und schlussendlich dann auch ökonomischen Sinn erbringen. Gott macht in seiner Ansprache vor allem Hiob deutlich, wie allmächtig er ist, dass er alles auf der Welt erschaffen hat und für alles sorgen kann. So ist auch Hiob nur ein (sehr kleiner) Teil des Ganzen und somit auch von Gott selbst.

Der erste Dialog zwischen Gott und Hiob ist relativ kurz: „Wer Gott anklagen will, der antworte nun! Da antwortete Hiob dem Herrn und sprach: Siehe, ich bin zu gering, was könnte ich dir erwidern? Ich lege die Hand auf meinen Mund“ (Hiob 40,2–4). Die Verhältnisse sind klar: „unendlich groß“ gegenüber „unendlich klein“, ohne aber, dass dies ein „Verlorensein“ und eine Beziehungslosigkeit bedeuten würde, wie es Hiob in seiner Leidenszeit bislang erfahren hatte. Denn Gott macht hier deutlich, der Mensch möge sich anvertrauen, egal was passiert, und in dieser Geborgenheit kann er alles ertragen, sowohl das Gute als auch das Schlechte und damit auch sämtliches Leiden. „Vom Hörensagen hatte ich von dir gehört, jetzt aber hat mein Auge dich gesehen. Darum gebe ich auf und tröste mich im Staub und in der Asche“ (Hiob 42,5–6).

Sein großer Wunsch, Gott von Angesicht als Mensch zu sehen und mit ihm sprechen zu können, ist wahr geworden und damit hat sich sein Wohlbefinden in diesem Prozess von Depression über Wut zu Glauben wiederhergestellt. Hiob kann gar nicht mehr verstehen, warum er überhaupt Anklage gegen Gott erhoben und gezweifelt hat. Er hat jetzt verstanden, dass es vor allem um den Dialog geht – um das Fragen, Reden und den Austausch. Es geht darum, dass Gott ihn überhaupt erhört hat, ihm Wert beimisst und als Gesprächspartner in einem echten Austausch akzeptiert.

Hiob ist durch sein übergroßes Leiden in seinem Glauben erschüttert worden, er hadert und zweifelt. Darum möchte er die ganze Zeit Gott sehen und sich vergewissern. Gott lässt ihn jedoch nicht fallen, er erscheint ihm in seiner Unermesslichkeit und sofort ist Hiob wieder von seinem bedingungslosen Glauben erfüllt. – Es muss auch nicht mehr viel gesagt werden, so sind denn auch die Redeanteile von Hiob am Schluss des Buches relativ kurz, da das Entscheidende eher das Emotionale und die Gewissheit des Glaubens sind. Mit dem Erkennen und Fühlen in einem tieferen religiösen Sinn und dem Leben in der Geborgenheit mit Gott, im Einklang mit allen Lebewesen und allem, was von ihm geschaffen wurde, endet das Buch Hiob.

Hiob wird in seinem bisher untadeligen Lebenswandel vollkommen rehabilitiert und gerechtfertigt. Er erhält alles und noch mehr zurück. Und diese Rechtfertigung geschieht nicht nur im Binnenverhältnis zwischen Gott und Hiob, sondern ihm wird auch in der Gemeinschaft, in seiner sozialen Stellung als Gott vertrauender Mensch, wieder der ihm gebührende Platz zugesprochen.

Ein selbstbewusster Glaube, das Vertrauen auf etwas Höheres und die Hoffnung auf ein gelungenes Leben, in dem von Gott gesetzten Rahmen, geben im Sinne der Selbstwirksamkeit dem Leidenden Zuversicht und letztlich auch die Perspektive von Erlösung. Der bekannte Benediktinermönch Anselm Grün drückt es so aus: „Wer in Leid gerät, muss nicht die Schuld bei sich selber suchen. (…) Doch wir sollen Gott Gott sein lassen und aufhören, die Ursache des Leids zu ergründen … So ist das Buch Hiob ein Hoffnungsbuch für alle, die an ihrem Leiden zu zerbrechen drohen (...) In der Unbegreiflichkeit der Liebe Gottes wird die Unbegreiflichkeit des Leids aufgehoben und verwandelt.“[23]

2. Sinnstiftendes Leiden?

Das Buch Hiob im Alten Testament behandelt die Versuchung beziehungsweise Prüfung des Menschen durch höhere Mächte, ein Thema, das sich durch die ganze Bibel zieht. Diese Versuchungen wie Prüfungen werden in der Regel hervorgerufen durch das „Böse“, was oft als Infragestellen der göttlichen Allmacht diskutiert wurde. Es scheint jedoch, dass nichts Gutes ohne sein Gegenteil geschieht, und der Mensch muss sich bei diesen Herausforderungen klug mit seiner Willensfreiheit entscheiden und die entsprechenden Konsequenzen tragen.

Bereits am Anfang der Bibel, in der Genesis, findet sich der Sündenfall, hervorgerufen durch die „listige Schlange“, der zur Vertreibung der Menschen aus dem Paradies führte. Dies führte dann zu Leiden, Krankheit, Sterben und Tod für Adam und Eva und all ihre Nachkommen. Im Buch Hiob findet sich unter den „Gottessöhnen“ auch Satan, der Gott hintersinnig herausfordert – sicherlich das Urbild der Mephisto-Wette –, indem er behauptet, Hiob sei nicht „umsonst“ gottesfürchtig, sondern würde von Gott dafür gut „entlohnt“. Als Folge dieser Prüfung widerfährt Hiob sodann körperliches und seelisches Leiden.

Die Bedeutung des Satans, der den Menschen Leiden bringt, ergibt sich nicht nur aus dem Alten Testament, sondern er begegnet uns auch im Neuen Testament bei den Versuchungen Jesu, während der 40 Tage in der Wüste, die dieser als Sohn Gottes schlussendlich meistert. Später erzählt Jesus, dass er „den Satan wie einen Blitz vom Himmel fallen“ sah (Lukas 10,18), das heißt, er erlebte die Trennung Gottes von diesem „seinem dunklen Sohn“ einst mit. Spuren des Satanischen finden sich später noch in der Offenbarung des Johannes in Form des Antichristen, der im Kontext des Jüngsten Gerichts und der jubelnden Posaunen des neuen Jerusalem apokalyptisch und schlussendlich eschatologisch überwunden wird.

Ein gemeinsames Merkmal all dieser Textstellen ist, dass durch all diese Herausforderungssituationen Leiden entsteht *und* Gott dies zulässt. Damit weist Gott eine Doppelnatur auch mit zerstörerischen Anteilen auf. Er wartet zunächst ein Stück weit ab, wie der Einzelne reagiert, und greift dann direkt oder indirekt richtungsweisend ein. – So ist auch der Ablauf im Buch Hiob, das wir uns hier exemplarisch unter der Fragestellung ansehen, inwiefern das darin geschilderte Leiden auch Aspekte psychischer Reaktionen und Belastungen von heute umfasst und welche therapeutischen oder auch religiösen Möglichkeiten bestehen, um das Leiden zu lindern.

Im Buch Hiob hat menschliches Leiden vielfältige Facetten, auch psychische Dimensionen. So zeigt Hiob einige typische Symptome der Depression, nachdem er anfangs noch versucht hatte, entsprechende Gegenstrategien und Resilienz („Widerstandsfähigkeit“) zu aktivieren, während er angesichts all des satanischen Unheils dennoch ruhig, erklärend und gelassen blieb. Im Laufe des Buches ändert sich jedoch seine Stimmung. Er gibt an, sich bezüglich des Antriebs, der Konzentration und des Schlafs anders zu fühlen. Er spricht von Hoffnungslosigkeit, Verzweiflung bis hin zu Selbstmordgedanken. Vor allem bestimmen nun Selbstzweifel sein Innenleben. Das Leben sei nichtig, insbesondere sein Leben sei nichts wert, er würde sich wünschen, gar nicht geboren worden zu sein, alles habe ohne Gott keinen Wert. Darüber hinaus erleidet er körperliche Beschwerden wie Schmerzen und Hautgeschwüre. Hinzu kommen die typischen Folgen einer Depression, nämlich vor allem die Stigmatisierung und Diskriminierung als ein „Sündenbock“, der sozial ausgegrenzt wird und dem kein Mitgefühl zuteilwird.

Der bekannte Arzt und Psychotherapeut C. G. Jung beispielsweise verbindet die Figur Hiobs mit Jesus. Dabei sieht er den Übergang vom alttestamentarischen Rachegott, bei dem jegliches Leiden durch Schuld bedingt ist und bestraft wird, zu dem den endlichen und leidenden Menschen stets aufnehmenden Gott in der Person Jesus. So zeigen sich schon im Buch Hiob Ansätze für das spätere Evangelium, in dem mit Jesus Christus alle Schwachen und Entrechteten Mitleid und Erlösung durch den die Menschen liebenden und barmherzigen Gott finden, der dafür seinen Sohn auf dessen Leidensweg geschickt hat.

Geborgenheit

Vor dieser Perspektive erscheint die Lösung für Hiobs Leiden – und damit die psychotherapeutische Perspektive – im Aufbau einer tragfähigen Beziehung zu einem anderen gut nachvollziehbar zu sein. Diese besteht auch in einem seelisch berührenden Gespräch und im Gehalten-Werden und Sich-geborgen-Fühlen. Natürlich klingt in weiten Strecken des Buches Hiob auch immer wieder eine starke Verbitterung an, bei der sich auch an Vergebung als Lösung denken ließe, wobei „Vergebung“

für Hiob im Alten Testament offenbar noch keine Erlösungsperspektive darstellt. Eher ist er interessiert an einem für ihn vernünftig nachvollziehbaren und sein Leiden erklärendes Modell. Das – und Gerechtigkeit – erwartet er eigentlich von Gott, bekommt es jedoch nicht. Es würde ihm auch nicht wirklich bei der Bewältigung seines gewaltigen Leidens helfen. Die Lösung liegt stattdessen bei Hiob und im Grunde bei allen notleidenden Menschen in der eindeutigen Zuwendung durch einen anderen. Hier erfährt der Leidende Verständnis und Annahme, aus denen sich ein tiefes Vertrauen in das Haltende entwickelt, das Leiden lindert und den Menschen wieder erstarken lässt.

Für Hiob sind das die direkte Begegnung und der Austausch mit Gott. Dieser bietet dabei keine Erklärung im engeren rationalen Sinne an („Das war doch die Wette mit Satan“ o. Ä.), sondern die Wiederaufnahme der seelisch-emotionalen Verbundenheit zwischen dem „Sohn“ Hiob und dem „Vater“. Die Gewissheit, dass Gott „da“ ist, dass er erreichbar ist und den Menschen – exemplarisch hier Hiob – hält, das ist und bleibt das für ihn Entscheidende. Dieses einfache Dasein, sein letztliches Erscheinen und Zuwenden sind psychisch elementar und die Voraussetzung für alles Weitere. Daher gibt es auf die Fragen „Warum dieses Leiden?“ oder „Warum ausgerechnet ich?“ auch keine Antwort. Das jeweilige menschliche Schicksal scheint im Großen und Ganzen gesetzt zu sein, aber dem Einzelnen bleibt immer im Konkreten eine Wahlfreiheit erhalten. Die Akzeptanz dieser Rahmenbedingungen, einschließlich des Leidens, und das Gefühl, in einer höheren Macht geborgen zu sein, sind mitmenschlich, religiös und psychotherapeutisch dann das, was so etwas wie „Sinn“ ausmacht.

Natürlich geht es im Buch Hiob auch um die Herausforderung von Gott durch den Menschen Hiob, als ob dieser „Rechte“ oder „Ansprüche“ auf Gleichrangigkeit, Gegenleistung oder Erklärung habe. Aber „Gottesfürchtigkeit “ und „Glück“ hängen nicht zusammen. Ja, es ist so, dass Hiob „umsonst“ seine Güter empfängt, aber eben auch „umsonst“ körperlich und seelisch leidet. Es gibt daher für „Gottesfürchtigkeit“, das heißt die Gottesliebe, keine „Gegenleistung“. Sie wird als solche nicht belohnt, sie wird vorausgesetzt (und damit dürfte Satan die anfängliche Wette verlieren). Gottesfürchtigkeit könnte „Glück“ bringen, muss es aber nicht automatisch. Aber das Einzige, was auch im Leiden bleibt, ist die Zuversicht, auch am Rande des „Abgrunds" wie bei Hiob, dass Gott ihn nicht fallen lässt.

Alles im Leben kann quantitativ zu wenig oder zu viel sein, äußere Lebensumstände, ob reich oder arm, sind relativ. Leiden ist davon ein Stück weit unabhängig. Um Leiden überhaupt einen Sinn zusprechen zu können, liegt dieser in der Erfahrung, es gemeinsam mitmenschlich zu ertragen und möglichst auch zu lösen. Es geht um Beziehungen und Gespräche, um soziale Interaktion und Dialog, wodurch Leiden reduziert werden kann. Auf dieses wichtige emotionale Moment bei Hiob hat Immanuel Kant unter dem Slogan „Aufrichtigkeit des Herzens" sehr früh hingewiesen. Das Wichtigste sind die seelische Berührung, die Geborgenheit, das „Aufgehoben-Sein" bei einem anderen – bis alles in einem zur Ruhe kommt. Niemanden darf man ins Leere laufen lassen, niemanden darf man alleinlassen. Die schlimmste Strafe, die ein menschliches Wesen erfahren kann, sind Ausgrenzung und Isolation. Subjektiv empfindet man bei Verlust aller Bindungen und Liebe existenzielle Verlorenheit und Einsamkeit.

Selbstwirksamkeit

Im Buch Hiob wird deutlich, dass die schlechteste Variante, mit Leiden, Bedrohung und Beschwerden umzugehen, diejenige ist, diese nur passiv zu ertragen, das heißt, sie schlichtweg depressiv hinzunehmen. Hiob geht in den mittleren Passagen des Buches dazu über, aktiv damit umzugehen, er geht in eine aktive Auseinandersetzung und persönliche Verantwortungsübernahme seiner Erkrankung, indem er beginnt, Gott anzuklagen. Das mündet im dritten Schritt schließlich im Begreifen und „Gewahr-Werden" einer Vertrauensdimension mit einem Gegenüber, wie es Hiob in Bezug auf Gott erlebt. Diese Synthese aus passivem Erleiden und aktiver Annahme in der Dimension des Glaubens scheint eine gute Möglichkeit zu sein, Leiden auch im psychischen Sinne z. B. bei Depression zu überwinden. In diese Richtung geht auch die Interpretation des Buches Hiob im Brief des Jakobus im Neuen Testament, dass die Bedeutung von Hiobs Leiden und Klage in der Verherrlichung Gottes läge: „Seht, wir preisen selig, die standhaft geblieben sind. Von der Standhaftigkeit Hiobs habt ihr gehört, und das gute Ende, das ihm der Herr geschenkt hat, konntet ihr sehen: Voll Mitleid und Erbarmen ist der Herr" (Jakobus 5,11).

Das Buch Hiob zeigt also diese Entwicklung: Hiob wandelt sich von einem depressiv-zermürbten Anklagenden zu einem im tiefen Glauben wieder Gefestigten, wie es auch der französische Philosoph Paul Ricœur formulierte. Dabei können Klagen und Jammern, sein Leiden herauszuschreien durchaus positiv gesehen werden. Klagen ist besser als ohnmächtiges, hilfloses Schweigen. All die wirren Gedanken und Gefühle, die in einer Depression eine Rolle spielen, fokussieren sich dann auf das Anklagen, was eine innere reinigende Wirkung haben kann. All das drängt dann auf Beziehung, Gespräch und Klärung. Das heißt, die anfänglich nach innen gewandte Aggression beim Depressiven wird nach außen auf den „Aggressor" gerichtet, und dadurch tritt eine Lösung und Lockerung der Symptomatik ein. Das „Streiten mit Gott", wie es der evangelische Theologe Jürgen Ebach hinsichtlich Hiob genannt hat, dürfte in einem positiven und die Beziehung vertiefenden Sinne in die eigentliche Glaubenssphäre führen. Hiob erkennt, dass man sich mit Gott nicht wie in einem Gerichtsverfahren im juristischen Sinne auseinandersetzen kann. Es geht vielmehr um den Glauben und die Bindung an ihn. Dies wäre dann eben auch die „Aufrichtigkeit gegenüber sich selbst", einschließlich des zum Menschsein gehörenden Leidens, was Hiob letztendlich im Sinne des Seelenheils erlöst und wieder stabilisieren lässt.

Aus der Geschichte Hiobs lassen sich in Analogie wichtige psychotherapeutische Arbeitsschritte ableiten, wenn es um die Arbeit mit depressiven Patienten geht: Der Patient soll aus dem rein passiven Erleiden seiner depressiven Symptomatik herausgeführt werden, und zwar mit dem Ziel einer aktiven Auseinandersetzung und „Aggressionslockerung". Auf diese Weise eröffnet sich in der Behandlung die Möglichkeit, sich überhaupt mit sich selbst, dem eigenen Leben sowie einer übergeordneten Sinnhaftigkeit wie zum Beispiel einer religiösen Glaubensdimension zu beschäftigen.

3. Leni und Hiob

Viele Menschen leiden, so auch die zu Beginn geschilderte junge Frau. Sie klagen über sich selbst, die Familie, die Verhältnisse, ... Sie reiben sich auf, revoltieren gegen ihr Schicksal und werden irgendwann still und depressiv – oder auch laut und emotional unausgeglichen. Dies gilt auch für Menschen, die oftmals langwierig und chronisch an einer körperlichen Erkrankung leiden. Sie alle haben sich mit ihrem Leiden auseinanderzusetzen. Hierbei sprechen wir von fünf Phasen der Krankheitsverarbeitung, ähnlich wie sie die Schweizer Sterbeforscherin Elisabeth Kübler-Ross insbesondere für Krebserkrankungen und Sterbende entwickelt hat: Leugnen, Zorn, Verhandeln, Depression und Annahme. Die Geschichte von Hiob legt eher einen Dreiklang als Reaktion nahe. Nach der anfänglichen Gelassenheit kommen Resignation und Depression, gefolgt von Wut und Anklage, was dann in Glauben, Akzeptanz und Zuversicht mündet.

Leni, unsere junge Patientin, könnte natürlich den Ausweg durch Selbstmord wählen, diesen hat sie immer, aber das würde sie nicht wirklich reifen lassen. Sie wird begreifen müssen, dass sie einen anderen Weg des Abschieds wählen muss, um gesund und erwachsen zu werden. Sie wird sich trennen müssen von all den „Chimären" ihrer Kindheit und ihrer Familie. Ihr geschah dort etwas, ein Trauma, das sie vergeblich zu kompensieren versuchte. Dies führte zu Sucht, unglücklichen Männergeschichten, Selbstverletzung, Ängsten, Depressionen und gelegentlichen Stimmungsschwankungen. All dies war mit übermäßiger Anstrengung verbunden, sei es in der Familie, in der Schule, aus ihrer Sicht in allem. Die Beziehungen waren stets aus dem Gleichgewicht, ständig rutschte sie in die Sehnsucht nach Balance und Stabilität.

Sich von all diesen nicht geglückten Versuchen zu verabschieden, den Glauben an sich und seine Zukunft nicht zu verlieren und eigene Perspektiven durch die Entwicklung eigener Werte im Rahmen der Unterstützung von anderen aufzubauen, darum geht es auch bei ihr, so wie es die Hiob-Geschichte zeigt. Diese Reise – so wie viele psychotherapeutische Behandlungen – erfordert oftmals auch längere Geduld. Das lohnt sich jedoch, wie der Fall von Hiob zeigte, und könnte auch für Leni gelten.

Die junge Frau ist ganz alleine in ihrem Leiden. Mit niemandem kann sie darüber sprechen. Sie ist ja fast immer nur für die anderen da, während sie selbst von den anderen nicht gesehen wird und sich selbst dabei verloren hat.

Einsamkeit und Isolation sind die stärksten Leiden der Menschheit, und zwar nicht nur in Pandemiezeiten, und können die Folge sein von vielen sozialen, psychischen und anderen Katastrophen. Der Kern dieses Leidens ist das Fehlen einer tragenden Gemeinschaft, was in Hiobs Fall auch das Fehlen des Dialogs und der Verbundenheit mit Gott bedeutet. Denn neben der sozialen Ausgrenzung und Isolation leidet Hiob am meisten darunter, dass er in seinem Bedürfnis nach Antworten nicht beachtet und ernst genommen wird: „Ich schreie zu dir, und du antwortest mir nicht, ich stehe da, und du bemerkst mich nicht“ (Hiob 30,20). Leni kann nur aus sich herausgehen und wie Hiob hoffen, dass sich wirklich Kontakt und Beziehung zu einem Gegenüber – zunächst therapeutisch, dann später in ihrem Umfeld – einstellen, das sie in ihrem So-Sein versteht, annimmt und respektiert. Ein Dialog, in dem sie sich öffnen kann und angenommen wird, wäre ihr zu wünschen. Offenbar hat sie diesen in der Wüste gefunden.

Warum ausgerechnet Hiob und Leni?

Auch wenn Erkrankungen, sowohl psychische als auch körperliche Leiden, nahezu jeden von uns betreffen können, so erlebt sie doch nicht jeder in gleichem Maße. Warum habe ausgerechnet ich Corona, Krebs oder einen Schlaganfall? Auch Hiob stellt sich die Warum-Frage, auf die praktisch jede und jeder schwer Erkrankte eine Antwort sucht. Hiob sehnt sich nach einer Antwort. Er möchte explizit und verbindlich erfahren, warum gerade ihn dieses in jeder Hinsicht umfassende Leiden befallen hat: „Mich ekelt vor meinem Leben, meiner Klage will ich freien Lauf lassen, will reden aus der Bitternis meiner Seele. Ich sage zu Gott: Sprich mich nicht schuldig, lass mich wissen, warum du gegen mich streitest“ (Hiob 10,1–2). Der Mensch neigt nämlich dazu zu glauben, er könnte sein Leiden besser verstehen, akzeptieren und ertragen, wenn er den Grund dafür erfährt, warum gerade er aus einer vertrauten Situation und Alltäglichkeit herausgerissen und gepeinigt wird. Und warum – so die Kehrseite – werden andere eben nicht von diesem Schicksal heimgesucht, sondern sind fröhlich und gesund? Ist das gerecht? Hiob fragt sich: Warum können viele andere so ungestraft und gottlos leben, während er so heftig bestraft wird?

Auch Leni fragt sich, warum sie in ihren jungen Jahren so viel leiden musste. Warum hat es ausgerechnet sie und dann auch noch so hart getroffen? All ihren Freundinnen geht es gut, sie haben ein „normales" Leben. Sie kann die Verhältnisse, ihre Familie anklagen, sich depressiv zurückziehen, ihr Borderline ausleben, aber sie wird keine abschließende Erklärung finden, denn mit Gerechtigkeit hat das nichts zu tun. Und letztendlich würde es ihr sowieso nicht helfen, genau den einen einzigen Grund für ihr Leiden zu finden. Daher bleibt nur die tägliche Auseinandersetzung mit sich selbst und anderen, möglicherweise auch im Bezug zu einer höheren Dimension, damit sie sich selbst so, wie sie ist, akzeptieren lernt, aber auch beginnt, ihre Wünsche nach Leben und Liebe zu realisieren. Hiob sagt den weisen Satz: „Der Herr hat's gegeben, der Herr hat's genommen, der Name des Herrn sei gelobt" (Hiob 1,21).

Leid ist demnach Gottesgabe und Teil des Lebens – und mit dieser Haltung lässt es sich als solches auch annehmen. Der Wiener Psychotherapeut Viktor Frankl hat in seiner Hiob-Interpretation diese Akzeptanz als die notwendige „Demut vor dem ewigen Geheimnis, dem man sich zu beugen hat" in den Mittelpunkt gestellt. Der Glaube sei bedingungslos und Gott unverfügbar.

Entscheidend bleibt, und das ist eine der zentralen Botschaften des Buches Hiob, auch für unsere junge Frau, dass der Mensch nur in der Geborgenheit der Gemeinschaft mit anderen und vor allem mit Gott jegliches Leiden zu bewältigen und zu überwinden vermag. So ermöglicht ein tiefer, selbstbewusster Gottesglaube auch ein kritisches Zwiegespräch mit ihm, in dem Zweifel ebenso formuliert werden können wie Enttäuschungen und Kränkungen.

Solche reinigenden Gespräche mit Gott können auch zu weiteren indirekten Effekten führen. Einerseits zu einer Steigerung des Selbstwertes aus der Selbstwirksamkeit heraus, da der Mensch aktiv ins Zwiegespräch mit Gott tritt und das Leiden nicht passiv als etwas „Schicksalhaftes" über sich ergehen lässt. Andererseits erwachsen aus den auch diskursiv führenden Gesprächen mit Gott Zuversicht und Selbstbestätigung, da Gott auch durch das Leiden vermittelt, dass der Mensch ihm nicht unwichtig ist oder gar vergessen wird. Gott lässt den Menschen gewähren, egal ob im gesunden, starken oder im schwachen, erkrankten Zustand. Darin zeigt sich letztlich auch seine Menschenliebe. Allerdings erfordert dies auch eine gewisse Bereitschaft zur „Umkehr", zu einer Rückkehr zum Glauben.

Abschließend

Fast alle Menschen durchleben kürzere oder längere Phasen von Krankheit und Leiden. Die Gründe dafür sind oftmals schwer zu verstehen. Man kann sich dem passiv fügen oder auch aktiv dagegen revoltieren, man kann alles absurd finden, aber eine Flucht in den Tod löst nichts. Nur die Annahme des Schicksals, das konstruktive Umgehen damit und die soziale Dimension ärztlich-therapeutischer Zuwendung, mitmenschlicher Gemeinschaft und der Bezug zu einer höheren Macht können hier eine Perspektive bieten, selbst wenn das Leiden und die existenzielle Verlorenheit bereits früh und stark ausgeprägt sind.

Im Buch Hiob der Bibel wird neben den körperlichen Veränderungen und seiner sozialen Diskriminierung ausführlich eine Depression mit all ihren schweren Symptomen geschildert. Hiob durchlebt eine Leidensgeschichte, die in ihren Phasen von der Resignation über Auflehnung gegenüber Gott bis hin zum wiedererstarkten Gottesglauben reicht. Für seine Genesung scheint nicht die rationale Erklärung seines Leidens, sondern die emotionale und seelische Annahme sowie Beziehung zu einem starken Gegenüber, hier Gott, entscheidend zu sein.

Dies unterstreicht die Bedeutung der Sorge um die Seele des Erkrankten und die einer guten vertrauensvollen Beziehung zur Linderung körperlicher und psychischer Krankheit. Und es betont dabei auch den religiös-spirituellen Aspekt. Wenn jemand für den anderen „da" ist und dieser es spürt, gibt dies Kraft und Zuversicht, selbst mit dem schwierigsten Leiden umzugehen.

Leiden ist ein Teil des menschlichen Lebens. Zur Bewältigung von Leiden ist auch heute noch eine weltanschaulich-religiöse Bezugnahme hilfreich: „Wer trotz der Leiden an der Hoffnung festhält, der hat verstanden, wer Jesus ist und was Jesu Erlösung für ihn bedeutet."[24]

Hiob macht deutlich, dass persönliches Leiden und Schädigungen aller Art, so schwer sie auch sein mögen, im Kern nicht das Problem sind, sofern man seinen Bezug zum anderen im Glauben nicht verloren hat.

Durch die Erfahrung seines Leidens ist Hiob nicht nur bereichert, sondern vor allem gewachsen, wie es der Psychiater Barth und die Theologin Barth-Frommel meinen: Er sei bescheidener und umfänglicher geworden, „da er das ‚Ich gebe auf und tröste mich' erfahren" habe.

Auf diese Weise wird Leiden nicht mehr als ein „sinnloses Leid" empfunden. Es ist vielmehr ein irdischer Daseinszustand, der unser Leben trotz aller Krisen vielfältig macht und uns immer stärker werden lässt, vorausgesetzt, wir finden die richtige Perspektive und einen Weg, damit umzugehen – und das gemeinsam.

Fazit

„Die ‚Sünde', jedwedes Distanz-Verhältnis zwischen Gott und Mensch ist abgeschafft, eben das ist die ‚frohe Botschaft'. … der Christ handelt, er unterscheidet sich durch ein anderes Handeln. Dass er dem, der böse gegen ihn ist, weder durch Wort, noch im Herzen Widerstand leistet. Dass er keinen Unterschied macht zwischen Fremden und Einheimischen, … Dass er sich gegen niemanden erzürnt, niemanden geringschätzt … Das Leben des Erlösers war nichts anders als diese Praktik, … Das ‚Himmelreich' ist ein Zustand des Herzens, … Dieser ‚frohe Botschafter' starb wie er lebte, wie er lehrte, nicht um ‚die Menschen zu erlösen', sondern um zu zeigen, wie man zu leben hat. … auch nicht dem Bösen widerstehen, – ihn lieben …"[25]

Friedrich Nietzsche

Krisen, Krankheiten, Katastrophen und Kriege. Im Laufe unseres Lebens begegnen uns Prüfungen, die uns mal stärker, mal schwächer ängstigen. Derzeit scheint viel Unheil in der Luft zu liegen, manches davon haben wir hier schon beschrieben – auch wie man damit umgehen könnte. Oft übersehen wir dabei, dass viele, wenn nicht sogar die meisten unserer Probleme von Menschen verursacht sind. Wir haben aber auch gesehen, beim Gang durch dieses Buch, dass viele Lösungsmöglichkeiten in den Geschichten der Bibel erzählt werden.

Eine der wichtigsten Botschaften, die nicht zuletzt im Neuen Testament zu finden ist, lautet: Der Mensch schafft seine eigenen Belastungen und findet seinen Seelenfrieden nur, wenn er sich endlich auf die Aufforderungen und Angebote Gottes hinsichtlich Gemeinschaft besinnt. Nur wenn wir uns alle in Liebe und Solidarität zugetan sind, uns einander und der Natur, also unserem Lebensraum, nicht mehr so Zerstörerisches und Vernichtendes antun, werden wir schaffen, was wir eigentlich alle wollen: in Frieden und geborgen in der Natur und im Göttlichen zu leben. Erst dann können wir unsere Welt unseren Nachkommen so intakt übergeben, wie wir sie einst vorgefunden haben.

Vielleicht mag dies ein naiver Traum sein, denn das Prinzip vom Fressen-und-gefressen-Werden sowie drastische Naturereignisse gab es ja schon immer. Doch angesichts der rasanten Entwicklung der menschlichen Rasse und ihrer auch negativen technischen Möglichkeiten haben wir lediglich eine Chance, nämlich unsere hochentwickelten Gehirne gemeinsam und konstruktiv für unsere Zukunft zu nutzen. Andernfalls bleibt nur noch der Satz des alten Heideggers in dem berühmten Spiegel-Interview vom 23. September 1966: „Nur ein Gott kann uns noch retten."

Liebe

Sprechen wir noch einmal über den Sündenfall: Der Kern der Geschichte von Kain und Abel liegt aus unserer Sicht darin, dass der erste Tod überhaupt eines Menschen nicht ein Tod durch Alter oder Krankheit, sondern ein Brudermord war. Abel war ahnungslos und schutzlos. Kain wurde von seinen Emotionen, von Neid und Eifersucht, übermannt und erschlug ihn hinterhältig.

In dieser Geschichte wird deutlich, dass es sowohl im familiären wie auch im größeren Kontext – denkt man beispielsweise an den gegenwärtigen Krieg zwischen den osteuropäischen Brüdern innerhalb einer Kultur und Religion – immer um die Regulation von Gefühlen und Interessen geht. Aber auch, dass das aggressive und kriegerische Gegeneinander ein Ausdruck der Entfremdung von Gott darstellt.

Ist jedoch der Glaube stark und beständig ausgeprägt, kann die Hybris, so wie Gott sein zu wollen, nicht greifen, vielmehr gibt er dann den absoluten inneren und äußeren Schutz davor, Gott im Ebenbild eines anderen Menschen zu töten. Letztlich liegt im Verhindern jeglicher Form von Gewalt, einschließlich der alltäglichen, die beste Prophylaxe vor psychischen Leiden und vielen anderen Erkrankungen.

Liebe in deinem Feind auch den Nächsten! So lautet die revolutionäre Wendung in Bezug auf Feindschaft und Gewalt in der „Bergpredigt" Jesu, seinem „Regierungsprogramm des Himmelreiches" (Klaus Wengst). Es bedeutet, dass der Angegriffene in allen Konflikten nicht zu Gewalt zu greifen habe, sondern dem Angreifer noch die „zweite Backe hinzuhalten" und dem Feind zu verzeihen habe (Matthäus 5,38–48).

Selbst einem Mörder (wie Kain) gelte unbedingte Nächstenliebe, deren höchste Form die Feindesliebe ist. „Und wie ihr wollt, dass die Leute mit euch umgehen, so geht auch mit ihnen um“ (Lukas 6,31). Barmherzigkeit bildet den Kern der Botschaft von Jesus, wie Joseph Ratzinger in seinen Büchern über Jesus herausstellt. „Seid barmherzig, wie euer Vater barmherzig ist!“ (Lukas 6,36).

Daraus folgt – und das formulierte Dietrich Bonhoeffer schon 1937 –, dass jemand, der auf Christus vertraut und in „seiner Nachfolge“ lebt, alle Mitmenschen, ob gut oder schlecht, liebt wie sich selbst, wenn nicht stärker, und auch für Gewalttäter und ihr Seelenheil betet: „Betet für die, die euch misshandeln!“ (Lukas 6,28). Deswegen müsste er eigentlich auch keine Angst vor Gewalt oder Krieg haben. Denn was soll es Schlimmes geben, das diese Liebe erschüttern könnte? Der Tod kann es nicht sein, wie es eindrücklich Bonhoeffer in „Widerstand und Ergebung“ gezeigt hat, denn in Christus werden Gläubige ewiges Leben haben. Denn jeden, der sich zu ihm bekennt, hebt Gott auf, auch die „Sünder“, sofern sie Reue und Umkehr zeigen. Daher ist Gewalt insgesamt, auch im Falle von Notwehr, dem Christen im Grunde unmöglich, er kann sich schützen, sich zurückziehen, gewaltlosen Widerstand leisten und immer wieder Gespräche und Verhandlungen anbieten. Das Einzige, was ihn ängstigen könnte, wäre der Verlust der Liebe Gottes.

In den individuellen wie gesellschaftlichen Konflikten sollten wir dies, gerade in unserer heutigen Zeit, beherzigen. Doch bei Konflikten gibt es bekanntlich immer zwei Seiten, es gibt nie nur „den Guten“ und nur „den Bösen“, jeder hat seine verdeckten Absichten, die offen und ehrlich auf den Tisch kommen müssen, um zu einer nachhaltigen Klärung zu kommen. Diese „tödliche“ Dialektik der Beschuldigungen, Unterstellungen und Verzerrungen muss jeweils rasch und frühzeitig durch ein Aufeinander-zu-Gehen und einen Austausch durchbrochen werden, sodass keine weitere Gewalt entsteht und unsere Ängste konkret vor Ort, aber auch bezogen auf Befürchtungen wie Welt- und Atomkrieg kleiner werden.

Für uns alle bleibt die Schlussfolgerung zu ziehen, überall, wo wir können, für Nächstenliebe und Versöhnung im Kleinen und im Großen zu werben und diese überall im Alltag in dem jeweiligen Umfeld zu praktizieren – bei uns persönlich vor Ort, aber auch in Osteuropa und bei anderen Kriegsschauplätzen mit Millionen von Toten, Verletzten und Flüchtenden. Und immer zu versuchen, die andere Seite auch in ihren Beweggründen zu verstehen sowie alltäglicher verbaler und nonverbaler Gewalt entgegenzutreten und jegliche scheinheiligen Einseitigkeiten zurechtzurücken, obgleich das auch erst mal zu unserem eigenen Nachteil oder gar mit seelischen oder körperlichen Verletzungen ausgehen könnte.

Feindesliebe als höchste Form der Nächstenliebe ist freundlich-aufdringlich, selbst wenn der andere nicht kooperiert, und ist immer ein Risiko. Sie bedeutet, „Ja, aber …“ zu sagen, auf den anderen nur geschützt durch Gottvertrauen zuzugehen und sich mit ihm aktiv und beherzt auseinanderzusetzen, bis eine für beide irgendwie tragfähige Lösung da ist. Bei uns im Ruhrgebiet beginnt solch ein Vorgehen mit „Hömma“ (Hör mal) und endet irgendwann mit „Glück auf“!

Zusammenstehen

Ein weiteres Beispiel für gelebte Nächstenliebe sollte eigentlich unsere Liebe zu unserem tagtäglichen Nächsten, nämlich unserem Planeten Erde und damit all unseren Lebensgrundlagen sein, wie es auch der Neutestamentler Hans-Georg Gradl sieht: „Schon in der Verkündung Jesu ist die Liebe zur Natur etwas mit dem Gebot der Feindesliebe verbunden. Wer einen Schöpfer am Werk sieht, versteht sich als Geschöpf und nicht als Alleinherrscher. Wer mit der Schöpfung leidet, erklärt sich solidarisch mit aller Kreatur.“[26] Aus diesem Gedanken folgt der unabdingbare Imperativ der Schöpfungsverantwortung, die auf eine „universale Gemeinschaft ausgerichtet“ ist und „auf der kreatürlichen Gemeinsamkeit aller Menschen“ basiert. Jesus Christus würde auch für die Rettung der Schöpfung und den Erhalt ihres notwendigen Gleichgewichts stehen. Einem sinnvollen und bewahrenden Umgang mit der Natur und all ihren Geschöpfen muss also eigentlich all unser Tun und Trachten gelten, angefangen von Erde, Luft und Wasser. Wir leben mit und in der Natur.

Die zunehmende wirtschaftliche Expansion und die damit einhergehende Ausbeutung der Natur, die durch die Gabe des Feuers und das Verbrennen von Holz, Kohle und Öl bedingt war, leiteten, wie kürzlich der Philosoph Peter Sloterdijk schrieb, eine verhängnisvolle Entwicklung ein. So führt unsere immer stärkere Selbstermächtigung zu einer immer großflächigeren irreversiblen Naturzerstörung, was die Lebensgrundlagen für viele Spezies – so auch uns – immer mehr bedroht. Bereits früh warnte Karl Marx, wie der Frankfurter Philosophieprofessor Alfred Schmidt herausgearbeitet hat, vor diesen kapitalistischen Kettenreaktionen, die Nachhaltigkeit und Regeneration außer Kraft setzen. Die globale Industrialisierung hat zu Klimawandel, Wetterextremen und Umweltverschmutzung geführt, darunter Smog und Naturkatastrophen wie Dürren und Überschwemmungen.

Angesichts dieser Entwicklung fühlen wir uns immer mehr schutz- und hilflos. Denn diese Bedrohung ist mittlerweile überall bemerkbar, jedoch bleibt sie oft abstrakt, sodass man als kleines Rädchen glaubt, angesichts der Komplexität nicht wirklich etwas Zielführendes unternehmen zu können. So bleiben oft lähmendes Entsetzen, ein Sich-Wegducken wie „Vogel Strauß“ und immer mehr Ängste um sich und die eigene Familie. Den Kindern sollte es eines Tages mal besser gehen, aber das steht jetzt infrage. Daher müssen wir, wenn wir in dieser Menschheits- und Überlebensfrage noch etwas erreichen wollen, offenkundig viel stärker zusammenstehen als bisher.

Einem unserer Patienten erging es genauso: ein hochgebildeter Physiker, glücklich verheiratet mit zwei Kindern auf dem Gymnasium. Er hatte für sich alle Daten zur Naturzerstörung eins und eins zusammengezählt und wurde darüber immer mehr von Unruhe erfasst. Sie wurde so stark, dass er eine immer heftigere Depression mit absoluter Erschöpfung, Hoffnungslosigkeit und Verzweiflung ausbildete und immer überzeugter davon wurde, noch zehn Jahre und dann sei alles vorbei. Es würde für alle, speziell für seine Kinder, keine Zukunft mehr geben, und wenn, wäre sie ökologisch eine Katastrophe.

Wie geht man mit einem derart verängstigten und gut informierten Menschen um? Zunächst wenden wir die standardisierten professionellen Strategien unseres Fachs wie stützende Gespräche, Entspannungstechniken, Medikamente usw. an. Das kann, wie in diesem Fall, dazu beitragen, den Alltag zurückzugewinnen, auch wenn die Ursachen damit nicht direkt angegangen werden können. Entscheidend war jedoch, dass dieser Mann begann, sich zusammen mit seinen Kindern, Freunden und Nachbarn zu engagieren und an seinem Wohnort vieles bewirkte zur Sensibilisierung für den Klimawandel und die Reduktion von Schadstoffen. Auch hier half die Botschaft der Bergpredigt im Sinne von Gemeinschaft und Nächstenliebe. „Ihr seid das Salz der Erde … Ihr seid das Licht der Welt … So soll euer Licht leuchten vor den Menschen, damit sie eure guten Taten sehen und euren Vater im Himmel preisen" (Matthäus 5,13–16).

Nur durch das Abkühlen der Erde konnte sich Wasser bilden und Leben entstehen. Die Genesis drückt dies so aus: „Und die Erde war wüst und öde, und Finsternis lag auf der Urflut, und der Geist Gottes bewegte sich über dem Wasser" (1. Mose 1,2). Wasser ist also im Grunde der Dreh- und Angelpunkt, es steht für den Geist Gottes, in den wir bekanntlich bei der Taufe eintauchen. Daher sollte das menschliche Selbstverständnis im christlichen Sinne darauf ausgerichtet sein, dass Meere, Seen und Flüsse nicht vermüllt werden, der Regen nicht „giftig" oder „sauer" wird und das größte Wasserreservoir der Welt, die Polkappen, erhalten bleiben. Aber das Ozonloch, die Luftverschmutzung und der Anstieg der Temperaturen bringen Austrocknungen zum einen und Überflutungen zum anderen mit sich, einschließlich Waldsterben und unfruchtbarer Felder. Dies alles führt zur Zerstörung natürlicher Lebensgrundlagen, aber auch zu Hunger und gewalttätigen Auseinandersetzungen um die knappen Ressourcen.

Für viele Menschen ist das Leben durch die Umweltschäden bereits sehr schwierig geworden. Familien werden durch Flucht, Vertreibung oder Krieg auseinandergerissen; sie hausen unwürdig und suchen auf den Müllkippen der Reichen nach Überlebensmitteln, während sich diese wiederum das Wetter durch Klimaanlagen noch vom Leibe halten können. Doch die Überhitzung der Landstriche und Städte hat auch seine zivilisatorischen Folgen, denn sie bedeutet Stress für den Körper und die Seele mit Folgen für die Lebenserwartung: Herz und Hirn werden herausgefordert, Menschen reagieren erschöpft und gereizt, die Nerven liegen blank, erholsamer Schlaf wird immer weniger, aber auch das Essen und Trinken mit immer mehr Zusatzstoffen künstlicher. Es ist offensichtlich, dass wir, wenn die natürlichen Kreisläufe so erheblich in Schieflage wie jetzt geraten, dies vermutlich selbst mit dem größten erfinderischen und technischen Aufwand nicht mehr rückgängig machen oder stoppen können. Damit berauben wir unsere Nachkommen ihrer Zukunftsmöglichkeiten, sofern wir nicht klimaneutrale, z. B. unterirdische Möglichkeiten auf der überbevölkerten globalisierten Erde oder auf einem anderen Planeten schaffen.

Es ist und war der „Frevel" der Menschheit, sich über alle Gattungen zu stellen, Billionen von Tieren nur zum Verzehr zu züchten, Trillionen Tonnen von Abfall – teilweise lang strahlendem – und Abgasemissionen zu produzieren. So haben sich die Menschen als Herrscher der Welt und „Krone der Schöpfung" gesehen, und jetzt zahlen sie den Preis dafür. Das natürliche Gleichgewicht im Verhältnis zu Gott wurde gestört, wie es auch schon die Psalmen ausdrücken: Von „Treue sprosst auf aus der Erde, und Gerechtigkeit schaut hernieder vom Himmel. Dann spendet der Herr auch seinen Segen, und unser Land gibt seinen Ertrag" (Psalm 85,12–13) entwickelte es sich zu „Er machte Ströme zur Wüste und Wasserquellen zu dürrem Land, fruchtbares Erdreich zur Salzsteppe wegen der Bosheit derer, die darin wohnten. Er machte die Wüste zum Wasserteich und dürres Erdreich zu Wasserquellen" (Psalm 107,33–35).

Diese Haltung drückt aus, dass der Mensch sich von Anfang an – wie zu Beginn der Bibel im Paradies geschildert – demütig mit seinen zugestandenen wunderbaren Kräften und Kompetenzen im Kreislauf der Natur integrieren sollte. Denn biblisch ist klar: „Solange die Erde währt, sollen nicht aufhören Saat und Ernte, Frost und Hitze, Sommer und Winter, Tag und Nacht" (1. Mose 8,22). Diese natürliche Ordnung haben wir Menschen begonnen zu stören. Wenn wir hier bis auf nette Absichtserklärungen keine fundamentalen Änderungen herbeiführen werden – und da sind Bereiche wie Auto, Heizung, Atomkraft fast eher kleinteilig –, dann müsste es eigentlich wieder zu einer Sintflut kommen. Alles wieder auf Anfang!

Die Bibel erzählt dies eindrucksvoll. Gott bittet und bettelt den Menschen an, sich wohl zu verhalten. Aber der Mensch hört einfach nicht auf ihn und erkennt nicht die Notwendigkeiten an, die ja eigentlich seine Freiheit ausmachen könnten. Also wird Gott als „guter Therapeut" radikal und zieht Konsequenzen. 40 Tage lässt er es regnen, nur Noah und seine Tiere überleben auf der Arche in den Fluten. Es ist ein Neubeginn und Gott erklärt: „Ich will meinen Bund mit euch aufrichten: Nie wieder soll alles Fleisch vom Wasser der Sintflut ausgerottet werden, und nie wieder soll eine Sintflut kommen, um die Erde zu verderben" (1. Mose 9,11). Das hat bis heute irgendwie gehalten. Aber das Angebot Gottes wurde immer wieder massiv aufs Spiel gesetzt, sowohl durch die gezeigte Moral als auch die brutale Ausnutzung der Natur. Interessanterweise hat Gott Auserwählte für jeweils 40 Tage in die Wüste geschickt, wie Elija, den ein göttlicher „Krug Wasser" dort gerettet hat, und später dann Jesus, der gerade erst im Jordan getauft und als Gottessohn ausgerufen worden war.

Dürre, in der nichts wächst, und die alles austrocknende Hitze korrespondieren mit Hunger und Durst sowie mit Brot und Wasser/Wein. Dies ist ein zentraler „roter Faden" in der Bibel und unterstreicht das schon sehr frühe Achten darauf, was uns wirklich am Leben hält. Dabei wird dies auch im übertragenen Sinn verstanden – wie in der Selbsthingabe des Sohn Gottes als Brot und Wein: „Nicht vom Brot allein lebt der Mensch, sondern von jedem Wort, das aus Gottes Mund kommt" (Markus 4,4). Denn dieses ist unsere eigentliche Nahrung und Trank. Damit wird das In-eins-Sein von Schöpfer und Schöpfung deutlich. Im biblischen Verständnis wäre es eindeutig Sünde, so wie am Anfang im Garten Eden, wenn der Mensch als bloßes Geschöpf gegen seine eigenen Grundlagen, also die Schöpfung, vorgehen würde. Dann würde er wie dort aus der Natur und dem göttlichen Rahmen fallen bis zur finalen Apokalypse.

Die Bibel verwendet in allen Teilen eindrucksvolle Bilder, um dieses Grundgefühl zu vermitteln, dass man auch bezüglich der natürlichen Ordnung, des Kreislaufs der Natur und des Gleichgewichts der Klimazonen und Ökosphären nur auf Gott und sein Gebot von innerer und äußerer Stimmigkeit setzen kann. Daher ist die Taufe mit Wasser das Zeichen der Umkehr und des grundsätzlichen Verstehens dieser Abläufe und bildet die Verbindung zur Seligkeit im Himmelreich. Das alles und alle Fragen der Theodizee – also warum lässt Gott Nachteiliges zu, wenn er nicht unsere Einsicht und Veränderung will – sollten wir ernst nehmen und intensiv bedenken. Nur mit einer solchen Grundhaltung können wir konsequent die Schöpfung und damit auch die Erde bewahren.

Ängste aufgrund des Klimawandels sind also mehr als verständlich. Was kann hier konkret aus religiös-seelsorgerischer und psychotherapeutischer Sicht getan werden? Zum einen sollte Unterstützung für diejenigen bereitgestellt werden, die unmittelbar davon betroffen sind wie Klimaflüchtlinge oder Opfer vor Ort. Das Einwirken auf Entscheidungsträger wäre zudem wichtig, da diese sich oft recht schwer tun mit klaren und radikalen Entschlüssen. Zum anderen wären ein Kümmern um die Seele von so vielen und das Einbringen in die öffentliche Debatte zu nennen, die weltanschaulich und existenziell wesentlich entscheidender und drastischer werden muss. „Sich einmengen" heißt dann in jeder Hinsicht laut werden und, egal wo, sich zu verweigern, bis endlich alle einmal hören, nicht weiter verdrängen und ins gemeinsame Nachdenken kommen.

Teil von Gottes Natur zu sein, bedeutet das Gewahr-Werden von diesem Zusammenhang und daran mitzuwirken, dass die Natur und wir erhalten bleiben. Es war ein ungeheuer großer Zufall, dass sich Natur und Lebewesen auf diesem Planeten Erde gebildet haben, ein schmaler Grat von unzähligen biophysikochemischen Variablen, den wir Menschen allerdings in seiner vermeintlichen Robustheit in den letzten 200 Jahren begonnen haben, tiefgreifend zu gefährden. Wahre soziale Psychotherapie sieht den Einzelnen also eingebettet nicht nur in seiner Gesellschaft, sondern eben auch in der Gesamtheit der Welt, also auch im Hinblick auf seine natürlichen Lebensgrundlagen. Auch hier berühren sich wieder religiöse Einstellung und therapeutische Fachlichkeit zum Erhalt unserer äußeren und inneren Welt.

Es geht also um eine Veränderung der Haltung und Einstellung. Der Theologe Johannes Hartl nennt dies „Eden Culture". Es gäbe nach seiner Meinung „etwas Besseres als Eden". Wir können nicht einfach so zum Paradies zurückkehren, die Geschichte geht weiter, aber wir können, während die Menschen immer „spektakulärere Versionen des Turms von Babel ersinnen werden", mit einer „Ökologie des Herzens" an einem neuen Himmelreich, der Gottesstadt des „neuen Jerusalem" mitwirken, die für ewige Gemeinschaft steht: „Jesus hatte vom Haus seines Vaters gesprochen, das viele Wohnungen hat (Johannes 14,2). Am Ende der Bibel steht etwas Besseres als das alte Paradies. Eine Stadt, in der Bäume des Lebens stehen und kristallklares Wasser fließt. Stadt und Garten zugleich."[27]

Für jeden sollte nachvollziehbar sein, dass wir hier auf unserer Erde nur die eine Atmosphäre und das eine Ökosystem haben. Die Natur ist insgesamt ein organisches Ganzes und wir sind genuiner Teil dieses Geschehens. Wir teilen unseren Atem, unseren Stoffwechsel, jede Form des Austausches, des Werdens und Vergehens mit ihr. Wir verändern sie und sind dennoch so abhängig von ihr. Ohne sie hätten wir keine Nahrung, kein Wasser, kein Zuhause. Das sollte uns zur Liebe und zum Leben motivieren, da das Leben immer ein „Leben von" (Sättigung, Genuss, Ausgeruhtsein usw.) ist, wie es die französische Philosophin Corine Pelluchon ausführte.

Klimawandel, Naturkatastrophen und unsere tiefen Ängste, dass wir uns den Ast, auf dem wir sitzen, absägen, diese existenziellen Sorgen verlieren sich nur im gemeinsamen sinnvollen Aktivwerden. Dabei müssen Frust und Erschöpfung überwunden, auf göttliche Gnade gehofft und Demut gegenüber der Schöpfung und der Natur wiedererlangt werden. Wir müssen uns konkret einbringen, wo immer möglich, und uns für das Leben und alle seine Bedingungen in Gänze einsetzen. Das heißt in diesem weltentscheidenden Moment zusammenzustehen zur Rettung des Wunders „Erde". Und dabei sind wir dieses Mal nicht das Wichtigste, sondern wir haben zu verzichten und weniger zu „zündeln" (siehe Sloterdijk oben) sowie unsere Ansprüche runterzufahren und gut zwischen allem und allen zu balancieren.

Der Philosoph Walter Benjamin drückte schon 1940 das Gefühl, dass es mit unserer Wirtschafts- und Lebensform eigentlich schon weit nach zwölf ist, sehr treffend aus: Man sage, „die Revolutionen sind die Lokomotiven der Weltgeschichte. Aber vielleicht ist dem gänzlich anders. Vielleicht sind die Revolutionen der Griff des in diesem Zuge reisenden Menschengeschlechts nach der Notbremse".[28]

Fürsorge

Vieles könnte noch über unsere heutigen seelischen Befindlichkeiten gesagt und Brücken zu den Empfehlungen in der Bibel geschlagen werden. Dies betrifft nicht nur die einzelne Person, sondern auch unsere zwischenmenschlichen Beziehungen, wie man miteinander umgeht, privat und beruflich. Doch nicht nur unser unmittelbares Umfeld ist hier entscheidend. Wir sind auch von den politischen und wirtschaftlichen Entscheidungen anderer vor Ort, in der Region, im Land, sogar in Europa und der ganzen Welt abhängig. Das können und wollen wir meistens nicht mehr durchschauen.

Komplexität und Unübersichtlichkeit sind es nicht allein, was uns zurückschrecken lässt. Viele von uns finden in der Politik vieles und viele einfach nur noch entsetzlich. Die sogenannten Sachzwänge dominieren die Öffentlichkeit und blockieren echtes Nachdenken. Einfache Vorstellungen zur Lösung gesellschaftlicher Fragen wie die Revolution, der starke Mann, die Bürgerinitiativen usw. sind zwar populär, wenn nicht populistisch, aber funktionieren so einfach nicht mehr. Also kann Veränderung aus unserer Sicht nur über das selbstkritische Reflektieren unserer Haltung zu den großen und kleinen Aspekten menschlichen Lebens erreicht werden.

Dafür kommen verschiedene weltanschauliche Ansätze infrage. Die Verbindlichkeit solcher Entwürfe für das Individuum steigt jedoch, je mehr wir als ganze Person mit all unseren Facetten von diesen angesprochen werden und je mehr die Gesamtheit unserer Erfahrungswelt von diesen hinreichend erklärt wird. Dies ist in besonderem Maße bei Religionen der Fall, insbesondere bei den monotheistischen, weil sie umfassend den konkreten Menschen im Auge haben und in einen größeren Kontext setzen. Ein Gott, der sich den Menschen auch noch persönlich in Form seines Sohnes Jesus Christus direkt nähert und liebevoll zuwendet, scheint in der Tat hier etwas Besonderes zu sein. Denn damit ist ganz entscheidend die Seele des individuellen Menschen einbezogen, die für unser aller Leben so relevant ist, da wir in ihr alle unsere Erfahrungen machen, denn sie „färbt“ das innerlich und äußerlich Erlebte. Daher sind sowohl die Selbstfürsorge, die „Sorge um sich“, wie es Philosophen wie Michel Foucault oder Harry Frankfurt nannten, die natürlich automatisch den jeweils Nächsten miteinschließen muss, sonst ist ja damit nichts gewonnen, als auch die ärztliche und therapeutische Sorge um Menschen in seelischer Not so wesentlich für das psychische und soziale Geschehen. Und dieses berührt eben auch die vom Glauben getragene Seelsorge, die für den Einzelnen, aber auch für die Interaktionen mit seinen Mitmenschen, also für „die Gesellschaft“, überzeugende und nachhaltige Konzepte anbieten sollte.

Um dies zu erreichen, muss ein religiöses Verständnis von uns und der Welt vorausgesetzt werden. Wenn es christlich heißt, im Glauben an Gott und seinen Sohn zu leben, dann sollten wir erwarten, dass dies konkret und praktisch für alle umgesetzt wird. Man kann sich der katholischen Soziallehre von z. B. Oswald von Nell-Breuning bedienen oder sich auf die französische Sozialphilosophin und Mystikerin Simone Weil stützen, christliches Verständnis von Gesellschaft bedeutet heute radikale Veränderungen. Angesichts der psychischen Belastung vieler Menschen durch tägliche Zermürbung, Vernichtung der Lebensgrundlagen, sinnlose Entwurzelung und bodenlose Gewalt gibt es, wie Simone Weil fordert, für uns alle die „Pflicht dem Menschen gegenüber" gesamtgesellschaftlich aufzustehen und die Natur sowie den Menschen gefährdende Institutionen kritisch zu hinterfragen. Dies gilt auch für Experten für die Seele, nämlich Ärzte und Therapeuten, die sich allzu häufig nur auf Einzelschicksale konzentrieren. Kommerz und Konsum müssten reguliert werden, indem bewusst Anreize für profitfreie Aktivitäten allein und miteinander gesetzt werden. Dann würden sich Handel und Produktion eher auf Gleichverteilung, also die Versorgung aller Menschen weltweit konzentrieren, anstatt auf wenige Regionen der sogenannten „Ersten Welt". Angesichts der gegenwärtigen weltwirtschaftlichen Gesamtlage sollte die Relativität von „Haben" von zu viel und zu wenig gegenüber dem authentischen „Sein", wie es der Sozialpsychologe Erich Fromm schon vor Jahrzehnten betonte, immer deutlicher werden.

Die Menschheit beginnt nur mühsam, diese Lektion zu lernen. Simone Weil schrieb: „Die Verwurzelung ist wohl das wichtigste und am meisten verkannte Bedürfnis der menschlichen Seele … Der Mensch hat eine Wurzel durch seinen wirklichen, aktiven und natürlichen Anteil am Dasein eines Gemeinwesens, in dem gewisse Schätze der Vergangenheit und gewisse Vorahnungen der Zukunft am Leben erhalten werden … Das Geld zerstört die Wurzeln überall, wo es eindringt, indem es alle Triebfedern durch das Gewinnstreben ersetzt. Es siegt mühelos über die anderen Triebfedern, denn es erfordert eine weit geringere Anstrengung der Aufmerksamkeit. Nichts ist so klar und so einfach wie eine Zahl."[29] Und Tomáš Halík schreibt in ähnlichem Sinne: „Wenn das Geldverdienen das erste und einzige Ziel ist, dann befinden wir uns außerhalb der Ethik." Dies schaffe und fördere die Einsamkeit weltweit.

Wahrer Fortschritt kann auch bedeuten, mal einen Schritt zurückzutreten, wenn wir uns direkt vor dem Abgrund befinden. „Es muss sich alles ändern, damit alles so bleibt wie es ist." Diesen Satz des sizilianischen Schriftstellers Giuseppe Tomasi di Lampedusa aus seinem Roman „Der Leopard" über die Zeit vor dem Ersten Weltkrieg ist gut auf die heutige Situation übertragbar. Er bedeutet die nahezu utopische Annahme, dass alle Verhältnisse verschwinden sollten, ob staatliche oder ökonomische, in denen der Mensch ausgebeutet, seiner Freude beraubt und entfremdet wird. Karl Marx drückte dies einmal so aus: „Alle Verhältnisse umzuwerfen, in denen der Mensch ein erniedrigtes, ein geknechtetes, ein verlassenes, ein verächtliches Wesen ist." Im Grunde ist dies nichts anderes, als das, was Maria, nachdem ihr die Schwangerschaft mit Jesus verkündet worden war, in ihrem sogenannten „Lobgesang" auf Gott zum Ausdruck brachte: „Mächtige hat er vom Thron gestürzt und Niedrige erhöht, Hungrige hat er gesättigt mit Gutem und Reiche leer ausgehen lassen" (Lukas 1,52–53).

Ein christlich geführtes Leben bedeute daher, ausgleichende Gerechtigkeit und Erlösung auch für die Unterdrückten, Schwachen und psychisch Kranken herbeizuführen. Konkret bedeutet dies auch noch heute – und das wäre angesichts der Militärausgaben leicht ökonomisch weltweit umsetzbar –, dass jeder Mensch ein Dach über dem Kopf, etwas Wärme, etwas Vernünftiges zu essen und zu trinken (sowie freien Internetzugang) haben sollte. Jedem seinen eigenen Platz und seine eigene Zugehörigkeit finden können!

Den „Leib Christi" zu empfangen bedeutet daher, konsequent Nächstenliebe und Mitmenschlichkeit überall anzuwenden. Wenn Religion wieder eine zentrale Rolle im Leben spielt, dann geht das über eine beliebige weltanschaulich-kulturelle Tradition zur Bürgerbindung in säkularen aufgeklärten Gesellschaften für deren „Sinnstiftung" weit hinaus, auch wenn dieses Philosophen wie Jürgen Habermas lediglich so sehen wollen und Theologen wie Joseph Ratzinger gegen eine solche nüchterne Instrumentalisierung des Glaubens mit Recht protestieren. Stattdessen sollte der „Leib Christi" als Modell für die wirkliche Kirche für das Zusammenleben aller Menschen genommen werden. Die unmittelbare Konsequenz wäre, sich beispielsweise nachbarschaftlich in Gemeinschaften oder „Gemeinden" zu organisieren und alles andere, was darüber hinaus geht, so zu verändern, um das von Gott gewollte Maß und Gleichgewicht zu erreichen und zu wahren. Es reicht jedoch nicht aus, nur unsere Institutionen anzugehen, da wir alle auch Teil dieser Institutionen sind. Vielmehr müssen wir uns selbst mit all unseren Gedanken und Gefühlen, von Habgier bis Neid, verändern. Nur wenn wir das „Böse" in uns selbst immer wieder besiegen, können wir und damit auch die Welt besser werden.

Befreundet sein

Wohin führt uns nun unsere Ausgangsfrage „Wie die Seele wieder Frieden findet", und inwiefern geben uns die alten Geschichten der Bibel heute Halt? „Du bist nicht allein!" lautet eine Grundaussage unseres Buches. In vielen Situationen und inmitten psychischer Belastungen fühlen sich Menschen auf sich allein gestellt. Dabei sind Mitmenschen oft in greifbarer Nähe. Doch selbst in einer Partnerschaft kann durch das Nichtsprechen und das Schweigen das nagende Gefühl der Einsamkeit aufkommen. Warum schaffen wir es nicht, eine kommunikative Brücke zum Partner, zu den Freunden und Bekannten, in der Familie, beim Nachbarn oder in Zufallskontakten zu bauen? Warum sind wir oft so stumm wie die Goldfische, jeder von uns hinter seinem Glas? Natürlich muss man nicht mit jedem Menschen gut auskommen, und „Zeit für sich selbst" zu haben ist wichtig. Doch in Zeiten der Krise mit all den geschilderten seelischen Reaktionen darauf fühlen sich viele verzweifelt und fragen sich, ob das alles im Leben sein soll und sie sich irgendwann in der Isolation verschließen. In solchen Phasen suchen einige Zuflucht in der Betäubung, in Sucht und Konsum oder einfach nur Fernsehen, um sich um die „letzten Fragen" herumzudrücken. Mechanisch ausgeübter Sex, sofern er überhaupt noch stattfindet, wird mit Liebe verwechselt. Und die alltägliche Routine tut ihr Übriges dazu, bis wieder Weihnachten und dann plötzlich die Rente vor der Tür steht. So stoßen wir immer wieder auf Sinn- und Perspektivfragen.

Wir glauben, der Ausgangspunkt für ein gutes Lebens liegt in dem „Befreundet-Sein" mit sich, den Mitmenschen und etwas Übergeordnetem wie der Gottesliebe. Dies wurde bereits als Nächstenliebe einschließlich der Feindesliebe betrachtet („Liebe den anderen wie dich selbst"). Wir können dieses tiefe Gefühl des Befreundet-Seins als Liebe im Sinne der „Agape“ nennen. Diese hat Joseph Ratzinger in seiner Jesus-Trilogie so eindrücklich als umfassende Liebe im Sinne „der bis ans Ende reichenden Liebe“ beschrieben, bei der wir „aus den Schranken der geschlossenen Individualität“ heraustreten und den „Durchbruch ins Göttliche“ erleben. Dabei ist die Agape „der Prozess des Übergangs, der Verwandlung, des Heraustretens aus den Schranken des todverfallenen Menschseins, in dem wir alle voneinander getrennt und letztlich undurchdringlich füreinander sind – in einer Andersheit, die wir nicht überschreiten können“. Diese von ihm genannte „Umschmelzung des Seins“ würde durch die „Liebe bis ans Ende“ bewirkt und verweise auf die letzten Worte Jesu am Kreuz im Johannesevangelium „Es ist vollbracht“ (Johannes 19,30), die das Ziel des ganz „sich Schenkens bis in den Tod hinein“ aussprechen würden.

Natürlich ist diese Form der umfassenden Liebe und Hingabe im Sinne der Agape vor allem eine tägliche Orientierung für alle diejenigen, die an Christus glauben und in ihm leben. Aber in diesem Grundgefühl des Aufgehoben-Seins – im inneren Dialog mit sich, im vertrauten Gespräch mit einem zugewandten Mitmenschen, bei dem sich die Seelen wirklich berühren, aber auch im Gebet zu dem personalen Du von Gott – entsteht das Gefühl der Geborgenheit, das uns behütet und zuversichtlich stimmt, auch in Krisenzeiten. Der Schweizer Philosoph Jean-Claude Wolf hat Letzteres einmal treffend zusammengefasst: „Das Gebet schenkt Heilszeit. Du darfst beten, das Gebet beginnt damit, dass wir das versöhnliche und befreiende Lachen Gottes aufnehmen und weitergeben.“

In diesem Moment findet die Seele tatsächlich wieder Frieden, und die „alten“ Geschichten der Bibel können uns hier heute Halt geben. Der Mensch verkümmert ohne einen anderen, ohne Sprache, ohne inneren oder äußeren Dialog, ohne emotionale Zuwendung, die wir Liebe nennen. Man denke nur an Kasper Hauser. Die Notwendigkeit des Dialogs und des Austauschs ist daher ein menschliches Grundbedürfnis wie Schlafen, Trinken und Essen – idealerweise immer miteinander. Sexualität wird dann beispielsweise zum Ausdruck dieser, auf eine andere Person gerichteten Liebe. Wirklich einsam ist derjenige, der weder eine mitmenschliche noch göttliche Kommunikation hat und glaubt, dafür nicht empfänglich zu sein. Er wird verkümmern und immer mehr verloren sein, wenn nicht doch noch eine „rettende“ Verbindung hergestellt werden kann.

Vergeben

Viele der Rahmenbedingungen, die in diesem Buch angesprochen wurden, wie Pandemien, Kriege, Leistungs- und Zeitdruck sowie persönliche Lebensumstände in Arbeit und privatem Umfeld, lassen sich nicht ändern. Unabhängig davon müssen wir jedoch lernen, mit Stress umzugehen, ohne dabei unserer Gesundheit zu schaden. Grundsätzlich stehen uns drei Handlungsalternativen zur Verfügung: aushalten, kämpfen oder fliehen. Wenn wir beispielsweise den Klimawandel betrachten, der zusammen mit Überbevölkerung und expansiver Industrialisierung nachhaltig unser Leben verändert, wenn nicht gar bedroht, erkennen wir schnell: Fliehen ist schlecht möglich. Egal, wohin man reisen würde, man hat überall mit seinen Folgen zu tun. Zu Kämpfen und zu rebellieren tut anfangs gut, ist aber oftmals stumpf, da die Zusammenhänge komplexer sind, sich meist nichts entscheidet und fast alle auf ihren Wohlstand dann doch nicht verzichten wollen. Deshalb bleibt letztlich das Hinnehmen und Aushalten, was jedoch nicht überzeugend zu sein scheint. Denn nur geduldig etwas zu akzeptieren und Kompromisse zu schließen, dürfte auch nicht ausreichend sein, besonders wenn Ängste auftreten oder Situationen sich apokalyptisch zuspitzen. Was kann da noch am besten helfen?

In solchen Momenten können die erprobten Methoden unseres Faches hilfreich sein: eine Änderung der Lebensführung, Anwendung von Entspannungstechniken, lernen, was eine psychische Erkrankung ist (Psychoedukation), intensive Psychotherapie und, wenn notwendig, auch Medikation. Diese Maßnahmen können zumindest dazu führen, dass der Alltag zu einem gewissen „normalen" Teil wiedergewonnen werden kann. Wir empfehlen betroffenen Patienten auch, jeden Tag alle fünf Lebensqualitäten anzusprechen: durch Bewegung die Motorik, durch etwas Emotionales die Seele sowie durch einen mitmenschlichen Kontakt das Soziale und durch ein Interessengebiet den Geist. Hinzu kommt der Rat, sich aktiv mit sich zu verabreden und Phasen des Ausruhens – von Nichtstun über Kontemplation bis hin zum Schlafen – einzulegen. Insgesamt geht es also darum, eine grundsätzliche Haltung und Praxis für das momentane Leben und seine Probleme im Sinne einer Selbstüberprüfung herzustellen. Durch diese äußere Struktur beginnen die Tage der Betroffenen meist wieder in eine sinnvolle Ordnung zu kommen, sie können zurückkehren zu ihrem jeweiligen beruflichen wie privaten Tun. Allerdings wird damit das zugrundeliegende Problem, das zu ihrem Leiden geführt hat, meist nicht vollständig gelöst.

In diesem Zusammenhang kann auch ein religiös-weltanschaulicher Ansatz hilfreich sein: Um besser mit den Ursachen für psychisches Leid bei sich selbst und anderen umzugehen, können Selbstmanagement und Therapie neben allem Verstehen und der Einsicht in den emotional-seelischen Prozess, den wir „Vergebung" nennen, besonders gut geeignet sein. Dies wird gerade in Zeiten gesellschaftlicher Spaltung, der Wut und oftmals des Hasses wichtig, und es ermutigt dazu, dass man Begegnung und Versöhnung noch stärker als bisher wagen sollte, so auch Anselm Grün in seinem neuesten Buch.

Im Gegensatz zum bloßen „Verzeihen" stehen beim „Vergeben" die Personen in Gänze im Mittelpunkt – sowohl der Vergebende wie der, dem vergeben wird. Dabei kann und muss nicht unbedingt vergessen werden, die Zeit kann man nicht zurückdrehen. Wünschenswert wäre es natürlich, wenn der „Täter" auch Reue und Buße zeigt. Beide können sich ihre jeweilige Qual von der Seele reden, aber innere Einkehr wird erst zur wirklichen Umkehr durch die Vermittlung eines Dritten und im Angesicht des jeweils anderen.

Sich selbst zu vergeben und/oder dem anderen von Herzen vergeben zu können, dies ist nicht nur ein therapeutischer, sondern vielmehr ein religiös-geistlicher Prozess. Nur dadurch können bei dem Geschädigten die ursprüngliche Lebensfreude und die gespürte Liebe zur Schöpfung zurückkehren. Vergeben heißt zu sagen: Das Geschehene, auch wenn es noch so schrecklich, feindselig und ungünstig für mich war, hat mein Leben reicher gemacht, zumindest um diese Erfahrung, mit der ich ja umgehen muss. – Wenn dies tiefgreifend innerlich gelingt, strömt „Seelenruhe" durch die Betroffenen und sie finden „Seelenfrieden".

Vergeben dient also der Gesundung und bringt innere Zufriedenheit. Wirklich vergeben kann aber nur Gott. Durch und in seiner Liebe, der Agape, haben wir Anteil daran, denn Gott ist Gemeinschaft, wie der katholische Theologe Gisbert Greshake schrieb. Der Arzt und Psychotherapeut Konrad Stauss hat sieben Phasen spirituell-therapeutischer Vergebungs- und Versöhnungsarbeit entwickelt. Dabei unterscheidet er einen spirituellen Teil, den er als „Heiligen Raum“ bezeichnet, von dem eher „profanen“ psychotherapeutischen Vorgehen, das seiner Vorbereitung dient. Erst danach kann der „Heilige Raum“, in dem die „spirituellen Gesetzmäßigkeiten“ gelten, betreten werden, in dem dann die Wege des Kreuzes, der Anklage, der Empathie, der Barmherzigkeit, des Heiligen, der Aufrechterhaltung der Vergebung und der Versöhnung beschritten werden. Dabei spielen diese Aussagen eine wesentliche Rolle: Gott ist barmherzig und gütig; du bist bedingungslos angenommen und geliebt; deine Schuld ist dir vergeben.

Aber es geht auch darum, sich selbst vergeben zu können. Scham- und Schuldgefühle, den eigenen Ansprüchen und Erwartungen an sich selbst nicht gerecht zu werden, privat oder im Beruf versagt oder jemanden verletzt zu haben, können seelisch sehr schmerzhaft sein. Dabei kann die Strategie des Sich-selbst-Vergebens hilfreich sein, um eigene Schuldgefühle zu bearbeiten und sein Selbstbild kritisch zu hinterfragen. Dem gläubigen Menschen kann dabei folgende Erkenntnis hilfreich sein, so der evangelische Theologe Ulrich Kühn: „Wenn Gott mir vergibt, dann kann ich mir doch auch selbst verzeihen, denn, … er ist größer als unser Herz, wenn es uns verurteilt“ (1. Johannes 3,29). Der Prozess des Sich-selbst-Vergebens umfasst nach ihm folgende Aspekte:

1. Klärung der Situation und Bewusstmachen des eigenen Verhaltens in Bezug auf sich selbst und/oder eines anderen im Rahmen von offenen Gesprächen.
2. Meditation, Entspannungsrituale, individuell-spezifische spirituell-religiöse Praktiken wie z. B. Beten, bewusstes Atmen usw.
3. Radikale Akzeptanz der Vergangenheit einschließlich der Verletzungssituationen und Verfehlungen.
4. Erkennen von Konsequenzen im Sinne notwendiger Veränderungen. Integration der zur Verbesserung beitragenden Strategien in den Alltag.

Für diesen Prozess weist der katholische Psychotherapeut Wunibald Müller darauf hin, dass das Sich-selbst-vergeben-Können eine wichtige Voraussetzung dafür ist, auch anderen vergeben zu können, denn auch hier betritt der Vergebende den „heiligen Raum“ für sich. Aber Vergebung für uns und andere ist nicht nur eine eigene Fähigkeit und Leistung, sondern stellt immer eine Antwort des Menschen auf diejenige Vergebung dar, die er von Gott erfährt (Matthäus 18,21–35; Lukas 7,36–50). Nur die „Gottestherapie", wie der katholische Publizist Bernhard Meuser einmal den christlichen Glauben insgesamt nannte, mache im eigentlichen Sinne „gesund".

Seelenfrieden

Man könnte sich mit dem schon erwähnten Philosophen Ernst Tugendhat fragen, warum beim Menschen offenbar vor allem das „Bedürfnis nach Seelenfrieden" so präsent ist. Tugendhat verortet dies in der Unruhe der menschlichen Seele im Hinblick auf den spezifischen Selbstbezug des Menschen, seiner Egozentrizität, von der er versucht, durch mystische Erlebnisse „loszukommen". Aber aus unserer Sicht ist das nicht das eigentliche Problem, denn „Seelenfrieden" erlangt man am besten durch das ständige Herstellen einer Balance zu anderen und/oder dem anderen, d. h. Gott. Die Sichtweise von Jesus, die das „Diesseits" relativiert, kann eine „heilende" Lehre bieten, die dazu beitragen kann, Schwierigkeiten wie z. B. problematische Verhaltens- und Beziehungsmuster zu hinterfragen. Aus der Perspektive einer solchen Relativierung heraus kann eine notwendige Distanzierung erfolgen, die wiederum zu einer anderen Form von Verhalten und Beziehung verhelfen vermag. Das kann ein Trost sein für all diejenigen, die z. B. durch mitmenschliche Konflikte und Streitigkeiten oder Ambivalenzen zu Bezugspersonen wie den Eltern verzweifeln und damit hadern, einem „Familien-" oder „Partnerschaftsideal" nicht zu entsprechen.

Die relativierende Sicht auf das menschliche Dasein eröffnet neue Perspektiven für jeden Einzelnen und kann zum „Seelenfrieden" beitragen. Es wäre wünschenswert, wenn jeder Mensch zur Erkenntnis gelangt, das Leben als ein Geschenk zu betrachten und dieses möglichst frei von inneren und äußeren Zwängen zu gestalten. Die Wertschätzung der eigenen Existenz erleichtert auch die Wertschätzung des anderen als Mensch, unabhängig von seiner sozialen oder sonstigen Rolle und Funktion. Ein achtsames Zuhören und Hinschauen, ein aktives „Aufeinander-Zugehen", den anderen (egal ob Frau, Mann, divers, non-binär usw.) in seiner

Not ernst nehmen und respektvoll behandeln sowie bedingungslos Hilfe anbieten, sind auf jeden Fall „heilsam" und sollten eigentlich Selbstverständlichkeiten in unserem täglichen Miteinander sein.

Allerdings sind wir davon leider derzeit, sei es als Folge der Corona-Pandemie und der gegenseitigen Distanzhaltung oder durch die in Europa angekommenen Kriegswirren, durch den auf vielen lastenden wirtschaftlichen Überlebensdruck oder den Verlust traditioneller Werte wie den der Familie oder Heimat wieder oder immer noch weit entfernt. Daher ist es notwendig, sich nicht auf eine ausgerichtete Oberflächlichkeit der menschlichen Existenz zu fokussieren, den „schönen Schein", sondern auf das, was im Leben wirklich zählt, nämlich gemeinsame Werte und zwischenmenschliche Beziehungen.

Ob man religiös oder „nur" spirituell ist, biblische Geschichten können nicht nur in der Seelsorge, sondern auch generell im Leben und in der psychotherapeutischen Begleitung nützen. Sie spiegeln menschliche Existenzfragen in ihrer Vielfältigkeit und Grundsätzlichkeit sehr gut wider, und man kann sich selbst oft in der einen oder anderen Geschichte wiedererkennen. Selbst wenn man mit dem Glauben hadert, an Gott zweifelt oder auf der Suche danach ist – religiöse Themen und die Auseinandersetzung mit ihnen können allen Menschen helfen, Positionen für das Leben in der heutigen Zeit auszubilden. Darin werden Grundsatzfragen in einer zeitlosen Form gestellt, sodass die Antworten darauf in einer allgemeingültigen Weise auf eine übergeordnete Bedeutungsebene übertragen werden können. Voraussetzung dafür ist natürlich die Bereitschaft, dass man solchen Aspekten mit Interesse, Neugierde und Offenheit begegnet und nachgeht. Die Gewissheit eines Glaubens kann hier sicherlich hilfreich sein, aber auch der Zweifel des Nicht-Gläubigen kann zu einer produktiven Auseinandersetzung führen – im Ringen um die zutreffendste Sichtweise und den Weg, der sich daraus ergibt.

Die eigene Herzensbildung und das Entwickeln von Barmherzigkeit sind ebenfalls wichtig. Zum Beispiel hat Jesus mit seinem Gleichnis des „barmherzigen Samariters" gezeigt, dass Nächstenliebe immer höchsten Einsatz bedeutet. Dem Samariter wurde in seiner Situation umfassend durch einen ihm vollkommen Unbekannten geholfen, bis er sich wieder eigenständig um sich selbst kümmern konnte (Lukas 10,25–37). Der Therapeut und Theologe Hartmut Raguse leitet aus dieser Geschichte ab, dass Nächstenliebe immer auch „Selbsthingabe“ für die „Wiederherstellung“ des Seelenheils beider Beteiligter in der „Stellvertretung“ Jesu auf Erden bedeutet.

Aus solchen Erkenntnissen, aber auch aus den anderen Geschichten der Bibel, lassen sich auch heute noch Relativierung und Trost ableiten – um für sich Akzeptanz und Zufriedenheit zu finden, seinen Nächsten in tätiger Liebe zugetan zu sein und das Leben trotz aller persönlichen und allgemeinen Krisen in Gemeinschaft erfüllt zu leben. Dann hätte unsere Seele wirklich Frieden, Halt und eine in sich stimmige Ruhe gefunden. „Wer zum Glauben kommt ..., wird gerettet werden“ (Markus 16,16). Sich selbst zu verändern, der Seele Weite zu geben und wenn es dann notwendig wäre, in religiös orientierter Begegnung und Behandlung echte Beziehung, Hilfe und Unterstützung zu erfahren, ist ein Weg zur christlichen Veränderung und zum Finden von Seelenfrieden und innerem Halt.

Insofern ist das Christentum, so der Religionsphilosoph Eugen Biser, mit seiner Heilungskompetenz eine „therapeutische Religion“, die die Bedeutung des alltäglichen Lebens und Leidens für den Einzelnen und die Gesellschaft beleuchtet. Sie stützt sich auf die Zerbrechlichkeit ihres verwundeten Erlösers, der gerade aus diesem Grund am besten dafür geeignet sei, religiös wie therapeutisch alle Menschen in ihren jeweiligen Höhen und Tiefen anzunehmen und zur Erlösung von jeglichem Leiden zu führen. Wie der katholische Philosoph Robert Spaemann in seinen Meditationen über den ersten Psalm betont: „Alle Gottesbeziehung des Menschen hat zum Inhalt und Ziel die Teilhabe des Menschen an dem Zustand, der Gott eigen ist: der Seligkeit. Seligkeit meint nicht irgendeine Art von Wohlbefinden, sondern Erfüllung, die nichts unerfüllt lässt, intensivstes Leben und vollkommene Ruhe.“[30] Die Sehnsucht des Menschen nach Verbundenheit und Geborgenheit bleibt immer bestehen, wie es Paulus ausdrückte: „Nun aber bleiben Glaube, Hoffnung, Liebe, diese drei. Die größte unter ihnen aber ist die Liebe“(1. Korinther 13,13).

Dank

Unser Buch ist auf freundliche Anregung von Herrn Stefan Rüth, Programmleiter des Bonifatius-Verlags, im Anschluss an unser Interview zum Thema *„Man kann sich als guter Mensch fühlen – Kann die Bibel bei der Psychotherapie helfen?"* für das Nachrichtenmagazin „DER SPIEGEL" (Nr. 16/2022) entstanden. Wir danken seiner wunderbaren und behutsamen Unterstützung und der Spiegel-Redakteurin Frau Katja Thimm für ihr – wie immer – wunderbar einfühlsames Erfassen unserer Gedanken.

Für die sehr gute Betreuung und Unterstützung bei dem Entstehen des Buches danken wir dem für unser Projekt offenen Verlagsleiter Herrn Ralf Markmeier sowie dem ganzen Team des Bonifatius-Verlags.

Pater Thomas Karamitsos von der griechisch-orthodoxen Kirche in Herten danken wir für sein Wirken und seine klugen und anregenden Predigten.

Wir sind unseren verstorbenen Eltern Ingrid und Lother Juckel und Sofia und Georgios Mavrogiorgos in ständiger Erinnerung dankbar verbunden, ebenso im Hier und Jetzt unseren nunmehr erwachsenen Söhnen Konstantin und Alexander, die uns stolz machen und viel Freude bereiten.

Literaturverzeichnis

Agamben, Giorgo, An welchem Punkt stehen wir? Die Epidemie als Politik. Wien: Turia und Kant, 2021

Alfejev, Hilarion, Vom Gebet. Traditionen in der Orthodoxen Kirche. Schwarzach: Münsterschwarzacher Kleinschriften 186, 2013

Alt, Franz, Die außergewöhnlichste Liebe aller Zeiten: Die wahre Geschichte von Jesus, Maria Magdalena und Judas, Freiburg: Herder, 2021

Alt, Jörg, Handelt! Ein Appell an Christen und Kirchen, die Zukunft zu retten. Schwarzach: Vier-Türme-Verlag, 2020

Alt, Jörg, Widerstand! Gegen eine Wirtschaft, die tötet, Schwarzach: Vier-Türme-Verlag, 2022 Taschenbuch – 22. August 2022

Archimandrit Georgios, Vergöttlichung: Das Ziel des Menschenlebens, Heiliger Berg Athos: Kloster Grigoriou, 2019

Arendt, Hannah, Vita activa oder Vom tätigen Leben. München: Piper, 2002

Aristoteles, Nikomachische Ethik, München: dtv, 1978

Balthasar, Hans Urs von, Der Christ und die Angst, Einsiedeln: Johannes Verlag, 1989

Balthasar, Hans Urs von, Das Buch des Lammes: Zur Offenbarung des Johannes, Einsiedeln: Johannes Verlag, 2010

Balthasar, Hans Urs von, Theologie der drei Tage, Einsiedeln: Johannes Verlag, 2011

Barth, Daniel, Barth-Frommel, Marie-Claire, „Ich gebe auf und tröste mich" – Die Psychodynamik von sinnlosem Leid im Buch Hiob. Frankfurt: Brandes & Apsel, 2018

Beckermann, Ansgar, Glaube, Berlin: de Gruyter, 2013

Bedford-Strohm, Heinrich, Vorrang für die Armen. Auf dem Weg zu einer theologischen Theorie der Gerechtigkeit, Gütersloh: Kaiser, 1993

Bendemann, Reinhard von, Christus der Arzt: Frühchristliche Soteriologie und Anthropologie im Licht antik-medizinischer Konzepte, Stuttgart: Kohlhammer, 2022

Benjamin, Walter, Gesammelte Schriften, Band I.3, Frankfurt: Suhrkamp, 1980 (1940)

Benke, Christoph, Leben im Übergang: Die österliche Dynamik christlicher Spiritualität, Freiburg: Herder, 2023

Benn, Gottfried, Gesammelte Gedichte, Wiesbaden: Limes, 1956

Berger, Klaus, Ein Kamel durchs Nadelöhr?: Der Humor Jesu, Freiburg: Herder, 2019

Berger, Klaus, Die Apokalypse des Johannes: Band 1-3, Freiburg: Herder, 2020

Beutler J, SJ, Das Lukasevangelium. (Kap. 3-7), Vorlesung, *https://www.sankt-georgen.de › beutler5*, Frankfurt: Hochschule St. Georg, 1994

Biser, Eugen, Theologie als Therapie: Zur Wiedergewinnung einer verlorenen Dimension, Magnus-Werk Schwerin: BoD, 2002

Bloch, Ernst, Das Prinzip Hoffnung. Frankfurt: Suhrkamp, 1980

Blumenberg, Hans, Matthäuspassion, Frankfurt: Suhrkamp, 1988

Bonhoeffer, Dietrich, Nachfolge, Gießen: Brunnen, 2021 (1937)

Bonhoeffer, Dietrich, Widerstand und Ergebung: Briefe und Aufzeichnungen aus der Haft, Gütersloh: Gütersloher Verlagshaus, 2005

Bromand, Joachim, Kreis, Guido (Herausgeber), Gottesbeweise: von Anselm bis Gödel, Frankfurt: Suhrkamp, 2011

Buber, Martin, Gottesfinsternis, Heidelberg: Lambert Schneider, 1994

Buber, Martin, Glaube der Propheten. Darmstadt: Wissenschaftliche Buchgesellschaft, 1984

Büssing, Arndt, Dienberg, Thomas (Herausgeber), Gottes Unverfügbarkeit und die Dunkle Nacht: Vom Umgang mit der geistlichen Trockenheit, Regensburg: Pustet, 2021

Camus, Albert, Der Mythos von Sisyphos. Reinbeck: Rowohlt, 2000

Cacioppo, John T., Patrick, William H., Einsamkeit: Woher sie kommt, was sie bewirkt, wie man ihr entrinnt, Heidelberg: Spektrum, 2011

Cioran, Emile M., Vom Nachteil, geboren zu sein, Frankfurt: Suhrkamp, 1979

Coelho, Paulo, Der Fünfte Berg, Zürich: Diogenes, 1998

Di Cesare, Donatella, Souveränes Virus? Die Atemnot des Kapitalismus. Konstanz: University Press, 2020

Ebach, Jürgen, Streiten mit Gott - Hiob. Göttingen: Vandenhoek & Ruprecht, 2014

Eckert, Johannes, Apokalypse: Bilder des Schreckens, Bilder der Hoffnung: Visionen für heute, Freiburg: Herder, 2022

Engels, Friedrich, Das Buch der Offenbarung, In: Karl Marx/Friedrich Engels - Werke. Berlin: Dietz Verlag, Band 21, 1975, S. 9-15

Engels, Friedrich, Zur Geschichte des Urchristentums, In: Karl Marx/Friedrich Engels - Werke. Berlin: Dietz Verlag, Band 22, 1972, S. 447-473

Engels, Friedrich, Der Ursprung der Familie, des Privateigentums und des Staats, In: Karl Marx/ Friedrich Engels - Werke. Berlin: Dietz Verlag, Band 21, 1975, S. 25-173

Federbusch, Stefan, Von der Zärtlichkeit Gottes: Eine Theologie der Berührung, Franziskanische Akzente, Würzburg: Echter, 2022

Flaßpöhler, Svenja, Sensibel, Stuttgart: Klett-Cotta, 2021

Foucault, Michel, Psychologie und Geisteskrankheit. Frankfurt: Suhrkamp, 1968

Foucault, Michel, Die Sorge um sich - Sexualität und Wahrheit 3, Frankfurt: Suhrkamp, 1989

Frankfurt, Harry G., Gründe der Liebe, Frankfurt: Suhrkamp, 2014

Frankfurt, Harry G., Ungleichheit: Warum wir nicht alle gleich viel haben müssen, Frankfurt: Suhrkamp, 2016

Frankl, Viktor E., Der leidende Mensch: Anthropologische Grundlagen der Psychotherapie, Göttingen: Hogrefe, 2018

Frankl, Viktor E., ... trotzdem Ja zum Leben sagen: Ein Psychologe erlebt das Konzentrationslager. Berlin: Penguin, 2018

Freud, Sigmund, Die Verdrängung, In: ders., Psychologie des Unbewußten, Studienausgabe Bd. 3, Frankfurt: Fischer, 1989

Freud, Sigmund, Jenseits des Lustprinzips, In: ders., Psychologie des Unbewußten, Studienausgabe Bd. 3, Frankfurt: Fischer, 1989

Freud, Sigmund, Vergänglichkeit, In: ders., Bildende Kunst und Literatur, Studienausgabe Bd. 10, Frankfurt: Fischer, 1989

Fried, Johannes, Kein Tod auf Golgatha: Auf der Suche nach dem überlebenden Jesus, München: C.H.Beck, 2019

Fromm, Erich, Haben oder Sein: Die seelischen Grundlagen einer neuen Gesellschaft, München: dtv, 2005

Gerhardt, Volker, Der Sinn des Sinns: Versuch über das Göttliche, München: C.H.Beck, 2017

Gillet, Lev, ein Mönch der Ostkirche, Die Taube und das Lamm, Orthodoxe Perspektiven, Münster: Theophano, 2013

Gradl, Hans-Georg, Siehe, ich mache alles neu, Schöpfung im Neuen Testament, Freiburg: Herder, 2022

Greshake, Gisbert, Hinführung zum Glauben an den drei-einen Gott, Grundlagen Theologie, Freiburg: Herder, 2022

Grün, Anselm, Die Bibel verstehen: Hinführung zum Buch der Bücher. Freiburg: Herder, 2011

Grün, Anselm, Zeit für Versöhnung: Spaltung überwinden, Begegnung wagen, Freiburg: Herder, 2023

Grundmann, Walter, Das Evangelium nach Markus. Theologischer Handkommentar zum Neuen Testament. Band 2, Berlin: Evangelische Verlags-Anstalt, 1959

Guardini, Romano, Vom Sinn der Schwermut, Kevelaer: Topos plus, 2008

Guardini, Romano, Der Kreuzweg unseres Herrn und Heilandes, Kevelaer: Topos plus, 2010

Haacker, Klaus, Kaltenbach, Rudolf, Wie alles anfing … Sieben Texte aus dem Lukas-Evangelium. Herausgegeben vom Amt für Missionarische Dienste der Evangelischen Landeskirche in Baden. *https://www.ekiba.de*, 2004

Habermas, Jürgen, Glauben und Wissen, Frankfurt: Suhrkamp, 2001

Habermas, Jürgen, Ratzinger, Joseph, Dialektik der Säkularisierung: Über Vernunft und Religion, Freiburg: Herder, 2005

Halík, Tomáš, Der Nachmittag des Christentums: Eine Zeitansage, Freiburg: Herder, 2022

Hartl, Johannes, Eden Culture – Ökologie des Herzens für ein neues Morgen. Hamburg: Rowohlt, 2023

Heidegger, Martin, Die Grundbegriffe der Metaphysik. Welt – Endlichkeit – Einsamkeit, (Wintersemester 1929/30), Frankfurt: Klostermann, 2004

Heidegger, Martin, Was ist Metaphysik? Frankfurt: Klostermann, 2007

Heinrich, Klaus, Reden und kleine Schriften, neue Folge 1, Freiburg: ca ira, 2020

Henrich, Dieter, Endlichkeit und Sammlung des Lebens (Lucas-Preis), Tübingen: Mohr Siebeck, 2009

Henrich, Dieter, Furcht ist nicht in der Liebe: Philosophische Betrachtungen zu einem Satz des Evangelisten Johannes, Frankfurt: Klostermann, 2022

Holze, Michael, Gott und die Armen in der Bibel. *https://www.smd.org/fileadmin/5_AKADEMIKER/Fachgruppe/Wirtschaft-Gesellschaft/weltarmut/Die_Armen_Holze.pdf*, academia.edu, 2007

Hoping, Helmut, Jesus aus Galiläa – Messias und Gottes Sohn, Freiburg: Herder, 2019

Hoping, Helmut, Mein Leib für euch gegeben: Geschichte und Theologie der Eucharistie, Freiburg: Herder, 2022

Hoping, Helmut, Striet, Magnus, Gott, Freund der Freiheit: Ein Streitgespräch, Freiburg: Herder, 2023

Horkheimer, Max, Die Sehnsucht nach dem ganz Anderen – Gespräch mit Helmut Gumnior. 1970. In: ders., Gesammelte Schriften Bd. 7, Frankfurt: Fischer, 1985, S. 385-404

Jäger, Willigis, Das Leben endet nie, Bielefeld: Theseus, 2005

Juckel, Georg, Ein Weg, sich „seelisch zu berühren“ – Grundzüge einer pragmatischen Psychotherapie in der Psychiatrie (PPP): Annehmen, Zuwenden, Verstehen, Sinnfindung, Hilfreich-Sein. In: Juckel G, Hoffmann K, Walach H (Hrsg.). Spiritualität in Psychiatrie und Psychotherapie. Lengerich: Pabst Science Publishers, 2018, S. 307-332

Jung, Carl Gustav, Antwort auf Hiob, München: dtv, 2001

Jung, Carl Gustav, Erinnerungen, Träume, Gedanken, Ostfildern: Patmos, 2011

Kant, Immanuel, Über das Mißlingen aller philosophischen Versuche in der Theodizee. Werke in 6 Bänden hrsg von W Weischedel. Darmstadt: WBG Bd VI, 1970

Kant, Immanuel, Die Religion innerhalb der Grenzen der bloßen Vernunft (Philosophische Bibliothek), Hamburg: Meiner, 2004

Kasper, Walter Kardinal, Barmherzigkeit: Grundbegriff des Evangeliums - Schlüssel christlichen Lebens, Freiburg: Herder, 2012

Kasper, Walter Kardinal (Herausgeber), Christsein und die Corona-Krise: Das Leben bezeugen in einer sterblichen Welt, Mainz: Matthias-Grünewald-Verlag, 2021

Kermani, Navid, Der schreckliche Gott – Attar, Hiob und die metaphysische Revolte, München: Beck, 2015

Kierkegaard, Sören, Die Krankheit zum Tode · Furcht und Zittern · Die Wiederholung · Der Begriff der Angst, München: dtv, 2005

Kocsic, Imre, Armut und Reichtum im Lukasevangelium. In: The Bible and economics International. Biblical Conference XXV. Edited by Gyorgy Benyik; 2013, S.179-190

Köhnlein, Manfred, Passion und Auferstehung Jesu: Dimensionen des Leidens und der Hoffnung. Stuttgart: Kohlhammer, 2015

Kratz, Reinhard G., Qumran: Die Schriftrollen vom Toten Meer und die Entstehung des biblischen Judentums, München: C.H.Beck, 2022

Kübler-Ross, Elisabeth, Interviews mit Sterbenden. Freiburg: Herder, 2018

Kühn, Ulrich, Sich selbst vergeben können. Berlin: Diakonie Bethanien, 2020

Küng, Hans, Credo: Das Apostolische Glaubensbekenntnis für Zeitgenossen erklärt München: Piper, 1995

Kuiper, Piet C., Seelenfinsternis: Die Depression eines Psychiaters, Frankfurt: Fischer, 1995

Lampedusa, Giuseppe Tomasi di, Der Leopard: Roman, München: Piper, 2019

Latour, Bruno, Wo bin ich? Lektionen aus dem Lockdown. Frankfurt: Suhrkamp, 2021

Maio, Giovanni, Den kranken Menschen verstehen: Für eine Medizin der Zuwendung. Freiburg: Herder, 2020

Mann, Thomas, Lob der Vergänglichkeit. In: Hermann Kurzke, Stephan Stachorski (Hrsg.): Thomas Mann - Essays, Band 6. Meine Zeit. 1945–1955, Frankfurt: Fischer, 1994, S. 219-221

Mann, Thomas, Joseph und seine Brüder, Frankfurt: Fischer, 2007

Marion, Jean-Luc, Gott ohne Sein, Paderborn: Schöningh, 2014

Marquard, Odo, Plädoyer für die Einsamkeitsfähigkeit. In: ders., Skepsis und Zustimmung. Stuttgart, Reclam, 1994. S. 110-22

Marten, Rainer, Die Pandemie. Eine philosophische Perspektive. Hamburg: Meiner, 2021

Marx, Karl, Kritik der Hegelschen Rechtsphilosophie, in: Marx/Engels: Werke, Band 1: 1839 bis 1844 Berlin: Dietz Verlag, 2017

Marx, Karl, Engels, Friedrich, Manifest der Kommunistischen Partei, Karl Marx/Friedrich Engels - Werke. Berlin: Dietz Verlag, Berlin. Band 4, 1972, S. 459-493

Meister Eckhart, Reden der Unterweisung, Berlin: Evangelische Verlagsanstalt, 2019 (1295)

Menke, Karl-Heinz, Inkarnation: Das Ende aller Wege Gottes, Regensburg: Pustet, 2021

Metzinger, Thomas, Bewusstseinskultur: Spiritualität, intellektuelle Redlichkeit und die planetare Krise, Berlin: Berlin Verlag, 2023

Meuser, Bernhard, Gottestherapie: Warum der christliche Glaube gesund macht. Ostfildern: Schwabenverlag, 1993

Moltmann, Jürgen, Der gekreuzigte Gott: Das Kreuz Christi als Grund und Kritik christlicher Theologie, Gütersloh: Gütersloher Verlagshaus, 2002

Moltmann, Jürgen, Im Ende - der Anfang: Eine kleine Hoffnung, Gütersloh: Gütersloher Verlagshaus, 2003

Montaigne, Michel de, Essais/Versuche: Nebst des Verfassers Leben, Zürich: Diogenes, 1992

Müller, Klaus, Gott jenseits von Gott: Plädoyer für einen kritischen Panentheismus, Münster: Aschendorff, 2021

Müller, Wunibald, Vergebung. Wege der Befreiung. Schwarzach: Münsterschwarzacher Kleinschriften Band 191, 2014

Nell-Breuning, Oswald von, Kapitalismus, kritisch betrachtet. Zur Auseinandersetzung um das bessere System. Freiburg: Herder, 1974

Newman, John Kardinal, Gott und die Seele. Gebete und Betrachtungen, Kisslegg: Fe-Medienverlag, 2010

Nietzsche, Friedrich, Fröhliche Wissenschaft, Stuttgart: Reclam, 2000

Nietzsche, Friedrich, Der Antichrist, Hamburg: tredition, 2011 (1895)

Nouwen, Henri, Geheilt durch seine Wunden. Wege zu einer menschlichen Seelsorge. Freiburg: Herder, 1994

Paisios, Altvater Paisios sagte ...: Gerontikon aus dem Leben und den Unterweisungen des seligen Altvaters Paisios, Wachtendonk: Edition Hagia Sophia, 2017
Papst Franziskus, Fratelli tutti: Über die Geschwisterlichkeit, Enzyklika, Leipzig: St. Benno, 2020
Papst Franziskus. Gott und die Welt nach der Pandemie. Kißlegg: fe-medienverlag, 2021
Papst Franziskus, Der heilige Josef: Meditationen, Impulse & Gebete, Leipzig: St. Benno, 2021
Pelluchon, Corine, Wovon wir leben – Eine Philosophie der Ernährung und der Umwelt. Darmstadt: wbg, 2020
Pfeifer, Samuel, Der sensible Mensch: Leben zwischen Begabung und Verletzlichkeit, Holzgerlingen: SCM Hänssler, 2017
Pfeifer, Samuel, Stress und Burnout: Formen von Stress, Resilienz, 24 Fragen zur Erfassung von Burnout … (Seminarhefte Psychiatrie, Psychotherapie & Seelsorge: Verstehen – Beraten – Bewältigen), Thun Mosaicstones, 2022
Priestermönch Gregorios Sorovakos, Krankheiten und der Gläubige. Heiliger Berg Athos Koutloumousiou Kloster, 2022 (mit Zitaten von Gregor Palamas und Johannes Chrysostomos)
Raguse, Harmut, „… und hat es doch erhellt“: Texte zu Psychoanalyse, Theologie und Seelsorge, Zürich: Theologischer Verlag, 2021
Raguse, Hartmut, Seelenräume: Psychoanalytische Hermeneutik und seelsorgerliche Reflexion, Stuttgart: Kohlhammer, 2022
Rahner, Karl, Was heißt Auferstehung? Meditationen zu Karfreitag und Ostern, Freiburg: Herder, 1985
Rahner, Karl, Von der Unbegreiflichkeit Gottes: Erfahrungen eines katholischen Theologen. Freiburg: Herder, 2006
Ratzinger, Joseph, Einführung in das Christentum: Vorlesungen über das apostolische Glaubensbekenntnis, München: Kösel, 2000
Ratzinger, Joseph/Benedikt XVI., Gott ist die Liebe: Die Enzyklika „Deus caritas est“. Freiburg: Herder, 2006
Ratzinger, Joseph, Gesammelte Schriften: Auferstehung und ewiges Leben: Beiträge zur Eschatologie und zur Theologie der Hoffnung, Freiburg: Herder, 2012
Ratzinger, Joseph, Jesus von Nazareth: 3 Bände, Freiburg: Herder, 2023
Richter, Horst Eberhard, Der Gotteskomplex: Die Geburt und die Krise des Glaubens an die Allmacht des Menschen, Gießen: Psychosozial-Verlag, 2012
Ricoeur, Paul, Das Böse, Zürich: Theologischer Verlag, 2006
Rilke, Rainer Maria, Duineser Elegien, Frankfurt: Suhrkamp, 1975 (1923)
Roth, Joseph, Hiob - Roman eines einfachen Mannes, Berlin: Kiepenheuer, 2002 (1930)
Schall, Traugott U., Erschöpft, müde, ausgebrannt, Würzburg: Echter, 1993
Schmidt, Alfred, Der Begriff der Natur in der Lehre von Marx, Hamburg: EVA, 2016
Schwikart, Georg, Windhauch und Wein - Zur Aktualität von Kohelet, dem Prediger Samolo, Würzburg: Echter, 2021
Simonis, Walter, Markus, der Evangelist und Jünger, den Jesus liebte, Frankfurt: Peter Lang, 2004
Sloterdijk, Peter, Die Reue des Prometheus – Von der Gabe des Feuers zur globalen Brandstiftung. Frankfurt: Suhrkamp, 2023
Spaemann, Robert, Der letzte Gottesbeweis: Mit einer Einführung in die großen Gottesbeweise und einem Kommentar zum Gottesbeweis, München: Pattloch, 2007
Spaemann, Robert, Meditationen eines Christen: Über die Psalmen 1-51, Stuttgart: Klett-Cotta, 2014
Spitzer, Manfred, Einsamkeit – Die unerkannte Krankheit, München: Droemer, 2019
Stauss, Konrad, Die heilende Kraft der Vergebung: Die sieben Phasen spirituell-therapeutischer Vergebungs- und Versöhnungsarbeit, München: Kösel, 2010
Stein, Edith, Kreuzeswissenschaft - Studie über Johannes vom Kreuz, Prag: e-artnow, 2018

Steiner, Till Magnus, Burnout der Propheten, Die Bibel im Kontext der Gegenwart, Stuttgart: Katholisches Bibelwerk, 2019

Steiner, Till Magnus, „Es ist nicht gut, dass der Mensch allein ist“: Zur biblischen Theologie der Einsamkeit, PiD - Psychotherapie im Dialog 2022; 23(04): S. 81-84

Strasser, Peter, Des Teufels Party: Geht die Epoche des Menschen zu Ende? Wien: Sonderzahl, 2020

Svendsen, Lars, Philosophie der Einsamkeit, Wiesbaden: BUP, 2016

Tetens, Holm, Gott denken. Ein Versuch über rationale Theologie, Stuttgart: Reclam, 2015

Trummer, Peter, Auferstehung jetzt – Ostern als Aufstand: Theologische Provokationen. Freiburg: Herder, 2023

Tück, Jan-Heiner, Gethsemani – das Drama des menschlichen Willens Jesu, in: Söding, Thomas (Hrsg.), Tod und Auferstehung Jesu. Theologische Antworten auf das Buch des Papstes, Freiburg: Herder, 2011, S. 143-159

Tück, Jan-Heiner, Crux: Über die Anstößigkeit des Kreuzes, Freiburg: Herder, 2023

Tugendhat, Ernst, Egozentrizität und Mystik: Eine anthropologische Studie, München: C.H.Beck, 2004

Vlachos, Hierotheos, Metropolit von Nafpaktos, Orthodox Psychotherapy. Monastery Lavadia. 1995

Waldenfels, Bernhard, Globalität, Lokalität, Digitalität: Herausforderungen der Phänomenologie, Frankfurt: Suhrkamp, 2022

Weil, Simone, Die Verwurzelung: Vorspiel zu einer Erklärung der Pflichten dem Menschen gegenüber, Zürich: Diaphanes, 2011

Welker, Michael, Gottes Geist und die Verheißung sozialer Gerechtigkeit in multikultureller Vielfalt“, in: R. Weth (Hg.), Gottes Geist und Gottes Volk im Umbruch Europas, Gütersloh: Kaiser, 1994, S. 9-29

Wengst, Klaus, Das Regierungsprogramm des Himmelreichs: Eine Auslegung der Bergpredigt in ihrem jüdischen Kontext, Stuttgart: Kohlhammer, 2018

Wolf, Jean-Claude, Philosophie des Gebets: Gebetsscham und Langeweile in der Moderne, Münster: Aschendorff, 2020

Yalom, Irvin D., Existenzielle Psychotherapie, Köln: EHP, 2010

Endnoten

1 Halík, Der Nachmittag des Christentums, S. 32.
2 Für Bibelzitate wird in diesem Buch der Text der Zürcher-Bibelausgabe verwendet. © 2007 Zürcher Bibel / Theologischer Verlag Zürich. Abdruck mit freundlicher Genehmigung.
3 Einheitsübersetzung der Heiligen Schrift © 2016 Katholische Bibelanstalt GmbH, Stuttgart. Alle Rechte vorbehalten.
4 Balthasar, Das Buch des Lammes, S. 122.
5 Blumenberg, Matthäuspassion, S. 219.
6 Bonhoeffer, Nachfolge, S.83.
7 Steiner, Einsamkeit, S. 84.
8 Guardini, Der Kreuzweg unseres Herrn und Heilands, S. 58–60.
9 Balthasar, Der Christ und die Angst, S. 37–38.
10 Heidegger, Was ist Metaphysik?, S.9–10.
11 Marquard, Plädoyer für die Einsamkeitsfähigkeit, S. 112–15.
12 Kuiper, Die Depression eines Psychiaters, S. 127.
13 Holze, Gott und die Armen in der Bibel, S. 2.
14 Beford-Strohm, Vorrang für die Arme, S. 178.
15 Haacker /Kaltenbach ...Wie alles anfing, S. 17.
16 Steiner, Burnout der Propheten, S. 177f.
17 Gillet, Die Taube und das Lamm, S. 72ff.
18 Pfeifer, Stress und Burnout, S. 35.
19 Sorovakos, Krankheiten, S. 15ff.
20 Meister Eckhart, Reden der Unterweisung, 1295, S. 14.
21 Papst Franziskus, Der heilige Josef, S. 18.
22 Roth, Hiob, S. 130.
23 Grün, Die Bibel verstehen, S. 95.
24 Ebd., S. 206.
25 Nietzsche, Der Antichrist, S. 45–48.
26 Gradl, Siehe, ich mache alles neu, S. 121.
27 Hartl, Eden Culture, S. 274.
28 Benjamin, Gesammelte Schriften I, S. 1232.
29 Weil, Die Verwurzelung, S. 43f.
30 Spaemann, Meditationen eines Christen, S. 14.